인성함양과 자기계발

이해와 실천

| 조성진 저 |

양성원

머리말

동 · 서양을 막론하고 사회가 발전할수록 인성의 중요성을 언급하는 목소리가 커지고 있다. 한 발 더 나아가 인성이 경쟁력이라는 말까지 나오는 것을 보면 인성의 중요성은 아무리 강조해도 지나치지 않다. 최근 들어 예전에는 전혀 상상할 수 없었던 일이나 사건들이 발생하면 어김없이 인성교육의 현주소를 돌아보게 되고, 그래서 인성교육의 필요성이 함께 거론된다. 상황이 이렇다 보니 기업에서 직원을 채용할 때 지원자의 인성을 보겠다는 것은 어쩌면 당연한 일인지도 모른다.

인성은 사람이 태어나고 성장하면서 갖게 되고, 자라고 성숙하는 과정을 통해 완성되는 것이라 생각한다. 기본적으로 인성교육은 사람을 사람답게 가르치는 것이다 보니 내용이 다양하고 방대할 수밖에 없다. 인성교육은 태어나면서부터 가정에서 시작되고, 초 · 중 · 고교에서 배웠고, 앞으로도 계속 배우고 익혀야 할 것이다. 어쩌면 인성교육은 평생 동안 모든 곳에서 진행되어야 하는 것인지도 모른다. 그러니 대학생활이라는 특정 기간 동안 모든 것을 배우고 익히며 실천하는 것은 한계가 있다.

그럼에도 불구하고 본인은 그 많은 것 중에 예비사회인으로서 대학생들이 생각해 보고 갖추어야 할 몇 가지에 초점을 맞추었다. 세상 속에서 함께 더불어 살아가는 한 구성원으로서 생각해 볼 것은 무엇이고, 그런 것들을 일상생활 속에서 어떻게 실천할 것인지에 중점을 두고 집필하였다. 그러다 보니 각 내용의 깊이보다는 넓이에 신경을 쓴 부분이 없지 않다. 개인적으로 더 관심이 가는 부분은 좀 더 깊숙하게 알아보아도 좋을 것이고, 독자들의 관심과 취향에 따라 순서를 바꾸어 읽어도 좋을 것이다.

이 책에서 다른 무엇보다 강조하고 싶은 것은 독자들이 자신의 내면을 들여다보고, 자신의 생각이 다른 사람과 어떻게 다르며, 자신의 행동이 다른 사람에게 어떤 영향을 끼칠 것인지에 대해 생각해 보는 것이 참 중요하다는 점이다. 세상은 혼자 살아갈 수 있는 곳이 아니기 때문이다. 간단히 말하면, 독자들의 '생각하는 힘'(Thinking Power)을 키우고, 다른 사람과 협력하고 더불어 살아가는 것이 얼마나 중요한지 깨닫기를 진심으로 소망하며 썼다. 그런 차원에서 이 책의 여러 부분에서 그런 장치를 마련해 두었다.

대학생들에게 교양 및 진로 · 취업 관련 교과목을 가르치시는 교수님들에게 조금이나마 도움이 되길 바라고 쓰기 시작한 책인데, 막상 마치고 나니 아쉬움이 남는다. 그동안 경험했거나 알고 있는 것들을 나름대로 정리해 본다는 것은 제 자신의 모자람을 확인하는 과정이라는 것을 다시 한 번 느꼈다. 머릿속에서 떠오른 생각을 이렇게 쓰면 되겠다 싶다가도 그것이 글로 나타나는 것을 보면 엉뚱하여 당황스럽고, 그래서 새로운 자료와 책을 뒤적이면서 날밤을 새우셨다던 은사님의 말씀을 이제 조금 알 것 같다. 그런 차원에서 학문의 길을 앞서 걸어가신 선배 학자들과 은사님들께 존경과 감사를 표하는 바이다. 제 경험과 식견이 짧아 미처 깨닫지 못한 것들은 훗날에 연구하거나 저술하실 분들이 몫으로 남겨두고자 한다.

많은 분들의 도움을 잊을 수 없다. 늦은 나이에 학문의 길에 들어선 부족한 제자의 모습을 묵묵히 지켜봐 주시는 은사님들, 인내와 헌신으로 지원해 준 가족, 아이디어와 경험을 공유해 주신 많은 인생 선배님들과 동료 교수님들, 온갖 지원과 배려를 아끼지 않으신 양성원 출판사 강철원 대표이사님과 목일수 부사장님, 그리고 모든 직원들께 고마운 마음을 전한다. 그리고 이 책으로 함께 생각하고 공부할 젊은이들의 꿈과 열정을 응원하며, 그들과의 행복한 동행(同行)을 소망한다.

2017년 6월

조성진 드림

차 례

Part 1_ 인성 함양

차 례

Memo

P.A.R.T 1

인성 함양

제 1 장 인성의 이해

학습 목표

1. 인성의 중요성을 인식할 수 있다.
2. 인성의 개념과 형성과정을 인식할 수 있다.
3. 인성이 경쟁력임을 인식할 수 있다.

학습할 주요 내용

1. 인성의 중요성
2. 인성의 개념과 형성과정
3. 인성과 경쟁력
4. 대학 인성교육의 필요성

인성이 수반되지 않은 지식은 공허하고, 지식 없는 인성은 맹목적이 되기 쉽다'는 말에서도 볼 수 있듯이, 현대사회에서 인성은 지성인이 갖추어야 할 기본이라고 인식되고 있다. 인성은 다양하게 정의되지만, 본 교재에서 인성은 인간이 갖추어야 할 바람직한 모습, 사람됨, 사고와 태도 및 행동 특성으로 정의하고자 한다. 인성은 생물학적 요인과 사회문화적 요인이 복합적으로 작용하면서 형성되며, 한 사람이 사회생활을 하면서 표현되는 사고와 행동 등을 결정짓는 중요한 요소로 작용한다. 따라서 각 교육기관에서 다양한 교육활동을 통해 인성에 대해 가르치고 있고, 최근 들어 대학에서도 도덕성, 사회성, 정서를 포함한 바람직한 인간으로서의 성품을 가지도록 인성교육에 힘쓰고 있다.

1. 왜 인성인가

가. 인성과 사회

사람은 사회적 동물인 이상 다른 사람과 더불어 살아갈 수밖에 없다. 그리고 사람은 항상 다른 사람과 많은 관계를 맺으며 살아간다. 사람은 관계 속에서 태어나고 관계 속에서 살아간다. 그리고 관계가 다 소진될 때 죽는다. 인성(人性)이 바로 그 관계를 성숙하게 만들고 지속하게 만들며 아름답게 만드는 것이다. 서로 이해하고 신뢰하며 배려하고 양보하는 사회가 되는 데 가장 필요한 것이 인성이다. 달리 말하면, 한 사람이 원만하게 사회생활을 해나가고, 한 마을이 성숙한 공동체로 진전하려면 가장 필요한 것이 인성이다. 결국 한 사회가 제대로 잘 유지되려면 인성교육이 가장 필요한 것이다.

전통적으로 인성교육은 가족이 모여 사는 집 안에서, 더 구체적으로 부모의 무릎 위에서 시작되었다. 그런데 지금 무언가 큰 변화가 생기고 있다. 산업화라는 거대한 물결이 대가족제도를 해체시켰고, 도시화가 진전되면서 사람들이 점점 도시로 이동한 결과 마을공동체가 무너졌다. 가족구성원들 사이에서 의사소통이 점점 잘 안 되면서 가정교육이 무색해지기 시작했다. 사람과 사람 사이에 아파트 벽과 기계가 끼어들면서 인간관계가 교란되기 시작했다. 돈과 명예가 인간관계를 풍요롭게 만들기도 하지만, 그것 때문에 인간관계가 빈곤해지고 결국 허무하게 죽어가는 사람들도 많아졌다. 그 결과 우리는 인성교육이 제대로 이루어지지 않아서 생기는 여러 가지 문제와 사건들을 매일 눈과 귀로 확인하고 있다.

우리의 시야를 세계로 돌려보아도 각국마다 사정은 비슷하고, 그에 대한 처방도 유사하다. 각기 다른 환경과 문화 속에서 다양한 방식으로 살아가지만, 기본적인 상식이 통하는 곳이라면 어디에서나 사람으로서의 바른 모습과 태도를 추구하며 살아가도록 요구받고 있다. 글로벌 시대에 성공하고 행복하게 살아가기 위해 모든 사람이 갖추어야 하는 것은 바로 인성이라는 결론에 쉽게 도달하고 있다. 그래서 인성은 만국 공통 언어라고 생각한다.

나. 인성과 학교교육

(1) 인성교육의 현실

사람다운 사람이란 우리가 통상적으로 이상적이라고 생각하는 사람의 모습이 반영되어 있고, 전통적인 교육에서 추구해온 바람직한 교육을 받은 사람의 모습을 뜻한다. 그런 의미에서 일반적으로 사람을 교육하다는 것은 다양한 교육 활동을 통하여 사람을 사람답게 만든다는 것을 말한다. 우리의 전통적인 교육관에서도 인성교육은 사람으로서 지켜야 할 도리를 가르치는 것으로 그 의미가 규정되어 왔다.

기본적으로 교육이란 아는 것이 많은 '든 사람'을 길러내는 것이 아니라 인간성을 갖춘 '된 사람'을 키워내는 것이라는 점에 누구나 동의할 것이다. 이것은 학교에서는 지식교육보다 인성교육에 매진해야 한다는 것을 모두가 알고 있다는 뜻이다. 달리 말하면, 학교는 사람으로서 지켜야 할 올바른 삶과 행실, 다른 사람에 대한 배려, 그리고 사람으로서 지녀야 할 가치를 가르치는 곳이다. 그래서 인성교육은 인격 혹은 도덕적 개념의 문제라기보다는 구체적으로 추구하는 인간성과 사람 됨됨이에 관한 문제이다. 그런 차원에서 인성교육은 인성을 어떻게 함양시키고 교육시킬 것인가에 관한 것들이 중요한 핵심이 되는 것이다.

인성교육이라는 용어는 다양하게 사용되어 왔고, 시대 변화와 교육의 트렌드(trend)에 따라 강조점이 달라지며 발전되어 왔다. 어떤 때는 인간교육, 인격교육, 시민교육, 도덕교육 또는 가치교육이라는 용어로 사용되기도 했다. 결국 인성교육은 도덕성, 사회성, 정서를 포함한 인간으로서 마땅히 지녀야 할 성품을 가지도록 교육하는 것으로 귀결되어 왔다.

그러나 안타깝게도 우리의 교육 현실은 전혀 그렇지 않다. 학교에서 인성교육이 중요하게 취급되는 것이 아니라 국어 · 영어 · 수학 · 사회 · 과학 교과목 교육에 초점이 맞추어지고 있다. 그 결과 우리 청소년들의 국어 · 영어 · 수학 · 사회 · 과학 교과목 수준은 세계 최고 수준에 이르렀고, 많은 학생들이 국제학력평가에서 수년간 상위권을 차지하고 있다. 그러나 인성과 관련된 지표, 즉 사회성이나 협력 능력 등과 같은 지표는 36개 국가 중에서 최하위인 35위 아니면 36위 정도에 그치고 있다. 인성교육을 도외시한 결과가 그대로 반영된 순위이다.[1)]

다행스럽게도 이런 흐름을 우려하여 인성교육에 대한 사회의 요구가 거세지고 있다. 사회가 요구하는 인재상이 꾸준히 변화하고 있고, 기업이 추구하는 바람직한 인재의 모습 역시 달라지고 있다. 특히, 기업은 세계시장에서 급격한 환경 변화와 무한경쟁 속에서 살아남기 위해 고유한 특성을 갖춘 인재들을 선호하고 있다. 최근에는 자신의 기업에 입사하길 원하는 사람이 가지고 있는 조건(소위 '스펙')보다 기본 인성을 중시하는 경향이 점점 뚜렷해지고 있다. 그래서 인성을 중요시하는 채용기준들을 강화하고, 다양한 방법을 통해 인성면접이나 인성검사 등을 실시하고 있다.

우리나라에서는 이런 여러 상황을 종합적으로 감안하여 세계 최초로 인성교육을 의무로 규정한 '인성교육진흥법'이 제정, 시행되고 있다.[2] 그 법에 따르면, 인성교육이란 '자신의 내면을 바르고 건전하게 가꾸고 타인, 공동체, 자연과 더불어 살아가는 데 필요한 인간다운 성품과 역량을 기르는 것을 목적으로 하는 교육'이다. 결국 가정을 살리고, 마을을 살리며, 학교를 살리기 위해 제대로 된 인성교육이 진행되어야 한다는 인식이 점차 확산되고 있는 것이다. 또한 무한경쟁 속에서 살아남아 초일류기업이 되고, 나아가 건강하고 성숙한 사회로 발전하려면 구성원의 인성이 무엇보다 중요한 시대가 되었다는 점에 많은 사람들이 공감하고 있다.

(2) 시대의 변화와 인성교육

시대가 변하고 장소가 달라지면 인성교육도 그에 걸맞게 바뀌어야 한다. 시대마다 성공과 행복의 기준이 다르고, 세대마다 우선적으로 생각하는 가치와 덕목이 서로 다르다. 그런데 인성교육에 있어서 똑같은 방식만을 고집하면 가르치는 사람과 배우는 사람 간에 충돌이 생길 수 있다. 예컨대, 정의는 분명히 바람직한 인성의 요소이지만 일상생활에서 정의를 어떻게 행동으로 옮길 것인가에 대한 방식은 시대와 상황에 따라 얼마든지 달라질 수 있다. 따라서 인성과 관련된 어떤 특정 요소에 대해 그것이 현재 시점에서 의미하는 바가 무엇인지 서로의 생각을 나누는 것이 선행되어야 한다. 그리고 그 과정에서 무엇이 바람직하고 어떻게 실천할 것인지에 대한 합의가 이루어졌다면, 그것을 어떤 방법으로 실행할지도 함께 논의하는 것이 중요하다. 이런 과정이 학교 현장에서 끊임없이 이루어져야 한다.

기성세대가 미래세대에게 물려줄 것은 기성세대가 터득한 생존방식이 아니라 사람이라면 누구에게나 보편적인 가치와 삶의 지혜이다. 생존방식은 시대와 상황에 따라 얼마든지 바뀔 수 있는 것이기 때문에 미래를 살아갈 세대에게 기성세대의 그것은 이미 낡고 적합하지 않은 것일 수 있다. 하지만 사람이라면 누구에게나 적용되고 지켜야 할 가치와 지혜는 시간에 관계없이 세대 간에 꾸준히 이어져야 하는 것이다. 따라서 제대로 된 인성교육을 하려면 사회적·시대적 맥락을 충분히 고려해야 한다.

> 인성과 인성교육은 채소와 달구지에 비유할 수 있다. 예전에는 마을 사람들에게 싱싱한 채소를 전달하는 데 달구지가 제격이었다. 그러나 마을이 아니라 서울까지 날라야 할 경우 달구지에 실린 채소는 배달되는 동안 상하게 될 것이다. 채소가 잘못이 아니라 전달하는 방식이 부적절한 것이다. 거리와 시간이 달라지면 배달하는 방법도 달라져야 한다.
>
> \- 조 벽

다. 대학 인성교육의 필요성[3)]

전통적으로 인성교육의 역할을 담당하여 가장 근본적인 것을 가르쳐 온 곳은 가정이었다. 하지만 핵가족화와 자녀의 수 감소, 기술 혁신의 발달, 맞벌이 부부의 증가, 한부모 가족의 증가 등과 같은 변화로 인해 가정의 모습은 많이 바뀌었다. 이런 변화 속에서 자녀들에게 인간으로서 갖추어야 할 기본적인 도리 및 바람직한 가치관 형성과 관련된 가정의 역할과 기능은 점점 힘을 잃어가고 있다. 특히, 가정에서 부모의 역할이 자녀들의 학업 성취를 위한 노력을 최우선으로 여기는 경향이 강해지면서 지식교육에만 치중하다보니 가정은 더욱 제 기능을 상실하고 있다.

이런 현실 속에서 학교가 그동안 가정이 담당해왔던 인성교육의 전반적인 역할들을 대신 수행해야 하는 상황이 되었다. 그럼에도 불구하고 중·고등학교에 다니는 청소년들은 상급 학교 입시와 성적 위주의 환경에서 성장하고 있고, 그들이 대학에 진학해 청년이 되어도 여전히 바람직한 인격 형성에 있어 아쉬움이 남는 현상은 지속되고 있다. 따라서 예비 사회인으로서 대학생들에게 사람으로서 바람직한 삶을 영위하고, 공동체 속에서 원만한 관계를 유지하는 데 필요한 역량을 길러주기 위한 인성교육의 강화가 절실히 필요한 시점이다.

대학의 인성교육은 대학생들이 사람다운 사람이 되도록 교수가 도와주는 것이다. 즉, 대학생들이 개인적으로 만족을 느끼고 사회적으로 바람직한 삶을 추구하는 데 필요한 핵심적인 윤리와 가치를 이해하고, 그것을 태도와 행동으로 실천하도록 하는 학습과정이다. 다시 말하면, 대학의 인성교육은 대학생들이 사회구성원의 한 사람으로서 만족하고 건설적인 삶을 살아가는 데 필요한 지식, 태도 및 가치를 획득하는 것을 도와주려는 의도적이고 계획적인 교육이라고 할 수 있겠다. 간단히 말해, 이 사회에 도움이 되는 바람직한 인성을 갖춘 사람을 배출하는 것이 대학 인성교육의 목적이다.

> 인성 교육은 책으로 가르치는 것만으로는 부족하다. 감정이 동반되는 체험으로 행동으로 가르쳐야 한다. 그러니 단기간에 되는 일이 아니다. 일주일만 하면 된다고 선전하는 인성 교육 프로그램은 믿지 말라. 분명 일주일 후에 하루 이틀은 효과가 있겠지만 인성은 오랜 학습으로써만 얻을 수 있는 결과이다. - 조 벽

2. 인성의 개념과 정의

인성이라는 용어는 한 마디로 간단하게 정의하기가 쉽지 않으며, 시대와 학자에 따라 다양하게 정의되어 왔다. 수천 년 동안 성직자와 철학자들이 각 영역에서 인성의 핵심요소와 덕목들을 체계적으로 잘 정리해 놓았다. 여기서 그것을 구체적으로 논의하는 것이 이 책의 주요 목적은 아니다. 다만, 인성의 본질은 비슷해서 어떻게 구분하든 일맥상통하는 면이 있기 때문에 여기에서는 몇 가지 흐름만 제시하고자 한다.

선행 연구에 따르면, 인성은 동양적인 전인(全人)과 같은 성품(性品), 개인의 심리적 특성인 성격(性格), 인간 본연의 도덕적 특성인 인격(人格)으로 나누어 각각 다르게 정의하고 있다.[4] 따라서 여기에서는 세 가지 측면에서 인성의 정의를 살펴보고자 한다.

가. 전인적 측면에서 본 인성

먼저, 『표준국어대사전』에서는 인성을 인간의 성품(性品)으로 정의하고 있다. 성품은 사람의 성질과 품격을 합한 말로서, 성질은 마음의 바탕이고, 품격은 사람으로서의 모습, 즉 사람 됨됨이를 의미한다.[5] 또한 다른 학자는 인성은 마음의 바탕과 사람됨이라는 두 가지 요소로 구성되어 있다고 보았다.[6] 그에 따르면, 마음의 바탕은 사물을 인식하고 이해하며 판단하는 지(知, 앎), 사물에 느끼어 일어나는 정(情, 느낌), 무엇을 하겠다고 속으로 다짐하는 의(意, 다짐)로 구성되어 있다. 그래서 마음은 선악을 느낄 수 있고, 시비(是非)를 판단할 수 있으며, 행동을 다짐할 수 있는 정신 능력이다. 한편, 사람됨은 가치를 추구하고 실현하는 모습으로 정의된다. 따라서 인성교육은 마음의 바탕을 교육하고 인간이 되는 것을 교육하는 것이다.[7]

나. 도덕적 측면에서 본 인성

인성을 도덕적 측면에서 정의하는 것은 주로 윤리학자들에 의해 이루어졌고, 그들은 인성을 인격(character)으로 정의한다. 'character'는 새기는 사람, 조각용 도구, 도장, 낙인 도구, 조각된 표시, 인상 등의 뜻을 가진 그리스어 '카락테르(charakter)'에서 유래된 것으로,[8] 인간만이 가지는 고유한 품격이다. 이런 차원에서 보면 인성은 가치관이 내재된 개인의 고유한 특성으로서 도덕적이고 실천적인 선택과 행동에 관련된 인격적 특성이라고 정의할 수 있다.[9]

다. 개인의 심리적 측면에서 본 인성

인성을 개인적 특성으로 이해하는 것은 주로 심리학자들에 의해 이루어지고 있고, 그들은 인성을 성격(personality)으로 정의한다. 일반적으로 성격은 '한 사람에게 반복적이고 지속적으로 나타나는 독특한 생각, 감정, 행동들'이라고 정의한다.[10]

국내에서 성격으로 번역되어 사용되고 있는 'personality'라는 말의 어원은 '페르소나(persona)'라는 용어에서 파생되었다. 페르소나는 고대 로마시대에 배우들이 화장을 하는 대신에 얼굴에 쓰던 가면을 나타내는 라틴어로서, 원래는 관객들에게 그것을 쓴 배우가 일정한 태도와 행동을 보여 줄 것으로 기대하도록 할 목적으로 사용되었다. 그러나 그것은 곧 가면만이 아니라 그것이 함축하고 있는 역할까지 의미하게 되었고, 마침내 그 역할을 맡은 배우 자신을 의미하는 것으로 확대되었다.[11)]

요약하면, 성격은 개인의 독특하고 고유한 특성으로서 개인이 지닌 어떤 심리적 특성에 의해 드러나는 특징적인 반응양식 또는 행동양식이다. 또한 환경과 상호작용하면서 나타나는 독특하고 일관성 있으며 안정된 인지적·정의적·감정적·행동적 양식이다.[12)]

이상에서 간단하게 살펴본 바와 같이 인성은 사람으로서 개인이 타고난 선천적 특성이라는 정의에서 교육이나 환경에 의해 후천적으로 형성될 수 있는 도덕적·윤리적으로 바람직한 덕성을 갖춘 인격적 특성을 포함하여 확대된 개념으로 정의되어야 할 것이다. 따라서 본 교재에서는 인성을 전인으로서 인간이 갖추어야 할 바람직한 모습(사람됨)이고, 가치를 추구하고 실현하는 삶을 실천할 수 있는 역량을 갖추어가는 것으로 정의하고자 한다.[13)]

인성은 생각과 감정을 통합해서 올바르고 아름다운 행동으로 이어지게 만드는 감성지능이며, 인생 성공을 위한 최고 역량이다. - 조 벽

3. 인성의 형성과정

사람은 누구나 고유하고 독특한 방식으로 행동하는데, 그것은 그의 인성을 결정짓는 요인들에 의해 좌우된다. 따라서 한 사람을 제대로 이해하기 위해서는 인성이 어떤 요인들에 의해 결정되고, 형성되는지를 미리 알아두는 것이 필요하다.

그런데 이런 얘기를 할 때 꼭 등장하는 질문이 있다. 바로 “인성은 타고난 것인가? 아니면 환경의 영향을 받는 것일까?”라는 물음이다. 달리 말하면, 인성이 형성되는 원인이 유

전인가, 아니면 환경 또는 상황인가에 대한 물음이다. 이것은 오랫동안 흥미로운 논쟁거리였는데, 여기서 그 주장들을 간단하게 살펴보고자 한다.

가. 유전적 요인14)

대부분의 사람들이 인성은 유전적인 요인, 즉 선천적으로 타고나는 체질적・정신적 특성들에 의해 많은 영향을 받는다고 믿고 있다. 유전(heredity)은 임신 상태에서 결정되는 요인들을 말한다. 어떤 한 사람의 신체적 크기, 얼굴의 생김새, 성(性), 기질, 근력과 에너지 수준, 생리적 리듬 등은 전부이든 혹은 일부이든 부모의 생물학적, 신체적, 심리적 기질에 의해 영향을 받는다. 이처럼 유전적 접근방법을 따르는 사람들은 한 개인의 인성이 염색체상에 위치하는 유전자의 분자구조로 설명될 수 있다고 주장한다.

그들의 주장은 태어나면서부터 헤어져서 자라온 1,000여 쌍의 일란성 쌍둥이에 대한 연구결과에 바탕을 두고 있다. 만일 유전이 인성 결정에 별다른 영향을 미치지 않는다면 헤어져서 자라온 쌍둥이들 간에 유사점을 거의 찾아보기 어려울 것이다. 하지만 각기 따로 자랐음에도 불구하고 쌍둥이들은 여러 가지 공통적인 특성을 가지고 있었다. 예컨대, 39년간 70㎞나 떨어진 곳에서 따로 자란 쌍둥이들은 같은 모델, 같은 색상의 자동차를 운전하고 있었다. 같은 브랜드의 줄담배를 피우고 있었고, 또한 같은 이름의 개를 키우고 있었으며, 서로 근접한 휴양지에서 정기적으로 휴가를 즐겼다는 것도 확인되었다. 그래서 쌍둥이들에게서 나타나는 많은 행동 특성들이 유전적 요인과 관련되었다고 주장한다.

여하튼 사람들은 저마다 고유한 유전적 또는 생물학적 특징을 가지고 있는 것이 사실이고, 그것이 그의 인성 형성에 하나의 기초를 제공해 주고 있음은 부인할 수 없는 사실이다. 그러나 이것은 어떤 특정한 유전적 특징을 가진 사람이 반드시 어떤 형태의 인성을 가지게 된다는 것을 의미하는 것은 아니다. 인성은 유전적인 요인 이외에도 다른 많은 요인들에 의해 형성되기도 한다.

나. 환경적 요인[15)]

또 다른 사람들은 환경이 인성을 형성하는 데 주요한 역할을 한다고 믿는다. 사실 환경은 유전적 특징보다 더 중요한 역할을 한다. 즉, 부모로부터 물려받은 유전자 못지않게 한 사람이 어릴 때 경험하는 환경은 그의 인성 형성에 중요한 역할을 한다. 성인, 친구, 누군가 어린아이를 대하는 방식이 그의 인성에 영향을 미친다. 예컨대, 온화하고 교육적인 가정에서 성장한 사람은 냉정하고 메마른 환경에서 성장한 어린이보다 훨씬 적응을 잘하는 사람이 될 가능성이 있다. 한 사람의 인성 형성에 영향을 미치는 환경적 요인으로는 문화, 가족, 집단 멤버십, 삶의 경험 등이 있다.

(1) 문화

문화인류학자들은 문화가 인성 형성에 중요한 영향을 미친다고 주장한다. 즉, 한 개인들이 독특한 유전적인 특성을 가지고 있다고 하더라도 결국 그들이 각자 일상생활에서 접하고 있는 문화에 따라 반응하며, 그것에 기초하여 사람들의 인성이 형성된다는 것이다. 어떤 특정한 사회에 태어난 사람들은 가족과 사회의 가치관 속에서 살아가고, 또한 그들을 둘러싸고 있는 가족과 사회의 규범과 문화 속에서 행동하게 된다. 그래서 한 사람이 어떤 사회의 문화를 접하느냐에 따라 그의 인성 형성과정이 달라지기도 한다.

예컨대, 일반적으로 미국 문화는 독립적이며 경쟁적인 사람에게 보상을 해주는 경향이 있다. 이에 비해 일반적으로 일본 문화는 협조적이며 집단적인 성향이 있는 사람에게 보상을 해주는 경향이 있다. 그래서 대개 미국 사람들은 자신과 가족들을 돌보는 경향이 강한 개인주의(individualism) 성향을 띤다. 개인주의적 성향이 강한 문화에서는 개인적 주도권, 의사결정, 그리고 성취 등을 강조한다. 또한 모든 사람들은 사생활과 개인적인 표현의 자유를 가지고 있다고 믿고 있고, 자신이 다른 사람들과 운명을 함께 한다고 믿지 않는다. 또한 개인주의적 성향이 강한 문화에서는 개인적인 주체성을 찾는 것이 매우 가치 있는 것으로 생각된다.

이에 비해 일본 사람들은 대개 집단에 대한 소속감과 충성심의 대가(代價)로 서로서로를 돌봐주어야 한다는 것을 강조하는 집단주의(collectivism) 성향을 띠고 있다. 대개 집단들은 공동의 복지에 초점을 맞추고, 개인의 사생활은 그들이 소속된 집단과 조직에 의해 형성된다. 일반적으로 집단의 목표는 한 사람의 개인적 목표보다 더 중요한 것으로 여겨진다. 집단 속에서 개인들은 자신의 행동을 다른 구성원들이 어떻게 생각할지에 대해 신경을 쓰고, 다른 사람의 실수를 대중 앞에서 지적하지 않는다. 따라서 다른 사람들은 체면을 잃지 않으며 조화는 유지된다.

이처럼 한 사람이 어떤 문화에서 태어나고 자라는지에 따라 그의 인성 형성과정이 다른 형태를 띨 수 있다. 그래서 문화 또는 문화적 가치관(cultural values)이 개인의 인성 형성과정에 의미 있는 영향을 미치는 중요한 결정요인으로 간주될 수 있다.

(2) 가족

한 개인이 사회적으로 특정한 문화에 적응하도록 하는 1차적인 수단은 직계 가족이다. 부모와 친척들은 한 사람의 인성 형성에 중요한 역할을 담당한다. 조부모, 숙부와 숙모, 삼촌, 사촌 등과 같은 사람들은 한 사람의 인성 형성에 영향을 미칠 수 있다.

가족의 상황 역시 한 사람의 인성 형성에 중요한 영향을 미친다. 가족의 크기, 사회경제적 수준, 인종, 종교, 지리적 위치, 가족 내 출생 순위, 부모의 교육 수준 등 상황적 요인이 이에 속한다. 예컨대, 보통 첫째로 태어난 아이는 얼마 동안 주위에 형제가 없기 때문에 부모의 집중적인 주목을 받고 자란다. 그리고 그들은 자신을 부모와 동일시하기 때문에 좀 더 보수적이며 성실하게 성장하는 경향이 있다. 이에 비해 막내로 태어난 아이들은 종종 새로운 생각을 하고 경험하는 것을 즐기는 경향이 있다.

(3) 집단구성원으로서의 경험

대부분의 사람들이 가장 처음 속하는 집단은 가족이다. 또한 사람은 어린 시절 소꿉친구로 시작해서 10대의 학교 친구, 운동 팀, 사회집단 등 일생 동안 다양한 집단에 참여한다. 집단의 구성원으로서 사람들이 하게 되는 많은 역할과 경험은 한 사람의 인성에 영향을 미치는 또 다른 원천이다. 어린 시절 소꿉친구와 학교집단이 인성 형성에 가장 강한 영향을 미치지만, 이에 못지않게 나이 든 뒤의 사회생활과 집단 속에서 겪은 경험도 지속적으로 인성 형성에 영향을 미친다. 따라서 어떤 사람의 인성을 이해하려면 그 사람이 속한 집단 또는 과거에 속했던 집단을 이해하는 것이 필요하다.

(4) 삶의 경험

한 개인이 일생 동안 직접 겪은 구체적이고 독특한 사건과 경험 역시 한 사람의 인성 형성에 영향을 미친다. 신분상의 차이, 지위와 역할의 차이, 목표 달성의 기회 등 한 개인이 살아가면서 경험하는 수많은 것들이 그의 인성 형성에 영향을 미친다. 예컨대, 목표 달성과 기대 충족의 기회, 다른 사람에게 영향을 줄 수 있는 능력, 다른 사람들이 자신을 중요시 여긴다고 생각하는 느낌 등을 포함하는 다양한 경험에 따라 한 사람의 자부심(self esteem) 향상 여부가 달라진다. 결국 한 사람이 살아가면서 겪게 되는 다양하고 복잡한 삶의 경험은 그의 인성 형성에 중요한 영향을 미친다.

다. 인성은 타고난 것인가? 훈련되는 것인가?

앞서 언급한 질문을 다시 한 번 더 상기해 보자. 한 사람의 인성은 타고난 것인가? 아니면 환경의 영향을 받는 것인가? 여러분의 생각도 대충 정리되었을 것이다. 초기의 논쟁에서는 환경요인 쪽에 좀 더 무게를 두고 있었으나 그 이후에 일란성 쌍둥이에 대한 연구가 축적되면서 그 무게가 유전요인 쪽으로 기울어지기도 했다. 그러나 최근 들어 뇌에 대한 연구가 진행되면서 이런 논쟁은 거의 정리되는 것 같다. 즉, 뇌가 처음에는 유전적으로 형성되지만, 사람이 환경과 상호작용하는 과정을 거치면서 뇌 자체가 상당한 변화를 경험한다는 것이다. 그래서 인성을 형성하는 것 역시 환경의 영향을 받을 수밖에 없다는 것이다. 그렇다면 한 사람의 인성도 하는 일에 따라서 얼마든지 변할 수 있다는 결론에 이르렀고, 성격을 둘러싼 유전-상황(환경) 논쟁은 마무리된 듯 하다.[16)]

요약하면, 인성은 유전적인 요인과 환경적인 요인에 기초하여 형성된다고 보면 된다. 다시 말해, 한 사람의 인성은 태어나기 전에 받은 유전자에 의해 영향을 받고, 자라면서 가족, 친구들, 학교, 그가 맡은 업무와 역할, 문화 등에 의해 영향을 받는다.

4. 인성과 경쟁력 : 인성이 실력이다

가. 인성은 성공의 핵심

성공하는 데 있어 인성이 중요한지 실력이 중요한지 또한 흥미로운 주제가 아닐 수 없다. 이에 대한 각자의 견해가 다르겠지만, 최근 들어 '인성이 진정한 실력'이라고 주장하는 사람들 쪽에 힘이 좀 더 실리는 것 같다.

조 벽 교수는 인성은 타고난 것이 아니라 학습으로 익히는 것이고, 일시적인 행위가 아니라 지속적인 습관이라고 주장하면서 인성에 투자할 것을 강조하고 있다. 그가 이처럼 인성을 실력이라고 강조하는 이유는 그러지 않으면 일반적으로 사람들이 성공하기 위해 소위 실력이라고 간주하는 국어 · 영어 · 수학, 즉 공부를 더 선택할 것이라는 걱정 때문이라고 말했다. 그래서 그는 십수 년 전부터 '인성이 진정한 실력이다'라는 구호를 만들었다고 한다.[17] 그의 구체적인 주장을 꼼꼼하게 살펴보아야겠지만, 현재 우리의 상황에 비추어 볼 때 인성의 중요성을 강조하고 있다는 측면에서 공감이 되는 부분이 많다.

최근 들어, 실제로 많은 사람들이 원만한 사회생활을 위해 실력과 함께 인성이 중요하다는 것을 강조하고 있다. 그런데 놀라운 것은 실력과 인성이라는 두 개념이 마치 서로 상반되는 것처럼 구분하고 있다는 점이다. 그러다보니 학교나 사회 전반에 인성과 실력을 이분법적으로 나누는 사고방식에 젖어 있는 사람들이 의외로 많다. 예컨대, 기업에서 신입사원을 선발할 때 '실력과 인성을 모두 갖춘 직원'을 선호한다거나, 언론에서 어떤 사람을 소개할 때 그 사람은 '실력과 인성을 두루 겸비한 분'이라서 그 자리에 잘 어울릴 것 같다는 평을 내놓기도 한다. 심지어 "실력이 없으면 인성이라도 있어야지"라는 말도 서슴지 않는다. 이 말은 실력이 없다면 그저 숨죽이고 자존심을 굽히며 자신의 감정을 숨기면서 참고 견디는 '인성이 좋은' 사람이라야 살아갈 수 있다는 뜻으로 들릴 수 있다.

과연 인성은 실력이 없는 사람들에게 필요한 처세술 같은 것일까? 그렇지 않다. 인성은 성공하고자 하는 사람이 반드시 갖추어야 할 핵심 역량이고, 날마다 연습하고 훈련해야 하는 성공의 핵심요소이다. 인성이 뒷받침되지 않은 실력은 모래 위에 지은 집과 같아서 강력한 힘을 발휘하기 어렵고 오래 가지도 못한다. 제대로 된 인성을 갖추고 실력까지 겸비한 사람이야말로 장기적으로 큰 힘을 발휘할 수 있다. 그런 차원에서 인성은 한 사람의 경쟁력을 높이는 데 있어 핵심적인 요소가 아닐 수 없다.

> 인격은 재산이다. 가장 고결한 재산이다. 인격은 사람들이 높고 긍정적으로 평가하는 재산이다. 인격에 투자하는 사람들은 세속적인 의미의 부자는 되지 못하더라도 존경과 명성이라는 응분의 보상을 받게 될 것이다. (중략) 하지만 노력 없이는 인격을 훌륭하게 다듬을 수 없다. 지속적으로 자아를 관찰하고 단련하며 조절하는 훈련이 필요하다. 지금보다 인격을 한 단계 끌어올리려는 노력은 고무적인 일이다. 인격적으로 부족하다고 하더라도 성실히 노력할 경우 인격적인 발전을 이룰 수 있다.
>
> \- 사무엘 스마일즈

> 영어를 잘하기 위해서 알파벳을 외우고, 단어를 외우고, 문법을 배우는 순서에 따라 노력해야 하듯이 인성도 주요 요소를 순차적으로 배우고 연마해야 얻을 수 있는 실력이다.
>
> \- 조벽

나. 협력의 시대, 집단지성의 힘과 인성

앞으로 우리가 살아가야 할 세상은 협력(collaboration)이 중요한 시대가 될 것이다. 첨단기술의 급격한 발전, 홍수처럼 쏟아져 나오는 정보, 그로 인한 복합적인 사회문화적 변화 등으로 인해 우리가 학습해야 할 것들은 매일 쌓여가고 있다. 이것은 한 명의 천재가 해결할 수 있는 수준의 일이 아니다. 지금은 실력과 재능을 갖춘 다양한 사람들이 함께 협력하여 고민을 풀어가야만 하는 시대이다. 집단지성을 발휘하여 문제를 해결하는 것이 바람직한 시대가 되었다. 이때 가장 중요한 것이 집단구성원들의 인성이다.

집단지성은 다른 생각을 가진 사람들이 함께 어울려 일을 할 때 기대할 수 있다. 그러려면 무엇보다 집단구성원들 간의 원활한 협력이 중요하고, 그 협력은 다시 그들 간의 굳건한 인간관계를 바탕으로 싹틀 수 있다. 인간관계는 인성이 중요한 자양분이 되어 형성되고 구축된다. 결국 집단지성의 힘은 구성원 각자가 가지고 있는 인성에서 태동한다고 보아도 과언이 아닐 것이다. ♣

생각하고 토의하기

▣ 21세기에 필요한 인재는 '인성을 갖춘 인재'라고 한다. 본인이 생각하는 '인성을 갖춘 인재'란 구체적으로 어떤 인재인지 생각해 보고, 팀원들과 함께 의견을 나누어 보자.

<table>
<tr><th colspan="2">구분</th><th>정리된 생각이나 의견</th></tr>
<tr><td colspan="2">나의
생각이나
의견</td><td></td></tr>
<tr><td rowspan="6">팀원의
의견</td><td></td><td></td></tr>
<tr><td></td><td></td></tr>
<tr><td></td><td></td></tr>
<tr><td></td><td></td></tr>
<tr><td></td><td></td></tr>
<tr><td></td><td></td></tr>
<tr><td colspan="2">활동 후
새롭게 알게 된
사실이나
느낀 점</td><td></td></tr>
<tr><td colspan="2">지금 바로
내가 실천해야
할 일</td><td></td></tr>
</table>

• 수업시간 : 20______년 ______월 ______일 ______요일 ______교시

• 소속 : ____________________ • 학번 : __________ • 성명 : ____________

절 취 선

Memo

날 아는 사람도 없는데 뭘…

아인슈타인은 헙수룩한 차림으로 유명했다. 1년 내내 검은색 가죽 상의를 걸치고 양말도 신지 않았다. 넥타이나 멜빵을 쓸 줄도 몰랐다. 강연을 하다가 칠판에 적을 때면 한 손은 필기도구를, 다른 한 손은 흘러내리는 바지춤을 잡느라 바빴다.

그가 유명해지기 전, 거리에서 우연히 친구와 마주쳤다. 친구는 대뜸 물었다.

"몰라보겠군. 왜 그리 누추한 옷을 입고 다니나? 새 코트를 장만하게"

그러자 아인슈타인이 웃으며 답했다.

"뭐 어떤가? 어차피 뉴욕에서 날 아는 사람도 없는데 뭘…"

몇 년 뒤, 상대성이론을 발표해 명성을 얻은 아인슈타인은 길에서 친구와 다시 만났다. 친구는 아인슈타인의 옷을 보고 어이없다는 듯 말했다.

"아니! 자네, 아직도 그 낡은 옷을 입는가?"

그러자 아인슈타인은 태연히 말했다.

"그렇다네. 이제 여기서 날 모르는 사람은 없으니 말이야."

그 친구는 아인슈타인을 이렇게 회고했다.

"그가 다른 사람처럼 옷차림이나 시선을 신경 썼다면 아마 상대성이론 같은 위대한 업적을 내기 어려웠을 겁니다."

사실 아인슈타인의 이런 면을 가장 잘 아는 사람은 그의 아내였다. 그녀는 언제나 남편의 여행 가방을 챙겨주었는데, 돌아올 때마다 매번 가방 안이 흐트러짐이 없는 걸 보고 추궁하자, 아인슈타인은 이렇게 고백했다고 한다.

"사실 가방을 열어본 적이 없소. 여행 내내 떠날 때 입은 옷 한 벌로 생활했다오."

가끔 자신의 겉모습을 가꾸는 데 더 많은 시간을 보내는 사람들을 본다. 겉보다 속이 더 중요한 데도 말이다. 다른 사람의 시선을 의식하며 겉모습을 꾸미기보다 자신의 내면을 가꾸는 것에 더 많은 노력을 들이는 것이 바람직하다. 사람은 사람이지 마네킹이 아니다. 사람의 내면은 인성과 밀접하게 관련되어 있다. 자신의 속을 가꾸는 데 더 많은 노력을 기울인다면 당신은 이미 충분히 멋진 사람이다.

– 〈곽숙철의 혁신이야기〉 중에서 재인용, 일부 내용을 수정

제 2 장

인성의 발현(Ⅰ) : 바른 예절, 바른 언어

학습 목표

1. 품위 있는 예절과 바른 언어 사용의 중요성을 인식할 수 있다.
2. 일상생활에서 필요한 예절을 익힐 수 있다.
3. 바른 언어 사용의 중요성을 인식하고, 자신의 언어 사용 실태를 파악할 수 있다.

학습할 주요 내용

1. 효의 현대적 의미
2. 예의 바른 태도
3. 인사법
4. 바른 언어 사용의 중요성

바쁜 현대사회에서는 매일 만나는 사람들을 깊이 알 수 있는 기회가 많지 않으므로 잠깐의 만남에서 오가는 인사와 상대방을 대하는 예절만으로 그의 됨됨이를 파악하는 경우가 많다. 인사(人事)는 사람이 마땅히 해야 할 일로서 안부를 묻거나 공경과 친애, 우정의 뜻을 표시하는 예의이다. 따라서 다른 사람에게 호감을 주고 긍정적인 인간관계를 형성하기 위해서는 예의를 갖추고 먼저 인사하는 습관을 통해 상대방에 대한 존경과 친밀감을 표현하는 것이 바람직하다. 또한 인사를 할 때는 진심에서 우러나오는 마음으로 바른 자세를 갖추어 밝은 표정으로 해야 한다. 성의 없이 지나치게 형식에 치우친 인사는 물론 상대방에게 오히려 불쾌감을 주는 인사는 삼가는 것이 바람직하다.

1. 효의 현대적 의미

가. 효의 의미

예로부터 우리는 효(孝)를 중시했다. 효도는 부모님을 섬기는 마음을 뜻하지만, 지식이나 경험이 많은 웃어른을 공경하는 포괄적인 의미가 함께 담겨져 있다. 또한 사상적으로는 훨씬 뜻이 깊어 근본적으로 '인간의 도리'를 포괄하게 된다.

사람은 자기의 뜻과는 관계없이 이 세상에 태어난다. 그리고 일정 시점이 지나면 자신에게 부모가 있고, 자신과 혈연으로 이어진 수많은 친족과 친척이 있다는 것을 알게 된다. 또한 미래의 어느 시점에서 자신을 기점으로 자녀・손자・증손 등 후손이 생길 것이라고 충분히 예상할 수 있다. 이처럼 사람은 줄줄이 이어진 고리(環)의 하나로 이 세상에 태어나고, 거미줄처럼 얽혀진 연줄 속에서 살아가게 된다. 이런 점에서 사람은 이 세상에 태어날 때 역사적인 존재로서의 삶을 부여받았고, 이 세상을 살아가면서 역사적인 사명감을 지녀야 하는 존재라는 것을 알아야 한다. 효사상(孝思想)은 바로 이런 역사적 존재라는 인간의 특수성을 배경으로 해서 생긴 사상이다. 이런 역사적 관점에서 보면 효는 어제와 오늘을 연결해서 내일로 이어가는 윤리이고 자기정체성을 확인해 주는 도덕이다.[1)]

우리나라는 예로부터 대가족제도하에서 집단생활을 해왔다. 대가족제도하에서는 노인은 오랜 세월을 살아오면서 많은 경험을 쌓았고 숱한 일을 겪으면서 삶의 지혜를 터득했기 때문에 필연적으로 그 지위에 무게가 실렸다. 가정에서 노인의 슬기와 지혜를 존중하는 전통이 면면히 이어져왔고, 효는 가정에서 중요한 덕목이었다. 그리고 부모는 자식에게 생명을 주고 양육하는 순수한 애정을 쏟았으며, 자식은 그 은혜에 보답하는 마음으로 효를 실천해야 하는 것으로 배우고 자랐다. 그래서 불효자는 근본을 모르는 행위로 사회의 지탄을 받기도 한다.

'가까운 사람을 가깝게 사랑하고 바로 그 사랑을 미루어 널리 사람을 사랑하는 것(親親而愛人)'이 실천윤리인 효의 본질이다. 효는 가정에서 화목으로 나타나고, 사회로 확산되면 박애(博愛)정신이 되며, 국가로 확충되면 충(忠)이 된다. 그래서 효는 '모든 행실의 근원이라'고 했고(孝百行之源), '인(仁)을 실천하는 근본윤리(孝弟之者 其爲仁之本與)'라고 했다(『論語』, 「學而」篇).

나. 효의 현대적 전개

과학기술의 발달로 인해 현대문명이 발전하면서 사람의 생활방식과 사고가 바뀌었고, 가족제도도 변했으며, 가정의 모습도 많이 달라졌다. 가장 큰 변화는 핵가족제도가 일반적인 형태가 되면서 대가족제도가 무너져 버린 것이다. 부부를 중심으로 한 최소단위가 한 가정을 이루어가면서 전통적인 미풍양속이 퇴색되고 개인주의가 사회 전반에 등장했다. 그 결과 한 가정의 기둥이던 노인의 권위가 점점 힘을 잃게 되고, '뿌리'에 대한 관심이 점차 줄어들면서 예전처럼 가족구성원 간의 조화로운 모습은 찾아보기 힘들어졌다.

이런 상황을 반영하여 시대의 흐름에 따라 풍속과 제도가 변하면서 효에 대한 개념과 생각도 변할 수밖에 없다. 이제 급격한 사회의 변화를 반영한 현대적 개념의 효에 대해서도 생각해 볼 시점이 되었다. 그런 차원에서 모든 행실의 근본인 효는 사람 사이에 흐르는 사랑과 돌봄으로 확대될 수 있다는 주장에 대해 곱씹어볼 필요가 있다. 즉, 현대적 의미에서의 효는 물질적이고 정신적인 돌봄의 의미를 포함하고, 부모와 자녀 간의 동등한 관계에서의 직접적인 돌봄의 의미로 확장될 수 있다는 점[2)]을 염두에 둘 필요가 있다.

미래사회에서 효는 다음과 같은 역할을 할 수 있다.[3)]

첫째, 점점 인간성이 소외되는 사회에서 효는 인간의 진한 사랑을 일깨워주는 역할을 할 수 있다. 둘째, 가정의 형태와 기능이 변화되어 갈수록 효에 내포되어 있는 가족 간의 사랑이 큰 역할을 할 수 있다. 셋째, 인간의 삶의 질이 높아질수록 자신의 정체성과 뿌리에 대한 관심이 증가되는데, 이때 그런 의문을 풀 수 있는 열쇠로서 효가 재조명될 수 있다. 마지막으로, 기계화와 치열해지는 경쟁 속에서 효는 역사적 인간으로서의 자신을 재인식하는 데 도움을 줄 수 있다.

2. 예의와 인사

가. 예의 바른 태도

예의(禮儀) 또는 예절(禮節)은 상대방의 인격을 존중하는 마음을 가지고 그에 맞는 형식으로 표현하는 행위라고 할 수 있다. 이것은 일상생활이나 직장생활에서 서로 마찰을 없애고 불편함을 덜기 위한 마음이며, 나를 낮추고 상대방을 존중하는 마음자세이자 행동규범이다.

예의 바른 태도는 한 사람의 고매한 인격을 외적으로 드러내는 표현 수단이다. 어떤 사람이 친절하고 예의 바른 태도와 행동을 보인다면 그 사람은 틀림없이 다른 사람에게 호감을 줄 것이다. 예의 바른 행동은 남녀노소를 막론하고 모든 사람의 마음으로 들어갈 수 있는 출입증과도 같다. 하지만 예의 없고 충동적인 사람은 상대방의 미움을 사는 어리석은 사람이고 때때로 친구를 잃게 될 것이다.[4]

예의 바른 태도를 구성하고 있는 것은 정중함과 친절함이다. 진정한 공손함은 성실함에서 나오는 것이고 마음에서 우러나오는 것이다. 그렇지 않으면 다른 사람에게 깊은 감동을 줄 수 없다. 사람들은 다양한 방법으로 다른 사람을 무시할 수 있다. 예의에 어긋나는 옷차림을 할 수도 있고, 단정하지 못한 차림을 할 수도 있으며, 말대꾸하는 버릇이 있을 수도 있다. 단정하지 못하고 지저분한 사람은 신체적으로 불쾌한 차림을 함으로써 다른 사람의 감정을 무시하는 것이다. 그것 역시 또 다른 형태의 무례이고 실례이다.[5]

진정한 예의는 다른 사람들을 편하게 해준다. 진솔하고 친절한 사람이 있기 때문에 주변 사람들은 마음이 따뜻해지고 기분이 좋아진다. 또한 진정한 예의는 친절한 마음일 뿐만 아니라 감사하는 마음이다. 따라서 다른 사람이 베푸는 친절에 감사할 줄 아는 것도 진정한 예의이다.

> 우리는 예의 바르게 행동해야 한다. 신사이기 때문이다. - 세익스피어
>
> 예의 바른 태도는 게으름의 산물이 아니라 고결하고 충실한 마음의 열매이다.
> - 테니슨

나. 전통적인 인사법[6)]

우리의 전통적인 인사법은 절이다. 절은 공경하는 마음을 나타내는 행동방식인데, 그 대상은 사람뿐만 아니라 어떤 대상에 대해서도 행한다. 지금은 예전에 비해 절을 하는 경우가 많이 줄어들었지만, 어른을 뵙고 예의를 갖춰 인사를 드릴 때나 관혼상제 등의 의례에서는 절이 빠질 수 없다. 특히, 명절에는 어른들께 절을 하고 덕담도 들으면서 몸에서 우러나오는 예를 느끼게 된다.

그런데 절은 때와 장소에 따라 각기 다르므로 평소에 잘 익혀두는 것이 좋다. 그래야 갑자기 절을 해야 할 때 당황하지 않고 좋은 모습을 보여 줄 수 있다.

(1) 절의 종류와 대상

절에는 큰절, 평절, 반절이 있고, 나와 상대방의 관계에 따라 각기 다르다.

먼저, 큰절은 자신보다 높은 어른에게 평상시 또는 의식행사에서 한다. 이때 절을 받는 어른은 답배(答拜)를 하지 않는다. 자신과 배우자의 직계 존속, 8촌 이내의 근친 연장 존속, 특별한 의식행사에서 큰절을 행한다. 다음, 평절은 자신이 절을 하면 반절로 답배를 해야 하는 어른 또는 평절로 맞절을 해야 하는 대상에게 평상시 또는 의식행사에서 한다. 선생님, 아버지의 친구, 친구의 아버지, 연장자, 상급자, 배우자, 형님, 누님, 형수, 시숙, 시누이, 올케, 제수, 친구 사이에서 평절을 한다. 마지막으로, 반절은 웃어른이 아랫사람의 절에 답배할 때 하는 절로서, 약식 반절과 한 팔만 짚어주는 반절이 있다. 성년인 아랫사람, 제자, 친구의 자녀, 자녀의 친구, 10년차 이내의 남녀 동생, 8촌 이내로 10년차 이내의 연장 비속, 친척이 아닌 16년 이상의 연하자 사이에서 반절을 한다.

(2) 절의 횟수(回數)

예전에는 산 사람에게 절을 많이 할수록 좋게 여겼으나 요즘은 기본 횟수만 하고, 의식행사에서는 기본 횟수의 배(培)로 한다. 절을 받는 어른이 시키는 대로 절의 격을 낮추기도 하고, 횟수를 줄이기도 하며, 절을 하지 않을 수도 있다.

절의 횟수는 홑절과 겹절이 있다. 홑절은 기본 횟수로서 남자는 양(陽)이라 최소 양수

(陽數)인 한 번 절하는 것이고, 여자는 음(陰)이라 최소 음수(陰數)인 두 번 절하는 것이다. 겹절은 남녀가 모두 기본 횟수의 배(培)로 하는 것으로, 남자는 두 번, 여자는 네 번 절하는 것을 말한다.

(3) 절하는 시기와 요령

절은 아무 때나 아무렇게 하는 것이 아니다. 절하는 시기, 위치, 순서, 요령, 자세가 있기 마련이다. 따라서 잘 배우고 익힘으로써 상대방으로부터 예절이 바르다는 평을 듣는 것이 바림직하다.

먼저, 절을 하는 시기이다. 절은 할 수 있는 장소에서 절할 상대방을 만나면 즉시 하는 것이 좋다. 장소가 마땅하지 않아 경례를 했더라도 절을 할 수 있는 장소로 옮기면 지체 없이 절을 한다. 이때 주의해야 할 것이 있는데, 절을 받으실 어른에게 “앉으세요”, “절 받으세요”라고 말하는 것은 그분에게 수고를 시키거나 명령이 되기 때문에 실례가 된다는 것이다.

두 번째, 절하는 위치도 있다. 혼인례를 제외하고는 공간이 허용되면 절을 하는데, 절을 주고받는 두 사람이 같은 장소의 상·하석에 위치해서 절을 하면 된다.

세 번째, 절을 하는 순서도 있다. 같은 장소에서 절을 받으실 어른이 여럿 계시면, 먼저 직계존속 중의 제일 어른께 절을 하고, 다음에 방계존속의 제일 어른께 절을 한 후, 끝으로 뒤로 물러나서 방안의 모든 어른께 한 번 절을 하면 된다. 이때 아무리 절을 받으실 어른이 많아도 세 번의 절로 끝낸다.

네 번째, 절하는 것에도 요령이 있다. 먼저, 맞절의 경우에는 아랫사람이 하석(下席)에서 먼저 시작해서 늦게 일어나고, 웃어른은 상석(上席)에서 늦게 시작하고 먼저 일어난다. 이때 아무리 높은 어른이라도 친척이 아닌 아랫사람이 절을 하면 반드시 답배를 한다. 웃어른은 아랫사람이 무릎을 꿇는 것을 본 다음에 시작해서 먼저 일어난다. 절은 상대방에게 공경을 표하는 동작이므로 절을 받는 사람도 공경하는 자세로 절을 받아야 한다. 그러나 아랫사람이 웃어른의 바른 자세를 기다리지는 않는다.

마지막으로, 절을 할 아랫사람의 건강, 복식, 상황 등이 불편하면 절의 격을 낮추거나 횟수를 줄이거나 절을 하지 말라고 할 수 있다. 또한 웃어른이 꼭 절을 해야 하는 아랫사람에게 "절을 하지 말라"고 지나치게 사양하면 실례이다.

(4) 공수

공수(拱手)란 어른 앞 또는 의식행사에 참석했을 때 공손하게 손을 맞잡는 태도를 말한다. 일상생활에서 보면 의외로 많은 사람이 올바른 공수를 하지 못하는 경우를 발견한다. 특별히 어려운 것이 아니므로 꼭 익히는 좋다.

평상시 공수는 남자의 경우, 왼손이 위로 가게 잡고, 여자의 경우는 반대로 오른손이 위로 가게 잡는다. 상례(喪禮) 등의 흉사(凶事)일 때는 공수의 위치가 바뀌는데, 남자는 오른손이 위로, 여자는 왼손이 위로 가게 잡는다. 제사는 흉사가 아니고 조상을 받드는 자손이 있어 길사(吉事)로 본다. 따라서 제사 때의 공수의 위치는 평상시와 같다.

남자와 여자의 평상시 공수방법, 제사, 차례, 세배는 평상시와 같고, 상례만 반대이다.

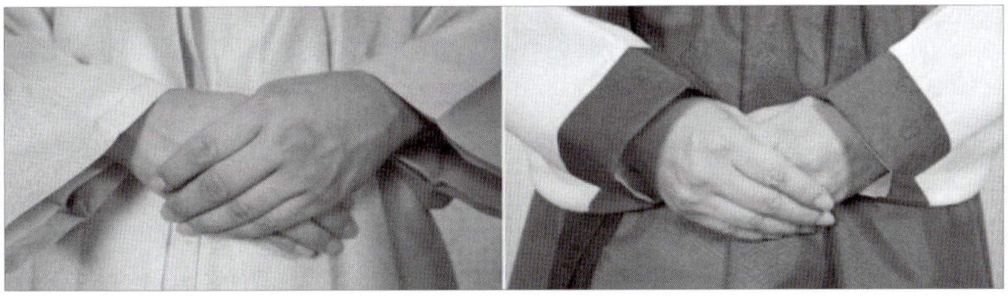

[그림 2-1] 남녀의 평상시 공수 자세

다. 평상시의 인사법[7)]

인사는 말로만 하는 것이 아니라 반드시 형식과 태도를 갖추어 해야 한다. 인사를 할 때에는 진심에서 우러나오는 마음으로 바른 자세를 갖추어 밝은 표정으로 해야 한다. 성의 없이 지나치게 형식에 치우친 인사는 물론 상대방에게 오히려 불쾌감을 주는 인사를 삼가는 것이 바람직하다.

기본적으로 인사를 할 때는 상대방의 눈을 보고, 허리를 숙여 정중하게 인사한 뒤, 다시 허리를 펴고 상대방의 눈을 보며 살짝 웃는 것이 좋다.

그런데 현대사회에서 상대방에게 인사를 할 때, 앞서 말한 전통적인 인사법을 그대로 행하는 것은 여러 가지 점에서 어려움이 있다. 그런 차원에서 일상생활, 즉 평상시에 어떻게 인사하는 것이 좋은지 살펴보는 것은 의미 있는 일이다. 우리의 경우 공수(拱手)를 유지한 채 상체를 숙여 정중히 인사하는 것을 평상시에 사용하고 있다. 평상시에 여러 가지 상황에 따라 어떤 방법으로 인사해야 하는지 간단하게 살펴보고자 한다.

(1) 가벼운 인사

가벼운 인사는 일반적으로 윗사람이 아랫사람에게 하는 인사로서 회사에서는 가까운 동료나 하급자에게 인사하는 경우에 적용된다. 목례(目禮), 약례(約禮), 반경례(半敬禮)라고도 한다. 가벼운 인사를 할 때는 상체를 약 15도 정도 숙이면서 시선을 발끝에서 2m 정도 앞에 둔다. 다음과 같은 경우나 상황에서 가벼운 인사를 한다.

- 엘리베이터, 계단, 복도, 화장실 등 협소한 장소에서
- 하루에 여러 번 마주쳤을 때
- 가볍게 감사를 표현할 때

(2) 보통 인사

보통 인사는 일상생활에서 가장 많이 하는 인사로서 웃어른이나 상급자, 고객에게 인사하는 경우에 적용된다. 보통례(普通禮), 경례(敬禮), 평상례(平常禮)라고도 한다. 보통 인사는 상체를 약 30도 정도 숙이면서 시선을 발끝에서 1.5m 정도 앞에 둔다. 다음과 같은 경우나 상황에서 보통 인사를 한다.

- 맞이하거나 배웅할 때
- 고객을 처음 만났을 때
- 지시를 받거나 보고 후에 인사할 때

(3) 정중한 인사

일반적으로 정중한 인사는 귀한 손님(VIP)을 접할 때, 사죄를 표현할 때, 집안 어른 등에게 인사하는 경우에 적용된다. 정중례(鄭重禮), 최경례(最敬禮), 큰경례라고도 한다. 정중한 인사는 상체를 약 45도 정도 숙이면서 시선을 발끝에서 1m 정도 앞에 둔다. 다음과 같은 경우나 상황에서 정중한 인사를 한다.

- 결혼식 등 관혼상제 행사 때
- 중요한 고객을 맞이하거나 배웅할 때
- 공식석상에서 처음 인사할 때

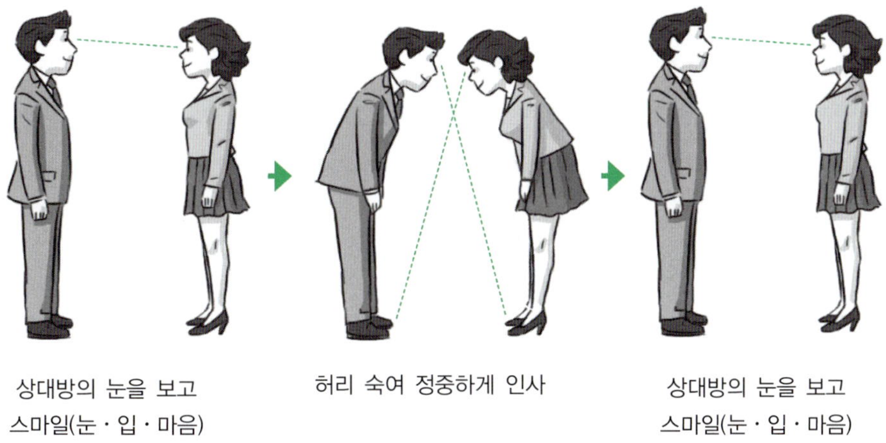

[그림 2-2] 정중한 인사 순서

라. 글로벌 에티켓[8)]

(1) 글로벌 인사 예절

서구인들은 주로 수평적 관계의 인사방법인 악수, 포옹, 볼 키스, 윙크, 제스처 등을 사용한다. 이에 비해 동양인들은 수직적 관계의 인사방법인 절과 같은 형태로 인사를 하는 데, 몸을 굽히는 정도에 따라 신분을 설정해 주는 인사법을 사용한다.

(2) 방문 예절

갑작스러운 방문은 피하는 것이 좋다. 보통 10일 전에 초대장을 보내는 것을 원칙으로 삼는다. 상대방의 상황에 따라 시간을 정하고, 반드시 전화로 연락을 취해 방문 인원수를 알려주는 것이 바람직하다. 저녁식사에 초대를 받았을 경우에는 약속시간보다 너무 일찍 가지 말고, 제 시간에 맞춰 도착하는 것이 좋다. 그리고 주인의 안내를 받아 실내로 들어갔을 경우에는 주인이 권하기까지는 잠시 서 있다가 주인이 앉고 난 다음에 앉는 것이 예의이다.

(3) 서양 식사 예절

냅킨은 무릎 위에 펼치는 것으로 모든 사람들이 자리에 앉았을 때 하는 것이 좋다. 중앙 접시를 중심으로 나이프는 오른쪽, 포크는 왼쪽에 있다. 포크와 나이프는 각각 3개 이하로 놓여 있는데, 코스에 따라 바깥쪽에 있는 것부터 안쪽으로 순서대로 사용한다. 식사 중에 잠시 포크와 나이프를 내려놓을 때는 접시 양 끝에 걸쳐놓거나 서로 교차해놓고, 포크만을 사용한 경우는 접시 위에 엎어 놓는다.

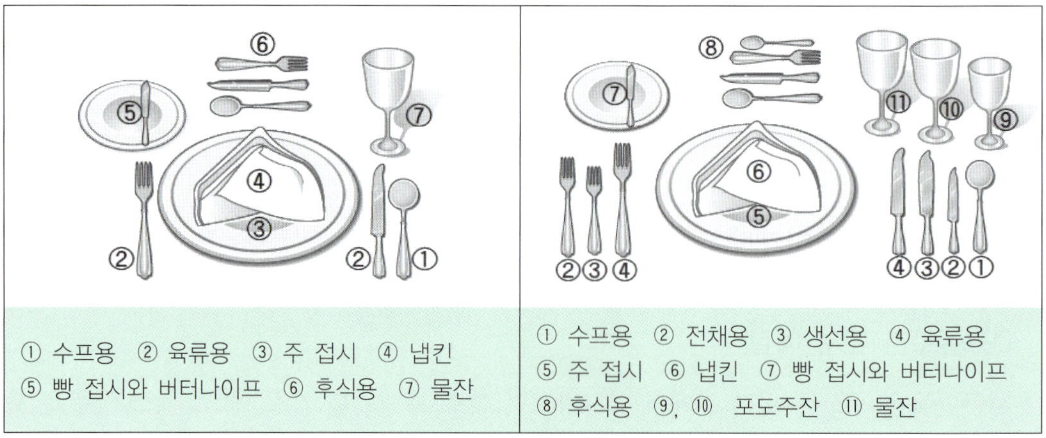

[그림 2-3] 서양식 상차림

요리는 나오는 대로 바로 먹기 시작한다. 전채요리, 수프(soup), 빵, 와인(wine), 주 요리(main dish), 샐러드, 디저트 순으로 나오게 된다. 주 요리로 나오는 생선요리는 뒤집어 먹지 않으며, 고기요리는 한 번에 썰어놓고 먹기보다는 조금씩 잘라가며 먹는 것이 예의이다. 스테이크의 경우는 굽는 정도(rare/medium rare/medium/medium well/well done)에 따라 맛이 달라지므로 주문 시 취향에 따라 요구하면 된다.

서양 식사 예절 중 몇 가지를 소개하면 다음과 같다.

① 냅킨 사용방법

- 의자에 바른 자세로 앉은 다음 냅킨을 무릎 위에 펴 놓는다.
- 냅킨은 식사 중에 입을 살짝 닦거나 손끝을 닦는 데 사용한다.
- 식사가 끝나면 적당히 접어 식탁 위에 올려놓는다.

② 수프와 빵 먹는 방법

- 수프를 먹을 때는 스푼을 바깥쪽으로 향하게 사용하고 소리가 나지 않도록 먹는다.
- 수프가 조금 남으면 접시를 약간 기울여 떠먹으며, 다 먹으면 스푼을 접시 안에 둔다.
- 빵을 한 입 크기만큼 손으로 떼어 버터나이프를 사용하여 버터나 잼을 발라 먹는다.

③ 포크와 나이프 사용방법

- 식탁 위에 차려져 있는 포크와 나이프 중에서 바깥쪽에 있는 것부터 순서대로 사용한다.
- 포크로 음식을 누른 다음, 나이프로 한 입 크기로 잘라서 포크로 찍어 먹는다.
- 식사 중에는 포크와 나이프를 접시 양쪽에 걸쳐놓고, 식사가 끝나면 접시 오른쪽에 모아 놓는다.

3. 언어와 생활

가. 의사소통과 언어

일반적으로 사람은 동물과 다르게 언어를 사용한다. 사람은 자신의 생각을 언어로 표현하며, 언어는 인간의 행동을 지배한다. 그리고 다른 사람과 언어를 활용하여 서로 의사소통을 한다. 인간은 다른 사람들과 더불어 살아가면서 다양한 인간관계를 형성하는데, 그 매개체가 언어이다. 상대방과 어떤 말이나 언어를 사용하느냐에 따라 친밀한 관계가 형성되거나 불편한 관계가 되기도 한다. "한 마디로 천 냥 빚을 갚는다."는 우리 속담은 인간관계에서 말과 언어가 얼마나 중요한지를 잘 표현하고 있다. 따라서 말과 언어를 효과적으로 잘 사용하는 것은 인간관계에 있어 아주 중요한 요소가 된다.

언어를 활용하여 의사소통을 하는 방법에는 구두에 의한 의사소통과 문서에 의한 의사소통이 있다. 그것들에 관해 간단하게 살펴보면 다음과 같다.[9)]

(1) 구두에 의한 의사소통

구두(口頭)에 의한 의사소통은 마주 대하여 입으로 하는 말을 통한 의사소통을 말한다. 두 사람 간의 대화, 연설, 집단 토의, 비공식적인 소문 등이 이에 포함된다. 말을 통한 의사소통의 장점은 신속성과 피드백에 있다. 즉, 말을 통해 의사소통을 할 경우에는 메시지가 신속하게 전달될 수 있다. 만약 말을 듣는 사람이 그 메시지의 내용을 확실하게 이해할 수 없을 때, 듣는 사람은 신속하게 피드백을 해 줄 수 있고, 말하는 사람은 메시지를 빨리 수정할 수 있는 기회를 가질 수 있다. 반면에 구두에 의한 의사소통은 메시지가 많은 사람들을 거쳐 갈 때마다 왜곡되는 단점이 있다. 메시지는 거치는 사람들의 수가 많을수록 왜곡될 가능성이 더 커진다.

(2) 문서에 의한 의사소통

문서에 의한 의사소통은 말 그대로 다양한 형태의 문서를 통해 의사소통을 하는 것을 말한다. 메모, 편지, 사내보, 게시판, 기타 기록물 등이 이에 포함된다. 이 방법에 의한 의사소통은 메시지를 영구적으로 보관할 수 있고 언제라도 다시 꺼내 볼 수 있으며, 입증이 가능하다는 장점이 있다. 그리고 철저한 생각에 근거를 둔 것이고, 논리적이며 명확하다. 그런 차원에서 이 방법은 복잡하고 장황한 의사소통이 필요할 경우에 특히 유리하다. 반면에 문서를 통한 의사소통은 시간이 많이 걸리고, 즉각적인 피드백이 곤란하거나 피드백이 결여되어 있다는 단점이 있다.

나. 언어 사용 실태

언어가 제대로 사용된다면 더 없이 좋은 일이지만, 다양한 원인으로 인해 언어가 변질되고 왜곡되어 사용되고 있는 현상은 특정 국가만의 문제는 아닌 것 같다. 이른바 '불량언어'가 많이 사용되고 있고, 그 정도가 점점 심각해진다는 점은 공통적인 현상이다. 사람들이 불량언어를 사용하는 것은 그 사람의 내면의 억압으로 인한 분노의 감정, 낮은 자존감, 좌절의 상처와 분실 및 영웅심과 공격심 등의 심리가 작용하는 경우가 많다. 그렇다면 일상생활에서 자주 사용되는 건전하지 못한 언어에는 어떤 것들이 있는지 살펴보기로 하겠다.

(1) 불량언어(또는 불건전언어)의 종류

현재 우리는 비속어, 욕설 등 공격적 언어 표현과 은어, 유행어를 많이 사용하고 있으며, 그런 것을 아무런 비판이나 문제의식 없이 사용하고 있는 현실 속에 살아가고 있다. 특히, 우리 교육 현장에서 불량언어 사용으로 인해 갖가지 문제가 발생하고 있고, 이를 묵인하거나 용인하는 태도 역시 증가하고 있다는 것은 정말 안타까운 일이다. 그 결과 사회적 건전성과 건강성이 상실되는 현상을 날마다 목격하고 있다면 심각한 상황이 아닐 수 없다.

불량언어에는 비속어, 욕설, 은어, 유행어 등이 있다.[10)]

첫 번째, 비속어(卑俗語)는 격이 낮고 속된 말로 속어 또는 쌍소리라고도 한다. 이것은 어떤 대상을 무시하는 태도를 가진 말이나 저속한 말로 반항적 심리가 작용되는 언어 표현을 말한다. 비속어는 보통 대상을 경멸하는 마음에서 사용하게 되는데, 경우에 따라서는 가까운 사이의 정겨움을 표현하기 위해 비속어를 사용하기도 한다. 그러나 비속어를 습관적으로 사용하거나 상황에 어긋나게 사용할 경우에는 다른 사람에게 불쾌감을 주거나 교양 없는 사람이라는 인상을 주기도 한다. 따라서 비속어는 아름다운 말로 고쳐 쓰려는 노력이 필요하다.

두 번째, 욕설(辱說)은 다른 사람의 인격을 무시하거나 모욕적인 말 또는 다른 사람을 말로써 공격하는 언어 표현을 말한다. 욕설은 크게 보아서 대가리(머리) · 주둥이(입) 등의 비속어 및 남녀의 성기며 성행위를 지칭하는 따위, 개와 같은 짐승을 가리키는 따위, 쌍스런 표현이나 '뒤져라', '꺼꾸러져라' 등 사나운 표현으로 다른 사람을 흠집 내고 욕보이는 말이다. 욕설은 그것을 쓰는 사람과 듣는 사람의 관계와 상황에 따라 각기 다른 의미를 주기도 한다. 하지만 대개 다른 사람을 흠집 내기 위해 사용할 경우 인간관계를 해치는 등 적지 않은 문제를 동반하고, 욕을 하는 사람의 품격을 떨어뜨린다.

세 번째, 은어(隱語)는 특정 집단의 구성원끼리 통용되는 말로 일탈 욕구나 퇴폐적 풍조 등이 반영된 언어 표현을 말한다. 다시 말하면, 은어는 어떤 계층이나 부류의 사람들이 서로 비밀을 유지하기 위해 다른 사람들이 알아듣지 못하도록 자기네 구성원들끼리만 빈번하게 사용하는 말이다. 은어는 같은 환경에서 같은 운명에 놓여 있거나, 공통된 생활을 영위하면서 어떤 고립된 집단을 구성하고 있는 구성원 사이에서 발달하는 것이 보통이다. 학생 · 군인 · 상인 · 체육인 · 노름꾼 · 부랑배 등 집단에 따라 각기 다른 은어를 사용하기도 한다. 특히, 대학생과 군인이 사용하는 은어는 속어와 구분하기 힘든 것이 많고, 외래어를 많이 사용하는 특징이 있다. 한편, 요즘 청소년들이 사용하는 은어는 나이 든 세대들이 이해하기 어려운 것들이 많다.

마지막으로, 유행어는 신어(新語)의 일종으로, 사회심리적인 요인 등에 의해 비교적 짧은 시기에 걸쳐 여러 사람의 입에 오르내리는 단어나 구절을 말한다. 유행어는 어느 한 시기에 널리 쓰이다가 안 쓰이게 되는 새로운 말의 일종이다. 대부분은 일정 기간 동안 쓰이다가 사라지지만 일부는 보통의 단어로 자리 잡아 오랫동안 쓰이기도 한다. 유행어는 한 언어 사회에서 사회 심리적 요인에 의하여 일시적 흐름을 타는 말들인데, 그 속에는 풍자, 해학, 비판, 신선감이 다른 말보다 더 많이 들어 있다는 것이 특징이다. 대중매체가 발달하면서 텔레비전의 광고나 오락 프로그램을 통해 수많은 유행어가 생기고 사라지곤 한다.

유행어는 독특하고 신선한 표현으로 많은 사람들의 입에 오르내린다. 하지만 유행어를 무분별하게 사용하면 개성이 없고 가벼운 사람이라는 인상을 주기도 한다.

(2) 불량언어 사용 실태[11)]

오늘날 우리의 언어 문화에 나타나는 여러 현상들을 보면 우려스러운 부분이 많다. 비속어, 욕설과 같은 공격적 언어 표현과 유행어 사용이 증가하고 있으며, 비판이나 문제점에 대한 인식 없이 이런 불건전한 언어를 남발하여 사용하고 있는 것이 현실이다. 특히, 정보화 사회로 급격하게 발전하면서 자신의 감정과 표현을 컴퓨터와 통신기기를 통해 여과 없이 소통함으로써 결과적으로 불건전한 언어를 양산하고 있다.

특히, 청소년들의 언어 사용 실태를 살펴보면 불량언어 사용 범위와 정도가 심각하다. 비속어는 초등학생의 97%, 중・고등학생의 99%가 사용한 적이 있다고 응답했고, 은어나 유행어는 초등학생의 97%, 중・고등학생의 100%가 사용한 적이 있다고 응답했다. 최근 들어, 인터넷, 블로그, SNS 등을 통해 자신과 관련이 거의 없는 사람이나 가족, 어른들에게 욕설, 협박, 저주, 조롱 등 공격적인 언어를 사용하는 경우가 많아지는 것은 심각한 문제가 아닐 수 없다.

대학생의 경우도 그런 현상은 다르지 않다. 한 연구에 따르면,[12)] 조사 대상 대학생의 85% 정도가 자신의 비속어와 은어 사용 실태가 문제임을 인식하고 있다고 응답했다. 대학생들은 주로 중학생 시절에 비속어를 처음 사용했다고 응답했는데, 이것은 인성이 성립되기 시작하는 청소년 시기부터 비속어를 접하고 있다는 점을 의미하는 것이다. 남자 대학생들은 대개 습관적으로 비속어와 은어를 사용하고, 여자 대학생들은 화가 나서 사용하는 경우가 많다고 응답했다. 대학생들 역시 인터넷과 통신기기를 통해 비속어를 접하는 경우가 많다고 응답했다.

청소년기의 언어 사용 습관이 대학생까지 이어진다는 점은 불건전한 언어를 사용하고 있다는 차원을 넘어 일종의 문화 현상으로 볼 수 있다는 점에서 곱씹어 볼 필요가 있다. 그것은 불건전한 언어를 사용하는 것이 한 사람의 인격과 품격, 즉 인성 형성에 부정적인 영향을 미치고, 결국 우리 사회구성원의 인성과 연관되는 문제라는 점에서 깊은 반성과 진지한 고민이 필요한 시점이라 하겠다.

앞서 언급했듯이 언어는 한 사람의 인성을 평가하는 중요한 요소 중의 하나이다. 따라서 비속어와 욕설을 계속해서 습관적으로 사용하는 것은 문제가 아닐 수 없다. 이런 불건전한 언어 사용을 줄이는 가장 효과적인 방법은 본인 스스로 그런 표현을 사용하는 것이 자신의 품격을 떨어뜨리고 인간관계에 지장을 초래한다는 것을 자각하는 것이다. 나아가 불건전한 언어 사용을 자제하도록 서로 독려하는 분위기를 확신시키는 것도 중요하다.

다. 사회 변화에 따른 언어의 변화

현대사회에 들어서면서 급격한 기술발전에 따른 정보화로 인해 우리의 의사소통방법과 형태도 많이 바뀌고 있다. 다시 말하면, 전자정보통신기술이 발달하면서 휴대전화, 팩스, 이메일, 전자결제, 화상회의 등 다양한 통신수단이 생겼고, 그로 인해 의사소통의 속도가 상당히 빨라졌다. 심지어 대부분의 조직 내에서는 자리에 없어도, 휴가를 떠나도, 회의 중이나 고객방문을 위한 외출 중에도 의사소통이 가능해졌다.

이런 과정에서 예전에 사용하지 않던 전혀 새로운 말이 생겨나고 그동안 사용해왔던 언어가 심하게 파괴되는 현상도 발생하고 있다. 시공을 초월해 상호작용 및 의사소통이 이루어지고 있는 지금 우리는 전자메일이나 전화 메시지와 같은 문자를 이용한 의사소통 및 '대화방'을 이용하여 실시간으로 의사소통을 하는 등 새로운 의사소통방식을 매일 경험하고 있다.

이런 과정에서 이른바 '통신언어'가 매우 복잡하고 새로운 양상으로 확산되어 가면서 그것들이 일상생활에서 주요한 언어가 되는 현상이 급속하게 전개되고 있다. 그 결과 사회 곳곳에서 진정한 의미의 소통이 잘 되지 않는 문제가 발생하고, 그동안 사용했던 언어가 심하게 파괴되는 현상이 가속화되면서 세대 간 언어 단절 현상까지 나타나고 있다.

언어는 사람들의 생각과 의견을 나누는 중요한 도구이고, 그것은 세대 간의 교육과 전수를 통해 면면히 전해지고 있다. 특히, 우리는 '한글'이라는 세계 역사상 유례가 없는 과학적이고 독창적인 언어를 가지고 있다. 다른 민족의 말과 언어를 표현하는 데 한글이 사용될 정도로 훌륭한 언어를 가지고 있는 것이다. 그런데 이런 한글이 과도한 통신언어로 인해 심각하게 훼손되고 있다면 문제가 아닐 수 없다. 언어는 그것을 사용하는 사람의 건

강한 정신과 관련되며, 전통과 문화를 기록하고 전파하는 도구라는 차원에서 통신언어의 무분별한 사용에 대해 진지한 고민이 필요한 때라고 생각한다.

라. 언어 예절

언어는 사회생활을 하면서 다른 사람과 대화를 할 때 상대방을 존중하는 예의를 표현하는 데 있어 가장 중요한 도구이다. 한 사람의 인격은 그가 사용하는 말이나 언어를 보고 짐작할 수 있다. 그러므로 대화는 단순히 사람 사이에 오가는 말이 아니라 인격과 인격의 만남이라는 차원에서 올바른 언어 예절을 지키는 것이 바람직하다.

대화는 말하는 사람과 듣는 사람이 서로 의사를 주고받으면서 상대방의 생각과 의견을 왜곡하지 않고 이해하는 것이 주된 목적이다. 이때 대화하는 사람들 사이에 각자가 생각하는 의견을 공유하고, 상대방의 의견을 존중하는 분위기가 유지되도록 배려하는 것이 진정한 대화이다. 따라서 자신이 상대방과 어떤 얘기를 주고받을 때 지켜야 할 예절을 잘 지키고 있는지를 돌아보는 것은 의미 있는 일이다. 상대방의 얘기를 잘 경청하고 있는지, 상대방의 말하는 의도를 잘 파악하고 이해하는지, 상대방과 의견을 주고받을 때 시선을 잘 유지하는지, 상대방이 말을 하는 도중에 끊지 않는지 등 언어 예절에 관한 여러 가지 사항에 대해 잘 숙지하고 있어야 한다.

상대방과 대화할 때 주의해야 할 몇 가지 사항에 대해 다음과 같이 간단하게 소개하기로 한다.[13)]

첫째, 대화할 때는 적당한 속도로 말해야 한다. 아무리 좋은 목소리로 얘기한다 하더라도 말하는 속도가 너무 빠르면 듣는 사람이 부담스럽고 소음처럼 느낄 수 있다. 반대로 말하는 속도가 너무 느리면 듣는 사람이 지루해질 수 있다.

둘째, 대화할 때는 정확한 발음을 구사하도록 노력해야 한다. 발음이 부정확하면 상대방에게 말하고자 하는 내용이 정확하게 전달되지 않고, 상대방과 효과적인 대화가 이루어지지 않는다. 특히, 상대방을 설득하거나 정확한 정보를 전달해야 하는 경우에는 발음에 더욱 신경을 써야 한다.

셋째, 대화할 때는 자신이 말할 내용을 머릿속에서 정리한 후 얘기하는 습관이 필요하다. 자신이 전하려는 내용을 상대방에게 정확하게 전달하려면 할 얘기를 미리 정리하는 것이 필요하다.

넷째, 대화할 때는 맑고 부드러운 음성으로 말하려는 노력이 필요하다. 맑고 부드러운 음성은 상대방에게 호감을 주고 신뢰를 주어 대화를 부드럽게 하고 친밀감을 형성하는 데 도움이 된다. 크고 힘찬 목소리보다 적당한 크기의 음량으로 부드럽게 말하는 연습을 할 필요가 있다.

마지막으로, 대화할 때는 상대방의 말에 집중하는 것이 바람직하다. 상대방이 말을 할 때 경청함으로써 그가 말하는 내용을 정확하게 이해하는 것이 무엇보다 중요하다. 그래야 그에 맞는 자신의 얘기도 잘 할 수 있을 뿐만 아니라 효과적이고 창의적인 대화가 가능하다.

4. 품격 있고 바른 언어

가. 바른 말, 고운 말

우리 민족의 가장 큰 자랑거리 중의 하나는 우리 고유의 말과 글이 있다는 점이다. 그러나 우리는 훌륭한 말과 글을 가지고 있으면서도 이를 아름답게 갈고 닦는 일에 대해서는 소홀히 해 온 것이 사실이다. 그 결과 현재 우리의 언어생활에서는 발음과 어법의 혼란, 무질서한 외래어의 수용으로 인한 어휘 체계의 문란, 그리고 외래어의 한글 표기와 로마자 표기법의 혼란 등 여러 가지 문제점이 나타나고 있다.

우리가 일상생활에서 자주 사용하면서도 뜻을 잘못 알고 쓰거나 상황에 맞지 않는 어휘를 선택하는 경우가 적지 않다. 특히, 젊은 층에서 잘못된 경어법을 사용하거나 외래어를 지나치게 사용하는 경우가 많다. 이런 현상에 대해 진지하게 고민해 보고 자신이 어떤 말과 글을 사용하고 있는지 곱씹어 볼 필요가 있다. 여기에서는 우리가 일상생활에서 자주 사용하는 말 중에서 잘못 사용하는 몇 가지에 대한 올바른 표현을 알아보기로 하겠다.[14)]

(1) 올바른 어휘 표현

① '아버지'와 '아버님'

누군가 "아버님, 어디 계시지?"라고 물으면, "우리 아버님, 안방에 계시는데요."라고 대답하는 경우가 의외로 많다. 살아계신 아버지를 다른 사람에게 얘기할 때, '아버님'이라고 지칭하는 것이 예의를 갖춘 표현이라고 느껴질지도 모른다. 그러나 이것은 올바른 표현이 아니다. 살아계신 자신의 부모를 지칭할 때는 '님'자를 넣지 않고, '아버지', '어머니'라고 하는 것이 바람직하다. 하지만 돌아가신 부모님을 남에게 지칭할 때는 '아버님', '어머님'이라고 표현하는 것이 올바른 표현법이다.

② '가르치다'와 '가리키다'

시험 기간 동안 도서관에서 한 학생이 이렇게 말한다. "난 수학은 아무리 공부해도 잘 모르겠더라. 넌 수학 잘 하지?" 그러면 수학을 잘 하는 다른 학생이 이렇게 대답하곤 한다. "응, 이리 와. 내가 아리켜 줄게." 두 번째 대학생의 표현은 잘못된 것이다. '가르치다'를 '가르키다'로 잘못 써서 생긴 '아리켜 주다'로 잘못 합성되었거나 '알려 주다'와 '가르쳐 주다'가 무의식중에 '아르쳐 주다'로 합성된 것이다. '가르쳐 준다'고 해야 올바른 표현이다.

(2) 올바른 외래어 표현

① '나가리 되다'

두 대학생 간의 대화이다. "이번 주말에 여행가기로 한 것 어떻게 됐어?", "못 간다는 사람이 많아서 나가리 됐어." 우리가 자주 사용하는 말 중에 '나가리'라는 말은 대개 계획이 없던 것으로 되거나 중단될 때 또는 어떤 일이 무효가 되었을 때 자주 쓰는 말이다. 이 말은 일본어 중에서 '무효가 됨' 또는 '중단'이라는 뜻을 가진 '나가레'라는 말에서 온 것으로, 이것이 우리나라에서 '나가리'로 쓰이고 있는 것이다. 이것은 상황에 따라 우리말로 '중단됐다', '무산됐다' 또는 '허사가 됐다'로 고쳐 써야 한다.

② '앗싸리'는 '아예'로

우리는 나이에 관계없이 많은 사람들이 "야, 한 개씩 감질나게 하지 말고 앗싸리 한꺼번에 줘 버려"와 같은 표현을 자주 사용한다. 여기서 '앗싸리'라는 말은 일본어로 '산뜻하게' 또는 '간단하게'를 뜻하는 부사이다. 이 말은 상황에 따라 '아예'라든지 '차라리' 또는 '깨끗이' 등으로 고쳐 써야 한다. 아름다운 우리말로도 충분히 표현할 수 있다면 굳이 일본어로 사용할 필요가 없다.

③ '플래카드'와 '현수막'

길을 가다 보면 행사를 알리는 글이나 구호 같은 것을 적은 선전물을 많이 볼 수 있다. 가로로 거는 것은 '플래카드'이고, 세로로 길게 내려 거는 것은 '현수막'이다. 전자는 예로부터 가로쓰기를 해 온 서양의 문화에서 온 것이고, 후자는 세로쓰기를 해 왔던 동양의 문화에서 나온 것임을 짐작할 수 있다. 현수막의 경우에는 잘못 사용하는 경우가 드물지만, '플래카드'를 '프랑카드'로 잘못 사용하는 경우가 많다.

나. 언어의 품격

독일의 실존주의 철학자 하이데거(M. Heidegger)는 '언어는 존재의 집'이라고 했다. 말은 그 사람의 인격과 생각을 고스란히 드러내기 때문이다. 특히, 말 그 자체보다 말하는 사람의 품격, 다시 말해 말하는 사람의 신념, 각오, 결단력, 설득력, 사상, 비전, 결의, 사명감 등이 모두 어우러진 것이 말이다. 한 사람의 인격과 인간성을 미루어 짐작할 수 있는 것이 그가 사용하는 언어이다. 결국 어떤 사람이 어떤 품격을 가진 사람인지 쉽게 짐작할 수 있는 것 중의 하나가 그 사람이 사용하는 말이고, 언어이다. 따라서 자신이 사용하는 말과 언어가 어느 정도 격을 갖추고 있는지 되돌아볼 필요가 있다.

그런데 상대방에게 자신의 의견과 생각을 전할 때 언어를 초월하여 자신이 전하고자 하는 메시지를 정확하게 전달하는 것이 더 중요하다. 자신의 언어 품격을 높이는 전문적인 화술을 구사하고 싶은 사람들이 유념해야 할 것들이 있어 간단하게 정리해 보면 다음과 같다.[15)]

(1) 얘기하는 주제에 맞춰 인격을 선택하라

사람들은 누구나 내면에 복수의 인격을 지니고 있다. 달리 표현하면, 인간은 양면성을 지니고 있다. 문제는 자신 속에 내재된 각기 다른 인격을 알고 있는가, 그리고 그 복수의 인격을 의식적으로 분리하여 사용하고 있는가 하는 것이다. 실제로 다른 사람에게 말을 하거나 연설을 할 때는 이 인격을 분리하여 사용하는 기술이 정말 중요하다.

(2) 듣는 사람의 무언의 목소리에 귀를 기울여라

어떤 얘기이든 그것을 듣는 사람들은 '무언의 목소리', '무언의 메시지'를 내고 있다. 말을 하는 사람은 듣는 사람의 그것을 들을 수 있어야 한다. 이것을 듣지 못하고, 듣는 사람에게 무엇을 말할 것인가에만 집중하는 사람은 진정한 리더도 아니고 화술의 프로도 아니다.

(3) 담력으로 듣는 사람을 압도하라

어떤 얘기를 할 때는 대화하는 자리(또는 상황)를 압도하는 것이 필요하다. 이것은 중요한 역할을 하는 리더의 화술에서 매우 중요한 역량이다. 아무리 훌륭한 원고를 준비했다 할지라도 그 분위기나 상황에 압도당한 채 원고를 읽는다면 그 메시지는 어떤 힘도 발휘하지 못한다. 그러니 듣는 사람을 설득할 수도 없다. 말하는 사람의 수동적인 마음이 듣는 사람에게 전달되기 때문이다.

(4) '포지셔닝'을 정확히 하라

사람의 화술에서 중요한 것 중의 하나는 '포지셔닝(positioning)'이다. 이것은 어떤 입장에서 말할 것인가를 명확하게 하는 것이다. 말하는 사람이 어떤 입장에서 말할 것인가 하는 문제는 듣는 사람이 말하는 사람에게 어떤 입장에서 말할 것을 기대하는가에 따라 결정된다.

(5) 듣는 사람과의 대화로 승부하라

대중을 상대로 한 연설이나 대화는 말하는 사람에게 여러 점에서 가장 위험이 크다. 그런 만큼 잘 준비하면 얻는 것도 많다. 말하고자 하는 내용을 꿰뚫고 있는지, 순간적인 판단을 할 수 있는지, 질문하는 사람을 존중하며 섬세하게 응답할 수 있는지 등과 같은 능력이 듣는 사람에게 고스란히 전달되기 때문이다.

(6) '일거수일투족'을 메시지로 삼아라

듣는 사람은 말하는 사람의 모든 것을 본다. 단상에 올라 얘기하는 경우라면 더욱 그렇다. 상대방의 얘기를 듣는 사람은 대개 말하는 사람을 의식적으로 주의 깊게 보고 섬세하게 관찰하지 않는다. 그보다 의식과 무의식의 경계에서 무언가를 느끼며 날카롭게 감지한다. 따라서 말하는 사람은 자신의 행동거지(行動擧止)가 언어 이상의 메시지를 전달한다는 사실을 명심해야 한다.

(7) 역사와 사상을 당당히 말하라

말에는 저마다 무게가 있고, 그 말을 당당하게 입에 담고 듣는 사람의 마음에 박히도록 하려면 그에 상응하는 체력이 필요하다. 여기서 체력이란 흔히 말하는 체력이 아니라 말하는 사람의 중량감이다. 중량감 없는 인물이 무리하게 무거운 말을 입에 올리면 그 말이 전달되지도 않거니와 말하는 사람 본인도 그 말의 무게에 눌리고 만다.

(8) 자연스러운 스타일로 말하라

좋은 화술을 추구하는 사람에게 있어 자연스러움이 중요하다는 것은 누구나 알고 있다. 그러나 머리로 아는 것과 실제로 그렇게 할 수 있는 것에는 결정적인 차이가 있다. 왜냐하면 자연스러움은 의식하면 할수록 더 부자연스러워지기 때문이다.

(9) 냉정한 시선을 유지하되 정열을 가지고 말하라

뛰어난 화술을 가진 사람들은 대개 양면성을 가지고 있다. 정열과 냉정의 공존, 이상주의와 현실주의의 공존, 신중함과 대담함의 공존, 다정함과 엄격함의 공존 등 모순된 두 가지 인격을 함께 가지고 있다. 중요한 것은 두 인격 사이의 균형을 잘 유지하며 눈앞의 현실에 슬기롭게 대처하는 것이다.

(10) 묵직하게 울려 퍼지는 목소리를 무기로 삼아라

오래 전부터 화술의 중요한 수칙으로 여겨지는 것 중의 하나가 묵직한 목소리로 얘기하라는 것이다. 일반적으로 말하는 사람이 묵직하게 울려 퍼지는 낮은 목소리로 얘기하면 그 인물의 강함, 신념, 따뜻함, 포용력이 느껴지기 때문이다. ♣

Memo

생각하고 토의하기

▣ 상대방에게 인사를 잘 하거나 예의 바르게 행동해서 좋았거나 어떤 일을 잘 마쳤던 경험을 서로 나누어보고, 대학생활을 하는 동안 필요한 예절에는 어떤 것들이 있는지 얘기해 보자.

구분		정리된 생각이나 의견
나의 경험		
팀원의 경험		
대학생활에서 필요한 예절		
지금 바로 내가 실천해야 할 일		

• 수업시간 : 20______년 ______월 ______일 ______요일 ______교시

• 소속 : ________________ • 학번 : __________ • 성명 : __________

절취선

Memo

절취선

조사해 보기

■ 우리가 일상생활을 하며 자주 사용하는 건전하지 못한 언어에는 어떤 것들이 있는지 조사해 보고(20개), 그중에서 가장 많이 사용하는 말과 단어들은 어떤 것들인지 의견을 나누어 보자.

(구분 보기 : 욕설→욕, 비속어→비, 은어→은, 유행어→유, 통신언어→통)

No.	구분	불량 언어	뜻(의미), 사용하게 되는 상황
예	비	빡치다	화가 나는 일이나 어이없는 일에 동요될 때 '뚜껑 열리게 한다'는 의미로 사용
1			
2			
3			
4			
5			
6			
7			
8			
9			
10			
11			
12			
13			
14			
15			
16			
17			
18			
19			
20			

• 수업시간 : 20______년 ______월 ______일 ______요일 ______교시

• 소속 : ________________ • 학번 : __________ • 성명 : __________

Memo

생각해 보기

■ 다음과 같은 상황에서 당신은 어떻게 말할 것인가? 자신의 생각을 써보자.

불량언어	뜻(의미), 사용하게 되는 상황
부모님께 감사의 인사를 드리고 싶을 때	
부모님께 힘을 드리고 싶을 때	
교수님께 성적에 관해 문의할 때	
교수님께 학과 조교가 발행한 문서를 전달할 때	
친구에게 용기를 내라며 응원하고 싶을 때	
친구에게 고마움을 표현하고 싶을 때	
친구에게 자신의 잘못에 대해 용서를 구할 때	
칭찬하고 싶은 어떤 사람에게 하고 싶은 말	

• 수업시간 : 20______년 ______월 ______일 ______요일 ______교시

• 소속 : ______________________ • 학번 : __________ • 성명 : ____________

절 취 선

Memo

Memo

제 3 장 인성의 발현(Ⅱ) : 정직과 신뢰

학습 목표

1. 정의와 정직함의 중요성을 인식할 수 있다.
2. 일상생활에서 정직함을 지키는 방법을 익힐 수 있다.
3. 신뢰의 중요성을 인식하고, 그 특성을 파악할 수 있다.

학습할 주요 내용

1. 정의와 정직의 의미
2. 부정행위에 끌리는 이유
3. 공정성
4. 신뢰의 정의와 중요성
5. 신뢰의 형성과정

신뢰는 우리가 의존하고 있는 사람들이 그들에 대한 우리의 기대를 저버리지 않을 것이라는 믿음을 의미한다. 믿음이나 신뢰는 길을 가다 마주친 아는 사람에게 격려하는 말을 했다고 해서 생기지 않는다. 사람들은 서로를 진실하게 알기 전에는 믿지 않고, 믿지 않는 사람은 따르지 않는다. 신뢰는 위험을 수반한다. 즉, 위험을 감수하지 않으면 신뢰를 키울 수 없고, 신뢰를 키우면 위험이 커진다. 또한 신뢰는 형성되기는 어렵지만 상실하기는 매우 쉬운 특성을 갖는다. 그리고 신뢰는 크게 개인 간 신뢰와 조직 간 신뢰의 두 측면으로 나누어 볼 수 있다. 개인 간의 신뢰는 인간관계의 시작과 유지에 중요한 역할을 한다. 한편, 조직 내에서 상사와 부하 간, 동료 간, 부서 간의 신뢰는 조직의 경쟁력을 결정하는 중요한 요소이다.

1. 정의와 정직함

가. 정의란 무엇인가

2010년에 하버드 대학 마이클 샌델(Michael J. Sandel) 교수가 쓴 『정의란 무엇인가』라는 책이 베스트셀러가 된 적이 있었다. 당시에 이런 현상을 두고 인문학 시장에 활기를 불어넣었다는 세간의 평과 함께 우리 사회가 그만큼 정의롭지 못하니까 그에 대한 갈망이 낳은 것이라는 진단까지 나왔다. 급기야 저자가 우리나라에 와서 특별강연을 했고, 교육방송(EBS)에서는 그의 수업을 통째로 방영하기도 했다. 물론 이후 이 책에서 빠뜨리고 있는 문제들을 여러 가지 차원에서 제시한 책들도 발간되었다.[1] 여기서 그 논쟁들을 심층적으로 다루는 것이 이 책의 목적은 아니다. 이 책에서는 사회구성원의 한 사람으로서 우리가 일상생활에서 정의를 어떻게 실천해 갈 것인가에 초점을 두고자 한다.

정의(正義, justice)에 대한 사전적 의미는 '사회나 공동체를 위한 옳고 바른 도리'를 말한다. 즉, 사회를 구성하고 유지하기 위해 구성원들이 올바르고 공정한 상태를 추구해야 한다는 가치를 정의라고 말할 수 있다. 원래 정의라는 말은 그리스어로 '제 자신의 할 일에 마음을 쓴다'는 의미를 가지고 있다. 다시 말하면, 마땅히 자신이 해야 할 일을 하되, 외람되게 남의 일을 대신해 주겠다면서 분별없는 행동을 하지 않는 것이 정의이다.[2]

여기서 짐작할 수 있듯이, 정의는 개인적 덕목으로서 강조되어 왔지만 사회가 점점 복잡해지고 사람들의 다양한 이해관계가 얽히면서 갈등이 커지자 정의는 사회적 성격을 띠기 시작했다. 그래서 정의가 무엇인가에 대한 관점은 시대, 장소 및 이념적 입장에 따라 다양해졌다. 그렇다면 어떤 것이 과연 정의로운 상황인지 다음의 예를 중심으로 살펴보자.

다섯 명의 사람들이 동일한 출발선에 서 있고, 가장 먼저 결승선에 도착한 사람에게 우승컵을 수여하는 것이 경기 규칙이다. "공정한 경쟁을 해야 하니 모두 동일한 출발선에 서 주시기 바랍니다."라는 심판의 말을 듣고 경기에 나선 사람들이 모였다. 자동차 운전자, 오토바이 운전자, 자전거 운전자, 휠체어를 탄 사람, 그리고 맨 몸으로 달릴 사람이 동일한 출발선에 서 있다. 이와 같은 상황을 과연 정의롭다고 할 수 있을까? 형식적으로는 모두에게 같은 기회를 주는 것 같지만 실질적으로는 기회가 균등하게 주어지지 않은 것이다. 당연히 정의로운 상황이 아니다. 그렇다면 어떻게 하는 것이 정의가 샘솟는 상황이 될지 각자 생각해 보기 바란다.

우리가 이 땅에서 정의를 실천하기 위해서 필요한 것이 무엇인지에 대한 대답은 시대와 상황, 그리고 학자에 따라 다양할 것이다. 하지만 그것에 대해 어떤 입장을 취하든 한 사회에서 정의가 구현되기 위해 공통적으로 필요한 것에 대해 생각해보는 것은 의미 있는 일이다.

첫째, 모든 사람에게는 자유와 권리가 있음을 존중해야 한다는 점이다. 사람은 존엄한 존재로서 인종, 성별, 종교, 신념, 빈부, 신체적・정신적 조건에 관계없이 평등하다. 사람의 이런 존엄성 때문에 누구에게나 자유와 권리가 보장되어야 한다. 어떤 차별과 억압이 있어서는 안 된다. 이것이 정의로운 것이고, 이것이 보장되는 사회가 정의로운 사회이다.

둘째, 모든 사람이 최소한의 사람다운 삶을 누리는 데 필요한 최소한의 자원이 제공되어야 한다는 점이다. 물론 자본주의 시장경제체제하에서 빈부의 격차가 생길 수밖에 없고, 그로 인해 다양한 형태의 불평등이 존재한다. 그러나 그 결과 일부 사회구성원들은 인간으로서 최소한의 삶을 유지할 수 없는 상황에 내몰리게 되는 경우도 적지 않다. 한 사회를 구성하고 있는 구성원으로서 최소한의 자원을 가지지 못한 사람들을 능력이 부족한 탓이라고 방관한다면, 그 사회가 과연 정의로운 사회일까? 같은 출발선에 서 있지만 전혀 다른 조건을 갖춘 사람들에게 동일한 기회를 주었다고 해서 과연 정의로운 사회일까?

나. 역사에 대한 정직함 : 독일과 일본의 사례

우리는 앞서 정의는 시대와 상황, 장소 그리고 이념적 입장에 따라 다양한 견해가 공존하는 개념이라고 말한 적이 있다. 한 개인과 국가의 역사에 대해서도 정의라는 개념을 적용할 수 있다. 특히, 한 국가가 자신들의 지난 역사에 대해 얼마나 정의롭고 정직한가는 그들이 저지른 과오에 대해 얼마나 솔직하고 정직하게 인정하고 반성하는지를 살펴보면 쉽게 알 수 있다.

제2차 세계대전의 전범국인 독일과 일본의 사례가 대표적인 경우이다. 이것은 두 나라의 지도자들이 자신들의 역사에 대해 얼마나 정직한지, 인류 보편적인 가치를 제대로 존중하는지를 판단할 수 있는 좋은 사례이다.

먼저, 독일은 자신들의 과거를 정직하고 철저하게 반성하고 있다. 지금까지도 나치 전범들을 색출하여 단죄하고 있고, 피해국가와 개인들에게 배상하고 있다. 1970년 12월 7일, 당시 독일 총리 빌리 브란트는 폴란드 수도 바르샤바의 유대인 위령비 앞에서 무릎을 꿇고 애도하면서 자신들의 과오에 대해 사죄했다. 당시 독일은 이런 상징적인 조치와 함께 폴란드와 체결한 조약에 "전쟁의 첫 희생자가 폴란드이고, 전쟁은 유럽 국가들에게 엄청난 고통을 안겨 주었다."라는 문구를 명시했다. 또한 독일은 독일공화국을 수립한 후 전후 배상법을 제정하여 나치 피해자들에 대한 배상을 시작하여 1986년까지 총 5,700만 명에게 35억 마르크를 배상했다. 그리고 그것을 시작으로 지금까지 생존 유대인과 나치 희생자들에게 모두 890억 달러(약 100조 원)를 배상했다. 한마디로 자신의 잘못된 과거를 철저하고 정직하게 인정하고, 희생자들을 위해 최선을 다해 배상하고 있는 것이다.

[그림 3-1] 폴란드 유대인 위령비 앞에서 애도하는 독일 빌리 브란트 총리

[그림 3-2] A급 전범들의 넋을 기리는 야스쿠니 신사를 방문한 일본 아베총리

이에 비해 같은 전범국인 일본은 어떠한가? 일본의 행보는 독일의 그것과 극명하게 대비된다. 자신들이 저지른 과거의 잘못을 정직하게 인정하지도 않거니와 오히려 역사를 왜곡하며 진실을 덮으려는 데 급급하고 있다. 그 예로 일본 도쿄 중심지인 지요다(千代田)구에 전사자들을 호국의 신으로 모시기 위해 지은 시설인 야스쿠니신사(靖國神社)가 있는데,

그곳에 태평양전쟁을 도발했던 A급 전범 14명을 함께 합사하고 있다. 제2차 세계대전의 A급 전범들도 나라를 위해 순직한 애국자라면서 함께 모시고, 일본 정부의 대표인 총리나 각료들이 공식적으로 참배하며 전범들의 넋을 기리고 있다. 일본제국주의의 피해국인 한국, 중국 및 동남아시아 각국의 반발을 사면서도 도덕적인 참회나 반성의 마음을 전혀 보이지 않는 것이 역사에 대해 정직하지 못한 일본의 태도이다. 나아가 자신의 과오를 후세들에게 가르치지 않으려고 역사 교과서를 왜곡하는 일을 서슴없이 하는 것을 보면 그들이 과연 국제사회에서 정의와 정직을 말할 수 있는가에 대해 의문을 가지지 않을 수 없다.

자신의 과오를 정직하게 인정하고 철저하게 반성하고 있는 독일과 전혀 그렇지 않은 일본을 보며 역사에 있어 정의란 무엇인가에 대해 곱씹어 볼 필요가 있다. 인간의 존엄성을 지켜주고, 모든 사람의 자유와 권리를 존중하는 것이 정의라는 차원에서 두 나라의 행동은 '역사적 정의'와 관련하여 많은 생각을 갖게 하는 의미 있는 사례이다. 물론 우리에게도 이와 유사한 과거사가 없는 것은 아니다. 베트남전쟁에서 우리가 저질렀던 일들이 대표적인 사례이다. 그런 사례를 구체적으로 언급하는 것이 이 책의 주요 목적이 아니기 때문에 여기서 자세하게 언급하지는 않겠지만, 우리가 저지른 역사적 과오에 대해서도 관심을 갖고 알아보며 반성의 시간을 가질 필요가 있다.

2. 정직한 사회, 공정한 사회

가. 우리는 왜 부정행위에 끌리는가3)

우리는 일상생활 속에서 얼마나 정직할까? 우리는 지금 이 순간에도 곳곳에서 벌어지고 있을 갖가지 부정행위로부터 얼마나 자유로울까? 만약 선량한 자원봉사자들이 범죄를 저질렀다면 여러분은 어떤 생각이 드는가? 이런 질문들에 대해 자신의 생각을 정리해 보는 것도 지성인으로서 의미 있는 일이라 생각한다.

대부분의 사람들은 대규모로 부정행위를 저지르지 않는다. 스스로가 나쁜 사람으로 보이는 것에 저항감을 느끼기 때문이다. 우리는 대개 아주 조금씩 부정행위를 저지름으로써 부정행위를 통한 이득을 보면서도 동시에 자기 자신을 합리화할 수 있는 능력을 가지고 있다.

어느 대학 기숙사에서 한 가지 실험을 했다. 기숙사 부엌 냉장고에 콜라 캔과 현금을 넣어두고 어떤 일이 일어나는지 살폈다. 학생들은 콜라 캔을 몰래 가지고 갔지만, 현금에는 손을 대지 않았다. 현금을 가져가는 것은 도둑질이라는 생각이 상대적으로 더 컸고, 따라서 저항감을 느꼈기 때문이다.

또 한 가지 사례가 있었다. 1970년대 미국 케네디예술센터가 운영하는 선물 매장에서 생긴 일이다. 거기서 일하는 직원은 대략 300여명 쯤 되었는데, 대부분 나이가 지긋한 자원봉사자들이었다. 이 매장에는 금전등록기가 없었고 대신 물건을 팔고 받은 돈을 보관하는 현금 상자들만 있었다. 문제는 이 매장의 1년 매출액이 40만 달러인데, 그중에서 15만 달러를 누군가가 훔쳐간다는 점이었다. 당시 매니저는 이런 부정행위를 눈치 채고 조사를 시작했고, 마침내 범인을 잡았는 데 결과는 뜻밖이었다. 도둑은 한 사람이 아니었고, 어떤 한 사람이 큰돈을 훔친 것도 아니었다. 예술을 사랑해 자원봉사자를 신청한 수십 명의 선한 노인들이 현금 상자에서 돈을 빼내고 물품을 몰래 빼돌렸던 것이었다. 수많은 평범한 사람들이 조금씩 돈과 물품을 훔쳤던 것이다. 당시 매니저는 이렇게 말했다. “사람은 누구나 기회가 닿으면 언제든 다른 사람의 물건을 훔치려 한다. 그래서 사람에게는 나쁜 일을 하지 못하도록 제어해주는 통제장치가 필요하다.”

그렇다면 부정행위의 밑바탕에 깔려 있는 기본 성향은 무엇일까?

첫째, 경제적인 동기에 따라 사적인 이익과 공적인 이익이 충돌하는 상태에서 부정행위가 많이 벌어진다. 예컨대, 새로운 고가의 치료 장비를 구입한 치과의사는 그 비용을 충당하기 위해 새로운 장비를 사용할 핑계거리를 찾아낸다. 그리고 어쩌면 환자에게 전혀 필요 없는 고가의 치료를 받도록 권하는 것이다. 이런 이익의 충돌 현상은 자신이 받은 호의를 상대방에게 빚졌다고 생각하여 돌려주고 싶은 마음이 생길 때도 발생하여 부정행위로 이어지곤 한다.

둘째, 우리는 감정과 이성 간의 투쟁 사이에서 감정의 유혹을 못 이겨서 충동적인 선택을 하거나 욕망을 이겨내는 에너지가 소모된 상태에서 부정행위를 하게 된다. 하루 종일 수많은 유혹을 만날 때마다 '안 돼!'라고 말하다 보면 나중에는 저항하는 힘이 점점 약해져 결국 항복하고 만다. 그래서 피자나 치킨, 과자와 아이스크림 등 욕망을 부추기는 것들을 먹고 체중감량에 실패한다.

마지막으로, 우리는 자기 자신을 성공적으로 속이는 이른바 '자기기만(self-deception)' 때문에 부정행위를 하곤 한다. 남녀 미팅 자리에서 어떤 매력적인 여성에게 강한 인상을 심어주기 위해 거짓말을 하거나 공항버스 정류장에 길게 늘어선 줄을 보고 갑자기 장애인 흉내를 내기도 한다. 또한 다른 사람에게 그럴 듯하게 보이기 위해 허위 사실을 기재하는 식으로 이력서를 부풀려 적다가 곤혹을 치르는 정치인을 쉽게 보기도 한다.

나. 생활 속에서 정직함을 지키는 방법[4)]

그렇다면 인간은 자연스럽게(?) 부정행위에 이끌리고 마는 나약한 존재일까? 그래서 누구나 쉽게 거짓말을 하는 착한 사람들이 될 수 있다는 말인가? 이에 대한 여러분의 대답이 어떨지 궁금하다. 하지만 이런 주제에 대해 깊숙하게 논의하는 것이 이 책의 주요 목적은 아니다. 다만, 여기서는 우리가 매일 삶을 살아가면서 정직함을 지키려고 노력하는 것이 필요하다는 점을 강조하고 싶다. 그런 차원에서 정직함을 지키게 해 주는 장치가 과연 무엇인지 살펴보는 것은 의미 있는 일이라고 생각한다. 생활 속에서 정직함을 지키는 방법으로 다음 몇 가지를 생각해 볼 수 있다.

첫 번째, 사람들이 정직하지 못한 행동을 하는 이유를 파악하는 일부터 시작해야 한다. 그 이유를 파악함으로써 좀 더 효율적인 처방들을 찾을 수 있다. 사람들은 기본적으로 정직하고자 하는 바람을 가지고 있으면서도 부정행위를 통해 이득을 얻고자 하는 유혹을 받으므로 유혹의 순간에 도덕성을 상기시키는 방법은 매유 효과적일 것이다. 종교에는 스스로의 행동을 반성해 타락한 생활을 중단하고 새로운 생활을 시작하는 기회를 제공하는 제의(祭儀)들이 더러 있다. 천주교의 고해성사, 유대교의 욤 키푸르(금식과 속죄기도를 하는 속죄일), 이슬람의 라마단, 개신교의 안식일 등이 그것이다.

이런 종교적 의미의 회개를 세속적인 차원으로 적용한 장치들을 만든다면 사람들이 좀 더 신중하게 자기 행동을 선택하고, 나아가 자신의 도덕적 충실함을 위해 더 한층 노력할 것이다. 예컨대, 공무원이나 기업가들에게 윤리적 서약을 하거나, 더 나아가 용서를 빌게 하는 어떤 정치를 마련한다면 이런 것들이 부정행위를 제어하는 데 매우 효과적일 것이다.

두 번째, 사소한 잘못을 대수롭지 않게 여기는 관행을 깨뜨려야 한다. 잘못된 행동 하나 하나가 모여 만들어 내는 효과가 단 하나의 부정직한 행동에서는 상상할 수 없는 엄청난 결과를 빚어낼 수도 있다는 사실을 깨닫는 것이 중요하다. 사소한 범죄라 해도 쉽게 용서하거나 대수롭지 않게 여기면 사정은 점점 나빠진다. 어떤 한 사람의 작은 부정직함이 한 사람에서 다른 사람으로 바이러스처럼 증식된다면 마지막에는 어마어마한 재앙이 되어 나타날 수도 있다. 깨진 유리창을 즉각 바로잡는다면 잠재적인 파괴자들의 행동은 이전보다 크게 줄어들 것이다.

마지막으로, 부정행위를 저지른 사람에게 과거의 잘못을 그만두고 새롭게 출발할 수 있는 기회를 제공하는 방법이다. 이 방법은 잘못을 저지른 사람에게 그 자리에서 면박을 주며 잘못을 지적하는 것이 아니라 그에게 다른 책임을 지우거나 계속해서 믿음을 표현하는 방법을 통해 부정행위를 억제하는 방법이다.

어느 날, 한 여인은 자신의 집에서 일하는 가사도우미가 며칠에 한 번씩 냉장고에서 고기를 훔쳐간다는 사실을 발견했다. 한 번에 훔쳐가는 양은 많지 않았지만 그 여인은 가사도우미의 행동을 바로잡을 필요가 있다고 생각했다. 첫 번째 조치는 가사도우미에게 누군가 냉장고의 고기를 훔쳐가는 것 같아 냉장고에 자물쇠를 채우기로 했다고 말하면서 열쇠는 자신과 가사도우미 두 사람만 가지고 있을 것이라고 알려줬다. 두 번째 조치는 냉장고의 고기 감시라는 또 다른 책임을 지우는 대가로 약간의 돈을 더 주겠다고 제안했다. 그러자 가사도우미가 고기를 훔쳐가는 행위는 사라졌다.

그 여자 주인은 냉장고의 문을 자물쇠로 잠그고 냉장고를 감시하는 과제를 가사도우미에게 부여함으로써 그녀가 예전의 도덕성을 회복할 기회를 주었다. 또한 가사도우미에게 열쇠를 맡기며 신뢰를 보여 준 여자 주인의 행동은 가사도우미가 도둑질이라는 행동에 대한 시각을 바라잡고 그 집에서 지켜야 하는 정직성의 규범을 확립하는 데 중요한 요소로 작용했다.

대부분의 사람들은 정직하게 살아가고 있다. 다른 사람에게 들키지 않고 부정행위를 할 수 있는 기회가 있었지만 당신은 그 기회를 이용하지 않았다. 동료 학생이 책상 위에 지갑을 둔 채로 자리를 비우고 긴 시간 동안 오지 않았지만 당신은 거기에 손대지 않았다. 커피숍에서 낯선 사람이 화장실에 다녀올 동안 자기 노트북을 봐달라고 했을 때도 당신은 그 노트북을 들고 나오지 않았다. 새 학기마다 교과서를 구입하는 데 많은 돈이 들지만 저자의 허락 없이 어떤 교과서도 무단으로 복사하지 않았다. 마트에서 점원이 깜빡 잊고 물품 하나를 계산하지 않았을 때 당신은 그 사실을 점원에게 알려주었다. 또한 당신은 아무도 없는 거리에 자물쇠가 채워지지 않은 자전거를 보고도 그냥 지나쳤다.

앞에서 얘기한 모든 경우에서 지갑이나 노트북을 훔치고, 교과서를 무단으로 복사하고, 점원이 계산하지 않은 물품을 들고 나올 수도 있었을 것이다. 하지만 당신과 우리는 날마다 우리 앞에 나타나는 이런 수많은 기회를 그냥 흘려버린다. 그리고 이런 사실을 결코 후회하지 않는다. 그것은 우리가 정직한 사람이고, 인성을 갖춘 지성인이기 때문이다.

다. 공정함이란 무엇인가

사람들마다 가지고 있는 욕구, 욕망, 기대가 모두 다르고, 그 강도도 각기 다르다. 따라서 그것을 어떻게 파악하고, 만족시킬 것인지에 대한 문제는 가정, 학교, 사회나 조직 등 모든 집단에서 항상 주요 관심사가 될 수밖에 없다. 특히, 기업과 같은 조직 내에서 개인에게 어떤 행위를 하도록 유발시키고, 또 바람직한 행위가 항상 일정한 방향으로 지속되도록 유지하는 것에 대한 이해가 매우 중요하다. 물론 개인 간의 관계에서도 마찬가지이다.

사람이 어떤 일정한 방향으로 행동하도록 움직이게 하는 것이 바로 동기(motivation)이다. 동기를 유발하는 것이 무엇이고, 어떻게 동기를 유발시킬 수 있는지는 많은 학자들의 관심거리였고, 지금도 그렇다. 그 결과 학자들은 필요(needs), 욕구(desire), 기대(expectancy), 만족을 주는 것과 그렇지 못한 것, 형평성(equity), 목표(goal) 등과 같이 동기부여와 관련된 다양한 요소들을 발견했다. 공정성(justice)도 그중의 하나이다.

우리가 공정함이나 공평함에 관해 언급할 때 자주 거론되는 고사가 '읍참마속(泣斬馬謖)'이다. 제갈량(諸葛 亮)이 위나라와 싸울 때의 일인데, 그 당시 마속은 그가 아끼는 장수였다. 마속은 어린 나이였음에도 불구하고 지략이 뛰어난 사마의(司馬懿)를 상대로 싸우기를 간청했고, 참패할 경우 사형에 처해도 좋다는 약속을 했다. 그러나 그 싸움에서 마속은 졌고, 제갈량은 군율을 지키기 위해 주위 사람들의 만류에도 불구하고 마속의 목을 베었다는 얘기이다. 이 고사는 자신과의 친소관계나 이해관계를 떠나 정확한 기준에 근거하여 일을 처리하는 것이 중요하다는 의미로 사람들의 입에 자주 오르내리고 있다.

현대에 와서도 이런 기준이 필요한 경우가 많다. 특히, 어떤 조직 내에서 구성원들에게 있어 자신이 받는 보상의 크기가 공정한가의 여부, 그리고 보상의 크기를 결정하는 절차와 과정이 공정한지에 대한 것들은 초미의 관심사가 아닐 수 없다. 이와 관련하여 많은 이해관계가 얽혀 있고, 갈등과 다툼이 생기기 때문이다. 따라서 무엇이 공정한 것이고, 어떻게 해야 공정하게 일을 처리하는지에 대해서는 분명하게 인식할 필요가 있다. 이 문제는 취업을 앞둔 나에게 해당되는 문제이고 내가 관여하는 일상생활에서도 얼마든지 생길 수 있다. 물론 사회의 모든 영역에 적용할 수도 있는 주제이지만, 여기서는 조직 내에서 생각해 볼 수 있는 점들에 한정하여 간단하게 살펴보고자 한다.[5)]

(1) 분배의 공정성

주로 희소한 자원을 분배할 때, 관리적 차원에서 공정성이 강조된다. 누구에게나 형평성(equity) 있게 나누어 주어야 한다는 공정함의 기본이다. 그러나 이것만이 공정하게 나누어 주는 분배인 것은 아니다. 무언가를 나누어 주어야 하는 상황이 모두 같은 것은 아니기 때문이다. 학자에 따라서는 여러 상황에 두루 알맞은 단 하나의 분배 원칙은 존재하지 않으며, 사회구성원들이 서로를 어떤 관계로 느끼느냐에 따라 형평(equity), 균등(equity), 필요(need)라는 기준을 각기 다르게 적용할 수도 있다고 주장한다.

예컨대, 자신과 타인을 서로 일치하는(identity) 관계로 느끼면 투입 수준에 관계없이 필요에 따라 나누고, 서로를 연합하는(unit) 관계로 느끼면 투입 수준은 다를지라도 똑같이 균등하게 나누며, 서로를 연합하지 않는(non-unit) 관계로 느끼면 투입 수준에 비례하여 형평성 있게 나누면 된다는 것이다. 한편, 생산성을 중시해야 하는 상황에서는 기여한 만큼 나누어주는 형평 원칙이 선호되고, 팀워크나 구성원 간의 원만한 관계가 중시되는 상황에서는 똑같이 나누어주는 균등 원칙이 좋으며, 아주 친밀한 관계로 구성된 집단에서는 좀 더 필요한 사람에게 조금 더 나누어 주는 필요 원칙이 분배 기준으로 사용될 수 있다.

이처럼 각기 처한 상황에 따라 공정하게 나누는 원칙을 다르게 적용하면 구성원들의 동기를 떨어뜨리지 않을 것이다. 앞서 말한 다양한 상황은 일상생활에서 얼마든지 생길 수 있는 것이고, 이런 경우에 희소한 무언가를 배분해야 한다면 이런 원칙들을 적용해 볼 수 있다고 생각한다.

(2) 절차의 공정성

그런데 우리가 서로 나누어야 할 희소한 자원이 임금(賃金, wage)이라면 달리 생각할 점이 있다. 앞서 말한 형평의 원칙, 균등의 원칙 및 필요의 원칙만으로 희소한 자원을 분배하는 것이 반드시 모든 사람에 좋을 수만은 없는 상황도 있다. 예컨대, 임금제도가 구체적으로 어떻게 관리되었는가, 근로자들의 고충을 어떻게 처리했는가에 대한 문제들을 해결해야 하는 상황이 그렇다. 희소한 자원을 배분할 때, 구성원 간에 조금씩 양보하는 방안이 선호되는 상황도 얼마든지 있고, 그렇게 하는 것이 모두에게 더 좋은 결과를 가져다주는 경우도 얼마든지 많기 때문이다. 사람들은 이런 상황에서 어떤 어려운 의사결정을 해야 할 때, 그 절차와 과정이 공정해야 한다는 점이 매우 중요하다는 것을 깨닫기 시작한 것이다.

그래서 희소한 자원을 어떻게 분배하고, 그 결과가 어떠한지에 대한 것보다 과정과 절차가 더 중요할 수도 있음을 알기 시작했고, 그에 대한 연구도 이어졌다. 여기서 절차와 관련된 원칙 중 한 가지를 간단하게 소개하면 다음과 같다.

- 모든 사람과 시간에 대해 절차를 일관성 있게 적용했는가?
- 절차가 편견 없이 잘 진행되었는가?
- 정확한 정보에 기초하여 절차를 진행했는가?
- 잘못된 결정을 수정할 기회(절차)가 있었는가?
- 모든 사람의 관심을 고려하여 절차를 진행했는가?
- 사회가 공유한 윤리 기준에 부합하는 절차를 진행했는가?

실제로 어느 조직이든 공정한 절차를 적용해야 하는 일들이 많다. 특히, 조직 내에서 인사 고과와 보상 결정 등과 같은 인적자원 관리 부문에서 이런 원칙들을 적용할 수 있다. 예컨대, 정기적인 인사고과 평가, 승진과 승급의 결정, 호봉 승급, 수당이나 보너스, 복지 후생제도의 결정에 있어 절차의 공정성을 적용하는 사례를 많이 볼 수 있다.

3. 신뢰의 중요성

가. 신뢰의 의의

우리는 사회생활을 하면서 다른 사람들과 함께 다음과 같은 말들을 나누곤 한다. 본인을 찾아 온 후배나 제자들에게 그의 잠재력과 가능성을 인정하고 자신감을 얻으라며 격려하고 싶을 때 이렇게 말한다. "난 네가 잘 할 수 있다는 것을 믿는다. 힘을 내거라." 또한 업무차 찾아온 비즈니스 전문가들에게 어떤 사람을 추천할 때 이렇게 말하기도 한다. "저는 김 부장의 말은 팥으로 메주를 쑨다 해도 믿습니다. 그러니 그를 믿고 이번 프로젝트를 맡겨 주십시오." 그런가 하면 요즘처럼 정치에 대한 불신이 강한 때 사람들은 이런 말을 자주 할 것이다. "그 정치인의 말은 콩으로 메주를 쑨다 해도 믿지 못하겠다." 원래 메주는 콩으로 쑤는 것인 데도 불구하고, 정치인의 말을 신뢰하지 않으니 그가 설사 올바른(?) 말을 하더라도 있는 그대로 믿을 수 없다는 표현일 것이다.

이처럼 우리는 일상생활에서 자신의 생각과 경험을 바탕으로 자신이나 다른 사람에 대한 믿음이나 신뢰를 자주 표현하곤 한다. 특히, 인간관계나 비즈니스 전개에 있어 믿음이나 신뢰를 정말 중요시하고, 계약의 성사 여부나 협업을 시작할 때도 상대방에 대한 신뢰를 근거로 판단하는 경우가 많다. 신뢰는 이처럼 개인의 일상생활의 많은 부분에서 매우 중요할 뿐만 아니라 기업 간 거래와 국가 간의 관계 형성에 있어서도 중요한 의사결정의 요소로 작용한다. 우리가 신뢰에 대해 매우 많은 관심을 두어야 하고, 또 실천해야 하는 이유가 바로 여기에 있다.

사전적 의미에서 신뢰(trust)는 어떤 사람이나 사물의 정직함, 언행일치, 약속의 이행, 거짓이나 위선이 아닐 것이라는 기대, 어떤 일(또는 역할)을 제대로 수행할 수 있으리라는 기대,[6] 또는 다른 사람들이 의도나 행동을 긍정적으로 기대함으로써 기꺼이 그들을 믿고자 하는 태도를 의미한다.[7] 이처럼 신뢰는 다른 사람이 자신이 기대하는 바와 똑같은 행동을 하리라고 가정할 수 있는 믿음을 말한다. 즉, 신뢰는 우리가 의존하고 있는 사람들이 그들에 대한 우리의 기대를 저버리지 않을 것이라는 믿음을 의미한다. 믿음이나 신뢰는 길을 가다 마주친 아는 사람에게 격려하는 말을 했다고 해서 생기지 않는다. 사람들은 서로를 진실되게 알기 전에는 믿지 않고, 믿지 않는 사람은 따르지 않는다.

신뢰는 다음과 같은 여러 가지 특성을 갖는다.[8]

첫째, 신뢰는 위험을 수반한다. 위험을 감수하지 않으면 신뢰를 키울 수 없고, 신뢰를 키우면 위험이 커진다. 둘째, 신뢰는 형성되기는 어렵지만 상실하기는 매우 쉬운 특성을 갖는다. 마지막으로, 신뢰는 크게 개인 간 신뢰와 조직 간 신뢰의 두 측면으로 나누어 볼 수 있다. 개인 간의 신뢰는 인간관계의 시작과 유지에 중요한 역할을 한다. 한편, 조직 내에서 상사와 부하 간, 동료 간, 부서 간의 신뢰는 조직의 경쟁력을 결정하는 중요한 요소이다.

나. 조직에서 신뢰의 중요성

신뢰는 다양한 영역에서 중요한 요소로 작용한다. 개인 간의 관계에서 믿음이나 신뢰는 인간관계의 출발점이자 그것의 지속적인 유지와 밀접한 관련이 있다. 대개 사람들은 믿을 만한 사람과의 관계가 지속적으로 이어지길 원하지만, 그렇지 않은 사람과는 잠시라도 함께 있길 원하지 않는다. 조직에서도 신뢰는 조직과 조직구성원 간에 장기적인 관점에서 맺어지는 중요한 요소로 작용한다.

조직에서의 신뢰(trust in organization)란 조직구성원들 서로가 공동의 목표를 효과적으로 달성하고자 할 때, 자신이 맡은 바 역할을 자율적으로 잘 해낼 수 있으리라는 믿음을 가지며, 동시에 실제 필요한 능력과 자질, 자율성, 자발적 참여의사를 구성원 스스로가 개발하고 이를 조직이 지원하며 조성하려는 것을 의미한다. 조직구성원들은 단기적으로는 자신에게 손해가 있을지라도 장기적으로는 서로가 이익을 얻게 되는 관계라는 믿음을 갖고 조직에 머물기 마련이다. 이처럼 신뢰는 어느 한쪽이 다른 한쪽에 대해 일방적으로 무엇인가를 해주기를 바라고 의지하려는 의타적인 관계가 아니라 상호 도움을 주는 협력적인 의존관계를 맺고자 노력하는 과정이다.[9)]

조직 내에서 신뢰는 다음 몇 가지 점에서 중요성을 가진다.[10)]

첫째, 신뢰는 조직이 높은 성과를 달성하도록 촉진한다. 조직 내에서 구성원들끼리 서로 신뢰가 잘 형성되어 있으면 의사소통이 원활하여 그렇지 않은 조직의 구성원들보다 효과적으로 문제를 해결할 수 있다. 그래서 조직유효성[11)]을 높여 주고, 구성원들끼리 목표달성을 위한 협동과 협력이 가능하게 한다.

둘째, 신뢰는 조직의 장기적인 안정성과 구성원의 행복을 달성하는 데 매우 중요한 요소이다. 조직 내에서 구성원 간에 신뢰가 형성되면 개인에게 존재적 안정감을 주고, 그렇지 않으면 구성원들은 불안과 정체성에 대한 자신감을 잃게 된다.

마지막으로, 신뢰는 조직구성원들이 강한 공동체의식 또는 조직에 대한 일체감을 갖고 조직의 운영 문제에 자율적이며 자발적으로 참여하도록 함으로써 유기적이고 인간 중심적인 조직 운영을 가능하게 한다.

신뢰가 조직 내에서 이런 중요한 특징을 갖기 때문에 기업이나 각종 조직에서는 믿을 만한 사람과 함께 조직의 목표를 이루길 원하고, 그런 신뢰할 만한 사람들을 채용하길 원하는 것이다. 따라서 평소에 다른 사람에게 믿을 만한 사람이라는 평을 듣기 위해 노력하고, 또한 그런 사람이 되기 위해 노력하는 것은 여러 가지 차원에서 의미 있는 일이다.

4. 신뢰의 형성과정

가. 신뢰의 형성과정

개인과 개인 간의 관계이든 개인과 집단 간의 관계이든 신뢰는 상호 간의 관계를 바탕으로 발생한다. 그때 상대방과의 관계 정도에 따라 5단계를 거치면서 신뢰가 형성된다.[12)]

(1) 인식 단계

상대방이 자신의 파트너 또는 거래 당사자로서 가능한지에 대해 알아가는 단계이다. 이때 인식(awareness)의 정도는 서로 얼마나 가까운 곳에 있는가와 얼마나 알고 있는 사이인가 등에 의해 증가하게 된다. 이 단계에서는 상대방과의 접촉이 거의 이루어지지 않는다.

(2) 탐색 단계

이것은 교환관계를 쌓아가는 기초단계이다. 여기에서는 상대방과의 의무와 이익 정도, 교환 가능성 정도를 보다 가까운 곳에서 관찰한 후에 상대방과 더 진행할지 말지를 결정하게 된다. 탐색(exploration) 단계는 다음의 다섯 가지 하위과정으로 이루어진다.

- 상대방과의 이익-비용과 그와 대체할 수 있는 다른 대안 간의 이익-비용을 서로 비교하여 매력을 형성하는 과정
- 서로 간의 의무, 잠재적으로 생길 이익 등에 대해 서로 조정하고 소통하며 협상하고 끊임없이 정보를 교환하는 과정
- 각각 공정한 힘을 행사할 수 있는 확장 단계로 갈 수 있게 하는 과정
- 상호관계를 발전시켜 나가는 데 있어서 필요한 행동 규범을 형성하는 과정
- 서로 일체감이 생겨서 긍정적인 태도로 더 많은 의사소통이 가능하고, 기대가 커지는 과정

(3) 확장 단계

이 단계에서는 상대방과의 관계를 통한 이익과 상호 의존성이 꾸준히 증가하고, 각자 서로의 역할에 대한 만족과 보상에 대한 만족의 결과로서 확장(expansion)이 이루어지며 상호의존성 정도가 보다 증가한다.

(4) 몰입 단계

몰입(commitment) 단계에서는 당사자들 간의 꾸준히 유지되는 관계에 대한 명시적이면

서 암묵적인 약속이 이루어진다. 상호의존성이 가장 긴밀하며, 따라서 다른 사람들과는 서로 교환하려 하지 않는다.

(5) 소멸 단계

소멸(dissolution)은 상대방과 거래관계를 지속하는 경우 비용과 이익을 비교해 본 후 비용이 이익보다 크다고 생각할 때 발생한다. 당사자들 간에 신뢰관계를 형성할 때는 쌍방의 노력에 의해 달성되는 데 반해 신뢰관계가 소멸될 때는 어느 한쪽에서 시작되는 경우가 많다.

나. 조직 내 신뢰구축의 필요요소

조직 내에서 신뢰는 크게 결과의 성취, 성실한 행동, 관심의 표현이 있을 때 쌓인다. 따라서 조직 내에서 신뢰를 쌓고, 나아가 조직구성원 간에 상호 신뢰하는 조직문화를 만들고 싶을 때는 다음의 몇 가지 사항이 잘 이루어지는 분위기를 만들 필요가 있다.[13)]

(1) 결과의 성취

조직 내에서 일에 대한 동기를 믿는다 할지라도 신뢰가 쌓이려면 분명하고도 야심찬 목표를 설정하고, 창의적이며 좋은 결과를 기대하게 만들어야 한다. 또한 성공하거나 실패한 결과를 보여 주고 정확하게 평가해야 한다.

(2) 성실한 행동

사람들은 대부분의 경우 상대방의 정직하고 진실한 말과 언행일치 여부를 보거나 어떤 상황에서도 일관성을 유지하고 시간이 흘러도 변함이 없는 언행을 확인할 때 신뢰하게 된다.

(3) 관심의 표현

사람은 누구나 자신에 대해 관심을 가지고 이해하며 믿어주거나 행동할 때 신뢰를 갖게 된다. 조직 내에서도 개인과 조직이 하나의 공동체라는 일체성을 가지고, 모든 구성원들이 각자 동기와 능력을 가지고 있다는 믿음을 가지고 그들에 대해 지지를 보낼 때 신뢰를 구축할 수 있다. 또한 구성원 서로의 견해를 듣고 이해함으로써 친밀감을 형성하고 공헌한 것에 대한 인정과 보상을 해줄 때 신뢰가 구축된다. ♣

Memo

절취선

생각하고 토의하기

■ 상대방과의 믿음을 지킴으로써 어떤 일을 잘 마쳤던 경험을 서로 나누어 보고, 일상생활에서 신뢰를 지켜야 하는 일이나 상황에는 어떤 것들이 있는지 얘기해 보자.

구분	정리된 생각이나 의견
나의 경험	
팀원의 경험	
일상생활에서 신뢰가 필요한 일이나 상황	
지금 바로 내가 실천해야 할 일	

• 수업시간 : 20______년 ______월 ______일 ______요일 ______교시

• 소속 : ____________________ • 학번 : __________ • 성명 : __________

솔직함이 최고의 정책이다

2009년, 미국 전역에서 진행된 피자 체인을 대상으로 한 소비자 맛 평가에서 도미노피자(Domino's Pizza)는 처키치즈(Chuck E. Cheese's)와 공동으로 최하위에 머물렀다. 결과 발표 직후, 도미노피자는 피자 레시피(recipe)와 메뉴를 전격적으로 교체했다. 하지만 도미노피자는 전국적인 광고에서는 새로 출시된 피자의 참신하고 신선하며 굉장한 맛을 내세우지 않았다. 오히려 대량 생산, 식상한 맛, 그저 그런 맛, 기억에 남지 않는다는 등 고객들의 반응을 그대로 내보냈다. 자신들의 예전 제품을 냉정하게 비판했던 것이다.

자신들의 제품이 얼마나 부족했는지를 솔직하게 인정한 이 광고와 새롭게 출시한 피자는 엄청난 성공을 거두었다. 그 광고가 나가고 1년이 지난 후, 도미노피자는 불경기였음에도 불구하고 분기 매출이 14.3% 증가하는 역사적인 기록을 세우며 부활했다. 이것은 대형 패스트푸드 체인 중에서 최고의 기록이었다.

자신이 처한 상황을 속이지 않고 솔직하고 정직하게 공개하는 것은 소비자들의 관심과 신뢰를 얻고, 나아가 그들의 호응을 얻어내는 강력한 방법이다. 솔직하고 정직함이야말로 최고의 정책이요, 상대로부터 믿음과 신뢰를 얻는 최고의 방법이다. 우리는 역사적인 사건에서도 그런 사례를 찾을 수 있다. 제2차 세계대전의 전범국인 독일과 일본이 그 예이다. 솔직하게 자신의 과오를 인정하고 철저하게 배상을 하고 있는 독일, 자신의 과오를 전혀 인정하지 않고 오히려 숨기고 덮으며 역사를 왜곡하고 있는 일본의 사례에서 무엇이 상대방으로부터 마음을 얻는 최상의 방법인지 쉽게 알 수 있다.

– 〈곽숙철의 혁신이야기〉 중에서 재인용, 일부 내용을 수정

Memo

제 4 장 인성의 발현(Ⅲ) : 배려와 존중

학습목표

1. 배려와 존중의 중요성을 인식할 수 있다.
2. 시민윤리와 책임의식을 이해할 수 있다.
3. 글로벌 시민의식의 중요성을 인식할 수 있다.

학습할 주요내용

1. 배려와 존중의 의미
2. 다름과 차이
3. 시민윤리
4. 책임의식
5. 글로벌 시민의식

다른 것은 다른 것일 뿐 틀린 것이 아니다. 오히려 다른 것끼리 잘 맞는 것이 더 좋은 세상이 되는 비결이다. 예컨대, 우리의 옛 성벽을 보면 서로 모양이 다른 돌들로 쌓았지만 아주 견고하게 잘 맞아 들어간 것을 확인할 수 있다. 서로 다른 것끼리 잘 맞는 전형적인 사례이다. 사회적 구조나 공학적 구도도 이럴 때 더 안전한 경우를 많이 볼 수 있다. 남자와 여자, 피부 색깔의 차이, 서로 다른 생각의 차이를 조화롭게 여길 수 있을 때 세상은 더욱 아름다워진다. 이것이 다름의 진정한 의미이다. 나아가 다른 것을 다른 것으로 인정하고, 그 자체를 존중해 주는 것이 성숙한 사람이다.

1. 배려하는 마음

가. 배려란 무엇인가

배려는 의무감에서가 아니라 감정에서 생겨나는 다른 사람들에 대한 관심이다. 다시 말하면, 다른 사람의 이익을 자신의 이익과 동일하게 혹은 더욱 중요하게 생각하는 것, 다른 사람의 성장과 발전에 관심을 갖는 것, 가족 혹은 자기와 가깝거나 관계된 사람들의 공통적인 이익을 지향하는 것 등이 포함된다.[1] 간단히 말하면, 배려는 다른 사람에 대해 관심을 갖거나 이끌리는 경향을 갖는 특별한 감정이다.

배려는 인간관계의 마술사이다. 즉, 배려는 인간관계를 윤택하고 끈끈하게 만드는 많은 요소들이 숨어 있다. 그래서 배려는 일상생활을 하는 데 있어 한 사람의 삶을 매우 편안하게 하는 힘을 가지고 있다. 배려로 엮어진 사람들은 서로 진솔한 대화가 가능하고, 갈등과 오해 없이 많은 일을 함께 해결할 수 있다. 배려는 인간관계와 관련하여 다음과 같은 특성을 가지고 있다.[2]

- 배려는 기쁨을 두 배로 만든다.
- 배려는 당신을 유능한 사람으로 보이게 한다.
- 배려는 리더의 자질을 만든다.
- 배려는 나를 높여준다.
- 배려는 사람을 끌어 모은다.
- 배려는 긴장을 풀어준다.
- 배려는 마음의 문을 열게 한다.
- 배려는 오해를 풀어준다.
- 배려는 마음의 상처를 감싸준다.

이런 배려는 다양한 곳에서 구체적으로 실천되어야 하는데, 지성인을 양성하는 대학에서 특히 그렇다. 다른 가치와 마찬가지로 배려 역시 대학이라는 공동체 속에서 자연스럽게 발휘되어야 한다. 대학구성원 상호 간에 존중하고 서로 보살피려는 노력이 있어야 배려가 싹트기 시작한다. 결국 대학이 배려공동체가 될 때 학습자의 능력이 향상되고 한 인격체로서 안목과 관점의 폭이 넓어진다.

나. 생활 속의 배려

배려는 거창하거나 특별한 것이 아니다. 배려는 다른 사람에게 조금 더 관심을 가져주고, 조금 더 신경을 써주며, 염려해주는 것이다. 그래서 누구나 생활 속에서 조금만 노력한다면 실천할 수 있는 것이다. 다른 사람에게 평상시에 베푼 작은 배려가 큰 힘을 발휘할 수도 있다. 한 사람의 인격이 가장 잘 나타나는 것은 그 사람의 업적이 아니라 다른 사람들을 대하는 자세이고, 상대방을 배려하는 말 한 마디, 세심하게 보살펴주려는 행동, 자상한 관심과 격려이다. 배려는 결국 한 사람의 인격이나 품성을 밖으로 드러나게 하는 통로와 같은 역할을 한다. 그래서 혹자는 '배려는 인격이 입는 옷'이라고 말하기도 했다.

배려와 관련된 우리나라의 실화를 한 가지 소개하고자 한다.[3]

옛 S은행 안양 석수지점에 용역직원으로 근무하던 청원경찰 한원태 씨는 다른 사람을 배려하는 마음이 남달랐다. 노약자 고객이 오면 앉아서 기다리도록 하고 대신 입금하거나 돈을 찾아다 주었다. 또 몸이 불편한 고객들이 있으면 가정으로 직접 방문하는 배려도 아끼지 않았다. 그렇게 고객들의 신뢰가 쌓이자 혼자 사는 노인들은 그에게 전화를 걸어 거액을 대신 찾아 퇴근길에 갖다달라고 부탁하기도 했다. 2년이 지나면서 이 은행에서는 매일 진풍경이 벌어졌는데, 고객들이 창구에 줄을 서지 않고 청원경찰 앞에 줄을 서는 것이었다.

1997년, IMF 사태가 왔을 때 은행이 망한다는 뉴스에도 그 은행 고객들은 그를 믿고 돈을 인출하지 않았을 뿐만 아니라 대량감원의 한파가 몰아치는 속에서도 300여 명의 고객들이 용역직원인 그를 정식직원으로 만들기 위해 탄원서를 제출했다. 고객들은 "그를 정식직원으로 발령하지 않는다면 계좌를 다른 은행으로 옮기겠다."고 항의했고, 지점장도 그를 정식직원으로 만들기 위해 새벽 4시부터 은행장의 집 앞에서 청원하기에 이르렀다. 몇 년이 지나 S은행과 H은행이 합병되면서 그도 명예퇴직을 하여 다른 금융기관으로 자리를 옮긴 뒤에도 그의 배려와 영향력은 계속 이어져 예전 고객 1,000여 명이 그를 따라 예금을 옮기기도 했다.

이처럼 배려는 우리 생활에서 큰 힘을 발휘하는데, 주로 인간관계에서 그렇다. 배려할 줄 아는 사람과 함께 있으면 즐거운 화제도 많아지고, 애정과 넓은 관심으로 늘 편하게 대해 주기 때문에 상대방이 쉽게 마음의 문을 열게 된다.

다. 양보하는 미덕

삶에 대한 지혜와 교훈으로 가득 찬 동양 고전인 『채근담(菜根譚)』에 이런 말이 있다. “좁은 길에서는 한 걸음 물러서 다른 행인이 먼저 지나가게 하고, 맛있는 좋은 음식은 10분의 3을 다른 사람에게 덜어 줘라. 이렇게 하는 것이 세상을 살아가는 데 제일 편안하고 즐거운 방법이다.” 이 책에서는 양보하는 미덕을 기르라는 교훈을 말하면서 이런 예화를 소개하고 있다.[4)]

옛날 한 마을에 삼 형제가 옹기종기 모여 살고 있었는데, 부모님이 연로해서 돌아가시자 형제끼리 재산을 골고루 분배하게 되었다. 다른 재산을 분배할 때는 별다른 이견이 없던 형제들은 부모님이 아끼던 난초 화분을 두고는 서로 다투게 되었다. 그 난초는 가까운 친척이 선물해 준 귀한 것으로써 향기도 그윽했을 뿐만 아니라 당장 화원에 내다 팔아도 큰돈을 받을 수 있었기 때문이었다.

한동안 말다툼을 벌이던 형제들은 차라리 난초 화분을 내다 팔아 그 돈을 각자 나누어 갖자고 결론을 내렸다. 그런데 그 소리를 듣자마자 난초는 어찌된 영문인지 금방 생기를 잃고 향기도 사라져버렸다. 그 말을 들은 이웃 노인이 삼 형제를 불러 말했다. “자네들이 이 난초 화분을 내다 팔면 난초를 무척 아끼던 부모님의 마음 또한 그렇게 팔아버리게 되는 셈일세.” 노인의 말을 들은 형제들은 느끼는 바가 있어 난초를 내다 팔지 않기로 다시 의견을 모았다. 그러자 난초는 금방 전처럼 생생하게 되살아났다.

모든 사람들이 일생생활을 하면서 조금씩 양보하면 많은 일들을 쉽게 할 수 있고 다른 모든 사람이 편해지지만, 양보하는 마음이 없으면 스스로 재앙을 부르는 경우가 많다. 자동차를 운전할 때, 길을 걸을 때, 지하철이나 버스를 타고내릴 때 양보하지 않고 남보다 먼저 가려고 하다 보면 사고가 나기 쉽다. 우리는 뉴스에서 서로 양보하지 않아 생기는 사고들을 매일 접하고 있다. 내가 조금 손해 보더라도 남을 배려하고 양보하는 마음이 세상을 편하고 안전하게 사는 방법이다.

2. 다름과 차이에 대한 존중

가. 갈등의 원인

인간 사이에 갈등이 생기는 것은 여러 가지 이유가 있지만, 근본적인 원인은 서로 다르기 때문에 발생한다. 하지만 다른 것 자체가 갈등의 근본 원인은 아니다. 남자와 여자, 부모와 자식, 스승과 제자와 같이 확연히 다른 위치에 있는 사람들끼리 별 갈등 없이 원만하게 잘 지내는 경우도 많다. 다르다는 것이 갈등의 원인이 되는 것은 각기 다른 상황을 제대로 처리하지 못하기 때문이다.

서로 다르기 때문에 갈등이 되는 것은 대개 다음과 같은 두 가지 이유 때문인 경우가 많다. 첫 번째는, 다른 것을 무리하게 같게 만들기 때문에 갈등이 일어난다. 서로 다른 것을 한 가지 방식으로 통일하려고 하는 것이 문제를 일으키는 것이다. 두 번째는, 나와 다른 사람을 보았을 때 그 '다름'의 근본적인 이유가 무엇인지 모르기 때문에 갈등이 생긴다. 즉, 다른 것을 같다고 생각하여 오해를 하게 된다는 것이다. 사람에 따라 쉬운 것과 어려운 것이 각각 다르다. 내가 보기에 쉬운 것을 상대방이 해주지 않으면 그가 나를 무시한다거나 나를 싫어한다고 생각한다. 이것이 오해와 갈등의 원인이 된다. 상대는 안 해주는 것이 아니라 못해주는 것일 뿐이다.[5)]

우리가 사실이라고 알고 있는 많은 부분은 엄밀한 의미에서 우리의 시각(관점, viewpoint)일 뿐이다. 누구나 자신이 보고 느낀 것은 사실이라고 생각하고, 또한 분명히 사실이다. 하지만 그것은 사실의 일부일 뿐 사실의 전체는 아니다. 마찬가지로 다른 사람 역시 자신이 보고 느낀 것을 사실이라고 여긴다. 각각 사실을 본 두 사람이 만나 동일한 사안에 대해 얘기하면 서서히 차이를 느끼고, 서로 다른 것을 틀린 것이라고 주장하다가 다툼으로 발전하곤 한다. 자세히 살펴보면 언뜻 보기에는 내가 본 것과 완전히 모순되기 때문에 동시에 성립하는 것이 불가능해 보이는 내용들과 내가 보고 느낀 내용이 함께 사실을 구성하고 있는 경우가 많다. 그러나 대개 자신이 보고 느낀 것에 대한 관찰 시점(시각)을 전혀 옮기려 하지 않기 때문에 갈등이 발생한다.

나. 다름의 진정한 의미

우리는 흔히 '다르다'와 '틀리다'를 혼동한다. 사전적 의미로 형용사인 '다르다'는 '비교가 되는 두 대상이 서로 같지 아니하다', '보통의 것보다 두드러진 데가 있다'는 의미이다. 동사인 '틀리다'는 '셈이나 사실 따위가 그르게 되거나 어긋나다'는 의미이다.

그런데 우리는 일상생활에서 이 두 가지 의미를 혼동하여 사용하는 경우가 많다. 다른 것은 다른 것이지 틀린 것이 아닌데도 말이다. 예컨대, "너는 내 생각과 달라. 그래서 넌 틀렸어" 누구나 이런 황당한 경험을 해 본 적이 있을 것이다. 상대방과 보는 각도가 달라 생각이 다른 것일 뿐인데, 잘못되었다(틀렸다)고 말하니 갈등이 생기고 급기야 다툼이 생기는 것이다.

'같다/다르다'와 '맞다/틀리다'는 다른 문제이다. 그런데 이것이 '옳다/그르다'와 '좋다/나쁘다'로까지 확대되면 문제는 더 심각해지고, 분쟁의 씨앗이 싹트게 된다. 이 네 가지 표현은 엄격하게 구분하여 사용해야 한다. 그런데 우리는 흔히 다른 것을 틀린 것으로 생각하고, 다른 것이 있으면 곧바로 우열을 가리며, 그 우열을 다시 선악과 쉽게 연결해버린다. 더 나아가 서로 다르면 다른 한쪽을 그르다고 단정해버린다. 세상의 모든 갈등이 여기에서 비롯된다.

다른 것은 다른 것일 뿐 틀린 것이 아니다. 오히려 다른 것끼리 잘 맞는 것이 더 좋은 세상이 되는 비결이다. 예컨대, 우리의 옛 성벽을 보면 서로 모양이 다른 돌들로 쌓았지만 아주 견고하게 잘 맞아 들어간 것을 확인할 수 있다. 서로 다른 것끼리 잘 맞는 전형적인 사례이다. 사회적 구조나 공학적 구도도 이럴 때 더 안전한 경우를 많이 볼 수 있다. 남자와 여자, 피부 색깔의 차이, 서로 다른 생각의 차이를 조화롭게 여길 수 있을 때 세상은 더욱 아름다워진다. 이것이 다름의 진정한 의미이다. 또한 다름을 인정한다는 것은 좋은 점을 살리는 쪽에 중점을 두는 '살림'의 문화(positive approach)이지 나쁜 점을 줄이는 쪽에 중점을 두는 '죽임'의 문화(negative approach)를 의미하는 것이 아니다.

다. 다름에 대한 접근방식 : 존중

(1) 남자와 여자의 차이

'남자와 여자는 어떻게 다른가?' 많은 논쟁의 대상이 되는 주제이자 이와 관련된 연구들도 엄청나게 많다. 그 연구결과들을 다루는 것이 이 책의 근본적인 목적은 아니다. 여기서 강조하고 싶은 것은 남자와 여자 사이의 평등을 어떻게 다루고, 어떻게 조화를 이룰 것인가이다.

분명히 남녀는 생리적으로 다르고, 그 생리적 차이로 인한 심리적 차이도 있다. 하지만 그런 차이 때문에 남자는 이런 일만을 해야 하고, 여자는 이런 일만을 해야 한다고 주장하는 것은 곤란하다. 그러나 같은 일을 해도 남자에게 더 쉬운 방식이 있고, 여자에게 더 쉬운 방식은 분명히 존재한다. 그 차이를 이해하고 존중하며 협력하는 것이 중요하다.

인간이 옛날부터 자연계에서 살아왔던 방식을 한 예로 들어보면, 남자와 여자의 차이를 쉽게 이해할 수 있다.[6)] 엄밀하게 말하면, 남자에게 쉬운 방식과 여자에게 쉬운 방식의 차이라고 할 수 있다.

남자들이 주로 생활하는 둥지 밖 생활은 항상 먹느냐 먹히느냐의 전쟁터이다. 그 상황에서 다른 동물의 먹이가 되지 않으면서 먹이를 구하려면 사소한 감정적인 동요가 집중력을 해치는 것을 막아야 한다. 또한 동료들과의 협조를 중시해야 하고, 개인적 특성은 집단에 의해 무시되어야 한다. 모든 대화는 정보 교환이나 문제 해결에 집중된다. 이것은 '죽임'의 문화이다. 내가 죽지 않고 적을 죽이는 것, 그것을 위해 개인적 특성의 발현을 죽이는 것, 정확성과 효율성이 모든 의사소통의 기본이 되는 것, 그것이 둥지 밖 문화의 기본이다.

그런데 여자들이 주로 생활하는 둥지 안으로 오면 상황이 바뀐다. 둥지 밖에서는 필요한 것을 구하는 것이 기본이지만, 둥지 안에서는 있는 것을 아끼고 재활용하는 것이 기본이 된다. 특히, 장마나 강추위가 계속되어 밖으로 나갈 수 없을 때 생존은 살림을 얼마나 잘 하느냐에 따라 결정된다. 따라서 살림(housekeeping)에서는 '살림'[7]의 감각이 필수적인 요소가 된다. 또한 둥지 안은 상대적으로 적의 공격에서 안전하므로 몸과 마음의 치료가 이루어진다. 즉, 몸의 치료와 더불어 외부에서의 공동 투쟁 속에 구성원 사이에서 발생한 심리적 갈등을 줄이고 없애는 작업이 이루어진다. 이 모든 것이 살림이다. 개인의 정서를 살리고, 기를 살리며, 물건의 쓸모를 살리고, 이 모든 것이 합쳐져 생명을 살린다.

이처럼 임신, 출산, 육아 때문에 둥지 안에 머무는 시간이 많아야 하는 여성에게는 '살림'에 필요한 기능이 강화되었고, 둥지 밖에서 식량 조달을 위해 시간이 많은 남성에게는 '죽임'의 문화에 어울리는 기능들이 강화된 것이다.

그 밖에 뇌의 우반구와 좌반구의 기능 발달 차이, 뇌량의 크기, 뇌의 구조와 호르몬 분비의 차이 등 생리적 차이가 남자와 여자가 수행하는 기능, 남녀의 심리 등에서 차이를 나타낸다는 연구들이 수없이 많다.

여기에서 남녀 차이를 전반적으로 다루는 것이 이 책의 근본적인 목적이 아니기 때문에 이 정도에서 멈추고자 한다. 중요한 것은 이처럼 남자와 여자 간의 차이를 알았다면, 일상생활에서 이것을 어떻게 적용하는가 하는 점이다. 다시 말하면, 남녀 간의 차이에 대해 어떻게 접근하느냐가 관건이다. 남녀 간에 우열을 매기려는 생각을 버려야 한다. 각각의 고유함과 독특함을 인정하는 것이 중요하다. 다른 것은 다른 것이지 틀린 것이 아니다.

(2) 문화의 차이

사람들은 각기 거주하는 곳에서 자신들만의 고유한 방식으로 먹고 마시며 생각하고 소통하며 살아간다. 인간생활의 기본인 의식주부터 차이가 생기면서 자신들만의 고유한 삶의 방식을 유지하고, 또한 다른 것들을 받아들이면서 변화하고 발전한다. 그리고 후세들에게 자신의 생활방식과 사고방식 등을 물려주면서 자신들의 고유함과 독특함을 계속 유지해 간다. 이런 과정에서 문화(cultures)가 형성된다.

문화의 개념은 학자와 사용되는 목적에 따라 다양하게 정의될 수 있다. 문화란 라틴어 'cultus'에 어원을 두고 있는데, 이 말은 '밭을 갈아 경작한다'는 뜻을 가지고 있다. 문화라는 개념은 다양한 맥락에서 사용되고 있다. 즉, 넓게는 자연에 대립하는 인간의 모든 활동을 가리키는 말로 사용되기도 하고, 좁게는 학문, 예술, 종교 활동 및 그 산물을 가리키는 말로도 사용된다. 문화를 정의하면 "한 사회 내에서 생산되어 공유되는 생활방식을 비롯한 상징 및 의미 체계를 포함하며, 학습을 통해 전승되고 인간의 신념, 가치관, 행동을 통제하는 객관적 · 주관적 환경"[8]이라고 정의할 수 있다. 따라서 문화는 사회적으로 학습되고 구성원들에 의해 공유되는 모든 것이며, 비물질적 요소와 물질적 요소를 포함한다.

문화는 각각의 구성원들이 후천적으로 습득하면서 만들어놓은 약속이기 때문에 우열과 선악 또는 나쁨과 좋음이 있는 것이 아니다. 나와 다른 방식으로 음식을 먹는다고 해서 미개한 것이 아니고, 나와 다른 방식으로 사람과 사물을 이해한다고 해서 나쁜 문화는 아니다. 문화는 그 문화를 형성한 사람들의 삶의 방식과 가치관에 입각해서 이해하고 존중해야 하는 것이다.

예컨대, 인사하는 방식만 보아도 차이가 있다. 동양에서는 어른을 공경하고 자신의 자세를 낮추어 상대를 높이는 겸양(謙讓)의 태도가 기본인 수직 문화가 일반적이다. 그래서 인사를 할 때는 상대방을 향해 몸을 숙여 예(禮)를 행하는 수직적인 행동의 형태를 보인다. 이에 비해 서양에서는 자유롭게 자신의 의사를 전달하는 방식이 기본인 수평 문화가 일반적이다. 그래서 인사를 할 때는 서로 평등한 자세에서 등을 펴고 오른손을 맞잡고 위아래로 흔드는 수평적인 형태를 보인다. 이처럼 인사하는 방식이 서로 다를 뿐인데, 어느 쪽이 좋고 나쁘다고 평가하는 것은 의미 없는 일이다.

다양한 부분에서 문화의 차이가 있다는 것을 알았다면 그 다음 문제는 일상생활에서 이것을 어떻게 적용하는가 하는 것이다. 다시 말하면, 문화의 다름과 차이에 대해 어떻게 접근하느냐가 관건이다. 문화의 차이에 대해 우열을 매기려는 생각을 버려야 한다. 각각의 문화는 각기 고유함을 가진 것이다. 다른 것은 다른 것이지 틀린 것이 아니다.

(3) 생각과 표현방식의 차이

자신의 치우침을 아는 것이 다름을 이해하는 첫걸음이다. 어떤 사람이 한쪽으로 치우쳤다는 것이 잘못된 것이나 열등한 것이 아니라 그저 출발점을 그곳에서 잡았을 뿐임을 느끼는 것이 중요하다. '다른 것은 다른 것일 뿐이다'라고 이해하는 것이 나와 다른 생각을 받아들이는 첫걸음이다.

사람들이 논쟁하는 것을 가만히 보고 있으면, 서로 논점이 맞지 않는 경우를 가끔 보게 된다. 한 사람은 "저게 어떻게 파란색이야? 빨간색이지"라고 주장하고, 또 다른 한 사람은 "그게 어떻게 오렌지 맛이냐? 사과 맛이지"라고 주장하면서 싸우곤 한다. 겉보기엔 공통적인 단어를 기준으로 얘기하고 있는 것 같지만, 그 단어를 속으로 이해하는 것이 서로 다르기 때문에 충돌이 일어나고 논쟁으로 발전한다. 그리고 갈등으로 치닫고 급기야 싸우기도 한다.

예컨대, "알았다"라는 말을 어떤 경우에 사용하는지, 상대방이 그렇게 말했을 때 나는 어떻게 생각하는지 살펴보자. 어떤 사람은 "네가 주장하는 바가 무엇인지를 알았다. 그 주장이 옳은지 그른지는 생각해보겠다"라는 뜻으로 이해한다. 즉, "일단 당신의 주장을 접수해 두겠다"는 것이다. 또 어떤 사람은 상대방의 주장에 동의할 경우에만 "알았어"라는 표현을 쓰지, 그의 생각에 동의하지 않으면 절대 "알았어"라는 표현을 사용하지 않는다. 또 다른 사람은 상대방의 주장이 아니라 상대방이 느끼고 있는 감정을 이해했다는 뜻으로 "알았다"는 표현을 사용한다. 즉, "네 기분이 어떤지 알았으니까. 이제 그만 하자"면서 그의 말을 막기 위해 "알았어"라는 표현을 쓴다. 이에 비해, 또 다른 사람은 "네가 말하는 의도가 파악되었다"는 뜻으로 사용하는 사람도 있다. 이 경우는 "눈치 챘다"는 뜻으로 "알았어"라고 표현하는 경우이다. 한 단어에 대해 이렇게 다양한 뜻으로 반응하고 이해한다.

이런 부분들이 서로 오해를 낳는 경우가 많다. "'알았다'"라고 해놓고 왜 지금 와서 딴소리냐"라는 말이 나오게 되는 것이다. 그러면서 '저 사람은 말을 바꾸는 믿을 수 없는 사람'이라고 단정 지어버린다. 때로는 '저 사람은 제대로 알아듣지도 못하고 알았다고 말하는 경박한 사람'이라고 평가하며 그와 선을 긋는 경우도 많다. 모두 상대방과 내가 생각하고 표현하는 방식이 다르다는 것을 모르기 때문에 발생하는 일이지만, 결과적으로 갈등으로 귀결된다는 점은 유사하다.

그래서 상대방과 나의 생각과 표현방식에서의 차이점을 이해하는 것이 중요하다. 그런데 이런 표현의 차이를 이해하는 것이 쉽지 않은 것은 그렇게 표현하는 것이 단순한 버릇이 아니기 때문이다. 표현방식 하나하나가 마음의 근본 동작 원리를 반영하는 것이다. 한 사람이 세상을 받아들이고 세상에 자신을 표현하는 방식이 반영된 것이다. 이런 차이가 개인과 개인 간의 오해나 말다툼의 원인이 된다. 나아가 어떤 공인(公人)의 행동에 대한 평가도 달라지고, 정치적 호오(好惡) 역시 갈라진다. 이런 경향성은 개인뿐만 아니라 집단에서도 생겨난다.9)

이처럼 생각과 표현방식의 차이를 알았다면 그 다음 문제는 일상생활에서 이것을 어떻게 적용하는가 하는 것이다. 다시 말하면, 생각과 표현방식의 다름과 차이에 대해 어떻게 접근하느냐가 관건이다. 서로 다른 생각과 표현방식을 대할 때, 그들 간의 차이에 대해 우열을 매기려는 생각을 버려야 한다. 각기 다른 생각과 방식이 각각 다르게 적용될 영역이 있는 것이다. 다른 것은 다른 것이지 틀린 것이 아니다.

3. 시민윤리와 책임의식

가. 시민윤리10)

길거리에서 걸어가며 담배를 피우는 행동은 담배를 피우는 사람에게는 개인의 취향이자 권리이겠지만, 다른 사람을 배려하지 않는 것이고 다른 사람의 권리를 방해하는 측면을 동시에 가지고 있다. 모든 사람이 줄을 서서 곧 도착할 버스를 기다리고 있는데, 자신이 바쁘다고 해서 새치기를 하는 것은 다른 사람을 배려하고 존중하는 것이 아니라 자신만을 생각하는 이기주의이자 사회 질서를 무너뜨리는 행위이다. 공동 화장실의 화장지를 모두 가져가는 것이나 대형 마트에서 과일을 담을 수 있는 비닐 팩을 필요 이상으로 많이 뽑아가는 행위 역시 사회구성원으로서 바람직한 행동은 아니다.

오늘날 일상생활에서 시민은 사회가 합의한 단순한 약속이나 규칙들을 지킴으로써 함께 살아가며 공동체를 유지하는 존재이다. 공공장소에서 내가 지켜야 한다고 스스로 생각하거나 때로는 불편하다고 생각하는 작은 규칙을 지키는 것은 그렇게 함으로써 내가 살아가는 사회가 좀 더 쾌적하고 안전해지기 때문이다. 지키고 싶지 않기 때문에 강요당한다고 생각할 수 있는 간단한 약속을 지키는 것은 그렇게 함으로써 내가 사회 속에서 좀 더 자유로워지기 때문이다.

이처럼 매우 사소한 것부터 함께 지켜나감으로써 더불어 살아갈 수 있는 사회를 유지하는 데 꼭 필요한 요소들에 대해 깨닫고 실천하는 것이 시민윤리이다. 시민윤리는 자신이 속한 조직의 구성원으로서 조직이 개인에게 어떤 윤리적 태도를 원하는지를 알 수 있어야 한다는 점과 자신이 속한 사회가 요구하는 책임의식이 무엇인지를 실행할 수 있어야 한다는 점을 함께 포함하는 개념이다.

먼저, 조직윤리는 자신이 속한 집단이 요구하는 윤리적 태도를 이해하고 그에 적합한 행동을 할 수 있는 능력을 말한다. 우리는 국가를 포함하여 가정, 학교, 지역사회, 직장, 각종 동호회 등 다양한 집단에 소속되어 있고, 각 집단에서는 구성원들에게 일정한 윤리적 태도를 행할 것을 요구하고 있다. 집단에 소속된 구성원들이 해당 집단에서 요구하는 윤리적 태도를 제대로 이행하지 못할 때 여러 가지 갈등이 생길 수 있고, 해당 집단이 도달하고자 하는 목표에 이르기 어려운 상황이 발생할 수도 있다.

또한 사회적 책무는 사회라는 집단 안에서 마땅히 해야 할 역할을 찾아서 기꺼이 수행할 수 있는 능력을 말한다. 사회의 여러 현상이나 문제 상황에 대해 관심과 책임감을 가지고 자신이 할 수 있는 일을 고민하여 실천하는 사람이 사회적 책무를 다하는 것이다. 사회적 책무의 시작은 우리나라를 비롯한 세계 각국에서 벌어지고 있는 다양한 상황과 문제를 알고 관심을 갖는 데서 출발한다. 따라서 사회적 책무를 다하려면 지구촌 곳곳에서 발생하고 있는 각종 재난들, 질병과 굶주림으로 심한 고통을 안고 살아가는 아프리카 대륙과 그 외 지역의 아이들, 끊이지 않는 전쟁으로 인해 매일 불안과 공포 속에서 살아가고 있는 사람들이 어떻게 먹고 마시며 살아가고 있는지에 대한 애정과 관심이 필요하다. 나아가 그들을 위해 자신과 우리가 할 수 있는 일이 무엇이지 고민하는 것이 사회적 책무를 다하는 시민이 해야 할 일이다.

나. 책임의식

책임감(책임의식, responsibility)은 자신이 맡아서 해야 할 임무나 역할의 의미를 중요하게 여기는 마음이다. 즉, 자신의 능력을 조절하여 자신에게 주어진 임무를 완성하고 나아가 자신의 역할을 다함으로써 사회와 세상에 기여하고자 하는 것이다. 한 사회를 구성하는 사람이라면 누구에게나 크고 작은 책임감이 요구되고, 자신에게 주어진 책임감을 바탕으로 자신의 역할을 온전하게 수행해야만 그 사회가 안전하고 풍요롭게 유지될 수 있다. 모든 개인에게 주어진 자유와 권리를 맘껏 누리는 것은 곧 책임(감)과 연결된다. 책임 없는 자유는 방종이기 때문이다.

책임감의 본질은 타고난 사명감이다. 가족 사랑으로 이루어진 책임감은 우리에게 감동을 주고, 우정으로 연결된 책임감은 기쁨을 주며, 애정으로 구축된 책임감은 충성심을 이끌어 낸다. 특히, 현대사회에서는 이런 책임감이 반드시 필요하다. 사람은 어느 사회나 집단에 속해 있든 이런 책임감을 회피해서는 안 된다. 자신에게 주어진 책임을 모른 척하고 피해간다면 결국 다른 사람들에게 큰 상처와 피해를 주기 때문이다.

논어에 이런 일화가 나온다. "남자의 가장 큰 매력은 무엇이라고 생각하십니까?" "책임감이지요." "책임감보다 더 높은 것은 무엇입니까?" "그것은 사회적 책임감입니다." "그러면 사회적 책임감보다 더 높은 것은 무엇일까요?" "그것은 인문적 책임감입니다." 이것은 한 남자의 매력에 대한 한 학자의 생각이지만, 인간에 대한 선언이기도 하다. 이런 점에서 볼 때, 어떤 책임이든 그것을 회피하는 사람은 매우 비겁하다고 할 수 있다.[11)]

그럼에도 불구하고 일상생활에서 책임감을 회피하는 사례가 종종 발생한다. 심지어 많은 사람들의 책임감 회피로 한 사람이 목숨을 잃은 사건이 발생하기도 했다. 이른바 '책임의 분산' 때문에 발생했던 것이다. 책임(감)의 분산은 한 개인이 집단 속에 있을 때 자신의 책임감이 줄어들었다고 생각하여 자신이 마땅히 해야 할 일을 모른 척하고 지나가는 것을 표현한 개념이다. 개인이 집단 속에 속해 있을 때 구성원 개인의 행동에 대한 책임감이 희석되기 때문에 이런 현상이 발생한다. 이것은 개인이 집단 속에서 작업할 때 혼자 작업할 때보다 노력을 덜 기울이는 '사회적 태만(social loafing)'과 관련이 있다.

책임감 분산을 검증하기 위한 한 가지 실험이 있었다. 어느 방에 환기통을 통해 연기가 들어오는 상황을 만들어놓고, 그 방 안에 1명, 3명, 또 5명이 있었을 때 그 사람이 어떤 행동을 하는지 세 가지 경우를 수십 차례 반복하여 결과를 비교해 보았다. 실험 결과는 매우 놀라웠다. 연기가 들어오는 것을 보고 신고를 한 사람의 비율이 1명일 때 75%, 3명일 때 38%, 5명일 때 10%였다는 것이다. 방 안에 사람이 많았을 때 신고 비율이 훨씬 줄어들었다는 것이다. 책임감의 분산 현상이 발생한 것이다.

실제로 1964년 미국 뉴욕 시에서 한 사건이 발생했다. 한 20대 여성이 대낮에 많은 사람들이 지켜보는 공공장소에서 노상강도를 당했는데, 이 여성은 강도에게 40여 분 동안이나 끌려다니면서 위협을 받다가 결국 살해당하고 말았다. 당시에 이 상황을 지켜본 사람들이 많았음에도 불구하고 아무도 그것을 제지하지 않았으며 심지어 경찰에 전화도 하지 않았다. 당시 미국 언론들은 '차가운 사회', '무감각한 시민정신', '인간성의 상실'이라는 제목으로 미국사회의 타락상을 비판했지만, 심리학자들의 의견은 달랐다. 당시 사건 현장을 목격한 시민들은 자신이 아닌 다른 사람들이 이미 경찰에 신고했을 것이라고 생각했기 때문에 그 사태를 방관했을 것이며, 이런 착각은 그 사건을 지켜보던 모든 사람들에게 똑같이 일어났을 것이라는 해석이었다.

> 이 세상에서 가장 미약한 사람이든, 가장 위대한 사람이든 간에 사람들은 저마다 책임이 있다. - 로맹 롤랑

책임감은 인간에게 주어진 가장 근본적인 의무이자 사명이며, 인생의 가치와 이상을 실현하는 전제조건이다. 책임감을 가지고 자신이 맡은 일을 성실하게 해내고자 노력하는 것이 무엇보다 중요하다.

4. 글로벌 시민의식

가. 이(異)문화를 수용하는 자세

앞서 문화는 '한 사회 내에서 생산되어 공유되는 생활방식을 비롯한 상징 및 의미 체계를 포함하며, 학습을 통해 전승되고 인간의 신념, 가치관, 행동을 통제하는 객관적・주관적 환경'이라고 정의한 바 있다. 따라서 각각의 문화는 고유함과 독특함을 가지고 있고, 그 자체로 존중되어야 하는 것이다. 문화에는 좋고 나쁨이 있는 것이 아니라 나에게 익숙

한 문화와 그렇지 않은 문화 간의 구분만 있을 뿐이다. 그런 차원에서 이문화(異文化)에 대해 잠시 생각해볼 필요가 있다.

이문화란 다른 문화, 즉 다른 종교적 믿음, 다른 언어 그리고 다른 생활방식을 가진 여러 그룹의 문화를 뜻한다. 그리고 이문화 수용(受容)이란 다른 문화와 다른 생활방식을 가진 여러 그룹들 사이에서 일어날 수 있는 문화적 다름을 존중하고 받아들이는 것이다. 이문화를 받아들이는 것은 다른 문화를 가진 그룹만을 뜻하는 것은 아니며, 다른 인종 간의 차이를 넘어서 수용하는 것이고, 여러 국가 사이를 넘어서 받아들이는 것이라고 할 수 있다.[12)]

예컨대, 우리나라를 비롯한 동양 문화권에서 사는 사람들은 음식을 먹을 때 젓가락을 사용하고, 가운데 국그릇을 두고 여럿이 함께 식사를 하는 방식을 취하고 있다. 이에 비해 서양 문화권에서는 포크를 사용하고, 시간을 두고 순차적이며 체계적으로 개인 앞에 음식을 차려두고 식사를 하는 방식을 취하고 있다. 서로 다른 문화의 차이를 두고 우열을 구분하는 것은 어리석인 일이다. 서로 익숙하지 않아 불편한 것일 뿐인데, 내가 불편하니 상대방의 문화를 나쁘게 보는 것은 결코 바람직하지 않다. 문화에 있어서도 다름과 차이를 인정하고 받아들이는 열린 자세가 필요하다. 한편, 식사를 할 때 도구를 사용하지 않고 손으로 직접 음식을 집어 먹는 방식을 취하고 있는 살아가는 사람들도 있다. 이것은 단지 문화의 차이일 뿐인데, 손으로 음식을 집어먹는다고 해서 그 자체를 미개하다고 할 수는 없다.

다른 문화에 속한 사람들과 더불어 살아갈 줄 아는 지혜와 능력을 갖춘 사람이라면, 우리와 다른 문화를 가진 사람들을 편견 없이 받아들이고, 우리 문화와 동등하게 받아들일 줄 알며 그들의 문화에 맞추어 함께 어울릴 줄 아는 열린 자세를 갖는 것이 필요하다. 그런 차원에서 자신이 속한 사회와 국가의 문화와 다른 문화 간의 차이를 이해하고 충분히 경험할 수 있는 능력, 즉 이문화 감수성(intercultural sensitivity)을 기를 필요가 있다. 특히, 우리나라 사람들이 가지고 있는 외국인에 대한 이중적인 인종 편견은 빠른 시일 내에 없애야 글로벌 시민으로서 다른 문화를 가진 사람들과 더불어 잘 살아갈 수 있을 것이다.

나. 글로벌 시민으로서의 자세[13)]

1980년대 후반에 냉전 체제가 무너지고 세계 경제가 급격한 변화를 겪으면서 세계화라는 용어가 등장했다. 정보통신기술의 급격한 변화로 인한 컴퓨터 혁명, 정보 흐름의 혁신과 무수히 많은 정보의 홍수 속에서 살아가면서도 이에 상응하는 의미 있는 문화 혁명은 일어나지 않고 있다. 따라서 오늘날 세계 초일류기업들과 경쟁하면서 살아가야 하는 기업들은 국제 비즈니스에서 성공하기 위해 다른 문화를 이해해야 할 필요성이 더욱 커지고 있다.

세계화 흐름 속에서 우리 기업에서 일하는 인재들의 해외 진출이 많아진 지금 국제 비즈니스의 성공은 다른 문화에 대한 이해 및 실행 전략과 직접적으로 연관되어 있다. 성공적인 해외 마케팅 관리, 외국 기업과의 협상 등과 관련된 사람들의 능력은 직무와 관련된 전문지식뿐만 아니라 새로운 문화적 환경에 대한 개인의 감수성에 따라 좌우된다. 쉽게 말해, 외국인의 사고방식과 행동을 이해하지 못하고, 현지에서의 적응 능력을 갖추지 못하면 국제 비즈니스에서 실패할 수밖에 없는 상황이 되었다. 그래서 최근 들어 국제 비즈니스에서 매너(manner)와 에티켓(etiquette) 교육이 요구되고 있다.

에티켓은 단편적인 행동규범이라고 생각하는 사람들이 많다. 그러나 에티켓은 규칙 차원을 넘어 문화의 산물이다. 어떤 면에서는 문화 그 자체라고 해도 과언이 아니다. 예컨대, 인도네시아로 파견된 어느 기업의 주재원이 현지인을 꾸중하며 머리를 한두 번 쥐어박았다고 해서 토막 살해된 사건이 있었다. 베트남에 진출한 한 중소기업 사장은 현지인이 "어이!(여보세요)"라고 부르는 것을 한국식으로 '어이'로 착각해 혼내주었다가 베트남 감옥에 갇힌 외국인 1호가 되었다는 소식도 있었다. 이것은 모두 현지 문화나 에티켓에 대한 기본적인 이해 부족으로 인해 벌어진 어처구니없는 일이 아닐 수 없다.

글로벌 시민으로서 이문화를 이해하기 위해서는 다음 몇 가지 사항을 염두에 둘 필요가 있다.

첫째, 문화를 '억센(tough) 사회'와 '섬세한(tender) 사회'로 나누어 이해하는 자세가 필요하다. 전자는 외향적이고 눈에 보이는 목표를 이루는 것에 가치를 두며 주로 업무 성취에 관심이 있다. 이에 비해 후자는 성격, 인격, 양육, 삶의 질, 우호관계, 사회관계의 유지를 강조해 직장에서도 상사와 동료 간의 인간관계 혹은 직업 만족, 작업 환경, 업무가 얼마나 흥미롭고 도전적이냐에 관심이 많다.

예컨대, 비즈니스 세계에서 '섬세한(tender) 사회' 구성원들과 교섭을 할 경우에는 남녀 평등에 관심을 두고, 전반적인 근로조건을 제시하며 임금보다 근로 시간과 휴가 시간이 중요하다는 것을 알아야 한다. 그리고 사회구성원들과 정부는 부유층, 권력층보다 소외계층에 관심이 많다는 것을 알아야 한다. 또한 어떤 교섭이든 느긋한 감정을 표현하며 인간관계를 쌓는 데 기꺼이 시간을 투자할 수 있어야 하고, 회사의 중역이나 정부 고위직에 여성이 있다는 것에 놀라지 말아야 한다. 이런 방법으로 세계의 문화를 이해하고 비즈니스에 임한다면 성공할 수 있다.

둘째, 비언어적 의사소통과 관련된 행동, 즉 표정, 손동작, 발걸음, 자세, 접촉, 시선 등에 관련된 매너를 잘 알아야 국제 비즈니스 환경에서 원활하게 활동할 수 있다. 비언어적 의사소통방법을 잘 이해하는 사람은 그렇지 못한 사람에 비해 상대방에게 호감을 더 얻을 수 있어 보다 성공적인 관계를 맺을 수 있다.

이와 같이 다른 문화에서 널리 사용되는 에티켓을 잘 지키는 것은 하나의 단순한 행동방식, 흉내 내기가 아니라 또 다른 생활방식과 문화를 이해함으로써 상대방의 관점에서 이해하려는 인식의 폭을 넓힐 수 있는 바람직한 행동이다. 따라서 현지 문화에 바탕을 둔 에티켓을 배워 그 사회 문화에 걸 맞는 매너를 실행하는 것은 글로벌 시대에서 살아가는 시민으로서 갖추어야 할 필수사항이고, 글로벌 리더들의 핵심 역량이다. ♣

Memo

절 취 선

생각하고 토의하기

▣ 다음에서 소개하는 각 상황에 따라 우리가 서로 배려해야 할 것들은 무엇인지 팀원들과 함께 토론해 보고, 그 결과를 적어보자.

구분	정리된 생각이나 의견
대학교 교내에서 (대학생활 중에서)	▪ ▪ ▪ ▪
지하철에서	▪ ▪ ▪ ▪
공연장에서	▪ ▪ ▪ ▪
식당에서	▪ ▪ ▪ ▪
공중화장실에서	▪ ▪ ▪ ▪
지금 바로 내가 실천해야 할 일	▪ ▪ ▪ ▪

• 수업시간 : 20______년 ______월 ______일 ______요일 ______교시

• 소속 : ______________________ • 학번 : ____________ • 성명 : ______________

Memo

전교생의 한쪽 팔을 묶게 한 교장 선생님

캐나다 토론토의 한 초등학교에서 한쪽 팔이 없는 장애 어린이가 친구들에게 놀림을 받고 울음을 터뜨린 일어 벌어졌다. 우리나라 같으면 우는 아이를 달래고 악동들을 나무라거나 쉬쉬할 정도이지만, 그 학교의 징벌은 달랐다. 교장이 직접 전교생을 모아 놓고 이튿날 등교할 때는 보조대로 한쪽 팔을 목에 걸고 오도록 엄명을 내렸다. 하루 꼬박 한 팔만으로 가방을 메고, 밥을 먹고, 운동을 하도록 한 것이다.

장애 어린이의 고통과 불편을 직접 체험해 봐야 그들의 힘든 처지를 진심으로 공감할 수 있다는 것, 상대방의 입장에서 생각하고 배려해야 한다는 것, 자신과 다른 처지에 있는 약한 사람에게 피해를 주는 일을 해서는 안 된다는 것을 전교생 모두에게 제대로 가르치려고 한 것이다.

배려하고 공감하기에 가장 좋은 방법은 실제로 그 일을 경험해 보는 것이다. 역지사지(易地思之)하는 것도 좋지만 그것은 머리로 이해하는 것으로 끝나기 쉽다. 직접 경험하면 가슴으로 느끼게 되고, 진심으로 느껴야 변하게 되는 것이다.

– 〈곽숙철의 혁신이야기〉 중에서 재인용, 일부 내용을 수정

제 5 장 인성의 발현(Ⅳ) : 협력과 나눔

학습
목표

1. 더불어 산다는 것의 의미를 익힐 수 있다.
2. 공동체정신과 팀워크를 이해할 수 있다.
3. 나눔의 실천방법을 익힐 수 있다.

학습할 주요내용

1. 집단을 만드는 이유
2. 공동체정신과 종류
3. 팀과 팀워크의 장점
4. 나눔과 봉사 활동의 의미와 방법

사람은 무언가를 가지고 있으면 더 가지고 싶은 것이 인지상정(人之常情)이다. 그러나 나누어 주면 더 커지는 것 또한 세상의 이치이다. 혼자 가지고 있으면 혼자만의 기쁨이 되지만, 자기의 것을 다른 사람과 나누게 되면 기쁨이 다른 사람에게 확산되기 때문이다. 그래서 나누고 베풀면 더 커지고 남지만, 혼자 가지려고 다투면 작아지고 모자라는 것이다. 비록 작은 것일지라도 나누고자 하는 마음이 모이면 이처럼 큰일을 이룰 수 있다.

1. 공동체 정신

가. 사람들이 집단을 만드는 이유[1)]

사회적 동물인 사람은 모여서 다양한 집단(group)을 만든다. 집단은 특정한 목표를 가진 두 명 이상의 사람들이 목표를 달성하기 위해 서로 힘을 모으고 영향을 주고받기 위해 모인 것이다. 여기서 주목할 것은 집단에는 공동목표가 있고, 집단에 속한 구성원들이 서로 작용하면서 동시에 서로 의존적이라는 점이다. 우리가 자주 접하는 동아리나 학회도 특정한 목적을 가지고 만든 것이기 때문에 집단이라고 볼 수 있다. 그러나 사람들이 모여 있지만 서로 상호작용을 하지 않거나 영향을 주지 않는 경우는 집단이라고 볼 수 없다. 예컨대, 학교 앞 정류장 근처에서 있는 사람들이나 많은 사람이 모여 있는 청중과 같은 모임은 집단이 아니다.

사람은 여러 가지 이유에서 집단을 만들고, 개인도 여러 가지 이유에서 집단에 가입한다. 먼저, 사람들은 집단 자체가 개인의 기본적인 욕구를 충족시켜 주고, 개인의 자아정체성을 깨닫도록 도와주기 때문에 집단을 만든다. 둘째, 사람들은 개인이 달성하기 어려운 목표를 집단을 통해서 성취할 수 있기 때문에 집단에 가입한다. 다시 말해, 혼자서는 달성할 수 없거나 어떤 목표를 여러 명이 협력할 경우 더 효과적으로 달성할 수 있을 때 집단을 만든다. 셋째, 사람들은 혼자 있을 때보다 여러 명이 함께 있을 때 안전감을 느낀다. 그래서 사람들은 안전을 확보하기 위해 집단을 만들거나 집단에 가입한다. 마지막으로, 사람들은 다른 사람들로부터 선망의 대상이 되고 있는 집단에 가입함으로써 자신도 인정을 받고 특정 신분을 얻을 수 있기 때문에 집단에 가입한다.

이처럼 사람들은 다양한 형태의 집단을 만들고, 그것이 모여 조직을 이루며, 나아가 조직이 모여 국가를 형성한다. 그리고 지향하는 이념에 따라 다양한 형태의 집단, 즉 공동체(community)도 생긴다. 잘 알다시피 공동체는 시대와 이념을 떠나 다양한 모습과 여러 가지 형태를 띠고 있다. 예컨대, 독일의 게르만(German) 공동체, 러시아의 미르(Mir) 공동체, 일본의 무라(村) 공동체, 인도네시아 자바의 데사(Desa) 공동체 등 전근대에 걸쳐 그 구조와 변천 양상이 매우 다양하다.[2)]

나. 공동체 정신 : 협력의 결정체[3)]

사람들은 자신이 원하는 집단 또는 공동체에 속하길 원하고, 그 속에서 다른 사람과 관계를 맺어간다. 그러면서 사람들은 자신이 원하는 관계를 맺기도 하지만, 이해관계가 서로 맞지 않아 갈등을 경험하기도 한다. 그리고 공동체 속에서는 소속 구성원들에게 해야 할 역할(roles)을 정해 주고, 지켜야 할 행동을 정해주는가 하면, 구성원들 사이의 서열도 정해준다. 또한 구성원들이 자신이 맡은 바 일을 제대로 이행하지 않거나, 공동체에서 정한 행동 기준을 지키지 않거나, 또는 공동체에서 정해준 서열을 지키지 않으면 제재를 가하거나 자격을 박탈하는 등 한 사람의 행위에 크고 작은 영향을 미친다.

이처럼 사람들이 공동체 속에서 살아가기 위해서는 기본적으로 함께 나누어야 하는 것이 있는데, 그것은 다른 사람들과 더불어 살아가는 것과 상대방에 대한 기본적인 생각이다. 이것은 공동체를 이루고 살아가는 사람들이 갖추어야 할 가장 기본적인 삶의 태도 중의 하나이다. 이처럼 공동체 구성원들이 지켜야 할 다양한 규범, 규칙, 역할 등에 대한 개념과 생각들을 모아 놓은 이념적 틀이나 체계를 공동체정신이라고 한다. 그것이 문서 형태로 되었든 그렇지 않았든 인류는 공동체와 관련된 다양한 이념적 틀을 가지게 되었고, 그것은 인류 역사와 함께 다양한 양상을 띠게 되었다. 영국의 'Parish', 프랑스의 'Commune', 독일의 'Gemeinde', 미국의 'Community' 등이 이에 속하고, 우리나라의 대동사상(大同思想)도 그중의 하나라고 볼 수 있다.

특히, 현대 자본주의사회는 이기주의화, 급격한 농촌 해체와 도시빈민층 발생, 경기침체에 따른 양극화, 자원고갈 및 환경파괴 등 제반 문제를 경험하면서 더불어 사는 공동체적 관계가 사회 안정의 필수적인 요소로 등장하고 있다. 우리나라의 경우에도 1960년대 이후 압축적 성장과정의 결과로 나타난 폐해들이 지금 다양한 모습으로 나타나고 있고, 그것들이 복합적으로 작용하여 갖가지 사회 문제가 발생하기 시작했다. 그래서 개인의 이익 극대화, 지나친 성장 위주 정책 추진이 아니라 공동체(사회)의 유지와 안정화에 대한 관심이 점차 증가하고 있는 실정이다.

여기서 그런 주제들을 본격적으로 논의하는 것이 이 책의 주요 목적은 아니다. 다만, 현재를 살아가는 우리에게 공동체의식과 관련하여 의미 있는 시사점을 제공하고 있는 두 가지 대표적인 사례에 대해 간단하게 소개하고자 한다.

(1) 두레 정신

두레는 한국의 고유한 문화 중의 하나로서 농경생활에서 공동의 노동을 통해 농업생산 목표를 효율적으로 달성하기를 원하는 특정 지역 사람들이 모여 만든 독립적인 공동체를 말한다. 즉, 두레는 힘든 농사를 효과적으로 해결하기 위해 만든 조직으로서 계(契)보다는 훨씬 강한 결속력을 가진 노동조직이다.

물론 두레는 노동을 함께 하기 위해 만든 조직이지만, 이것을 통해 마을 공동체가 형성되고 마을의 안녕과 복을 기원하는 제의(祭儀)와 마을 주민들의 놀이와 휴식이 어우러져 마을 문화의 중심적인 위치를 차지하였다. 두레는 공동 노동을 통한 노동의 능률화, 공동 부조, 협동생활 훈련, 공동 규범 마련, 사회통합, 공동체의식 함양 등을 강조하였다. 또한 여러 가지 놀이를 통해 공동체구성원들 간의 가치 공유, 원활한 의사소통, 정서와 의식 공유 등을 통해 공동체구성원들 간의 결속력을 도모하였다.

두레정신은 공동체 또는 그 구성원이 지향하는 생활 속의 감정, 세계관, 인생관, 사상과 사물에 대한 일체의 견해나 정신적 요소를 말한다. 두레정신에 대한 여러 가지 견해들을 종합하면, 두레정신은 공동체 정신, 상부상조 정신, 협동 정신, 민주·자주 정신, 풍류 정신, 자연과 조화 정신으로 구성되어 있다. 각각에 대해 간단하게 소개하면 다음과 같다.[4)]

① 공동체 정신

두레구성원들은 공동체를 위해 개인의 역량을 발휘하고, 규범을 지키며, 공동의 목적을 달성하기 위하여 개인의 일탈을 자제하였다. 마을의 주민들은 두레를 통하여 정서와 의식, 가치, 태도 면에서 우리 의식, 동일시 의식, 정체감, 일치감, 참여의식을 갖고 함께 살아가며 정을 나누는 공동체적 삶을 살았다.

② 상부상조 정신

두레가 개별 농가의 성인 남성들이 참여하여 가입해야 하는 공동체적 규율이 있지만, 가족 내 성인 남자가 없는 과부나 병약자가 있는 가구에 대하여는 규율을 그대로 적용하지 않았다. 예컨대, 두레꾼을 내지 못한 농가에 대하여도 두레회의에서 우두머리인 좌상(座上)이 무상으로 경작하기로 발의하면 모두 동의하여 공동작업 결과나 혜택을 나누어 주었다. 또한 일정 품값을 내놓거나 성인의 노동력에 미치지 못하는 어린아이들을 두레에 참여하게 하는 경우도 있었다. 이처럼 두레에는 어려운 처지에 있는 사람들을 위하여 공동으로 부조하고 상호 자신의 장점을 공동체에 기여함으로써 서로 돕고 나누는 정신이 있다.

③ 협동 정신

두레는 그 자체가 여러 사람이 같이 일을 하는 것을 의미하며, 단순히 같이 하는 것이 아니라 서로 힘을 합하여 어려운 일을 해내는 것을 의미한다. 실제로 두레는 마을의 경작지를 모두 일하는 대상으로 삼았으며, 마을 사람들이 각자의 경작지에 대하여 혼자 하는 것이 아니라 마을 사람들이 두레를 짜서 경작지에 순번을 정하여 공동으로 일을 하였다. 이렇게 공동으로 일을 하면 기간 내 각자 홀로 한 일의 총합보다도 훨씬 많은 일을 할 수 있어 효과적으로 농사를 지을 수가 있었다. 즉, 두레구성원들은 시기를 놓칠 경우 예상되는 위기를 극복하고, 계절에 맞게 농사를 차질 없이 하기 위해 각 개인에게 부과된 일을 혼자서 감당하지 못하는 제약을 극복하기 위한 협동의 수단이었다.

④ 민주·자주 정신

두레 조직은 자연마을 단위로 이루어졌으며, 임원('역원'으로 불림)이 있는 일사불란한 지휘 체계를 가지고 있었다. 두레의 총책임자이며 대표로서 영좌(領座)가 있었고, 역할에 따라 수총각, 조사총각, 유사, 방목감 등 임원을 선출하였다. 임원 선출은 두레 성원의 전체회의에서 구두로 의결하는 민주적인 방식으로 선출되었다. 영좌를 포함한 모든 임원들은 다른 두레꾼들과 마찬가지로 공동노동에 참가하면서 자기가 맡은 역할을 수행하였다. 영좌라 해도 독재와 독단을 부릴 수 없었으며, 일의 순서와 날짜, 결산 셈법 등 모든 결정을 두레회의에서 민주적으로 관리 운영하였다. 두레회의는 사전 회의와 사후 회의로 나뉘며, 각 준비모임과 결산모임으로서의 성격을 지녔다. 이처럼 두레는 공동체의 규제를 받는 자발적 회의였고, 모든 절차와 회의는 두레를 지탱하는 민주적인 토대가 되었다.

⑤ 풍류 정신

두레에는 농악이 있어서 작업장에 나갈 때, 작업을 할 때, 작업장을 이동할 때, 일을 마치고 마을로 돌아올 때, 호미씻이, 두레놀이에서 큰 역할을 하였다. 두레에서 두레패들이 치는 농악을 '두레 굿' 또는 '두레풍장'이라 불렀고, '두레 굿'은 농악과 함께 춤과 소리가 어우러졌다. '두레 굿'의 의미는 농신(農神)에 대한 제의로서, 그에 따르는 농악은 신을 불러 경배하고 즐겁게 하여 마을의 공동 관심사인 농사가 잘되게 해달라는 의미이다. 마을 사람들은 이러한 굿을 통하여 공동체 연대감을 갖고 일과 놀이를 순환시킴으로써 신명나게 농경생활을 할 수 있었다.

⑥ 자연과 조화 정신

두레에서는 자연을 인간이 정복해야 하는 하나의 대상으로 보지 않고 인간과 함께 살아야 할 생명 있는 유기체로 보았다. 또한 자연은 신성을 가지고 영원히 존재한다고 믿었기 때문에 항상 인간과 더불어 살아가야 할 존재로 보았다. 이러한 의식은 여러 가지 굿에서 자연을 섬김의 대상으로 삼는 것에서 엿볼 수 있다. 두레의 노동과 놀이와 제의에서 행해지는 행위는 자연의 법칙에 따르며 계절의 순환에 조화하도록 하였다.

이상에서 살펴본 바와 같이, 두레는 오늘날 산업화와 도시화로 잃어버린 공동체문화를 회복해야 하는 시점에서 우리에게 많은 것을 시사해 준다.

(2) 우분투 정신

'우분투(Ubuntu)'는 남아프리카공화국의 건국이념과 관련이 있는 것으로, 공유(또는 공동체) 정신을 의미한다. 이 말은 남아프리카 코사족의 말로서 다양한 뜻이 내포되어 있지만, 대체로 '나는, 곧 우리', '네가 있으니 내가 있다'라는 의미로 사용되고 있다. 현대적으로는 '다른 사람을 위한 인간애(humanity towards others)' 정도로 번역될 수 있다.

이 말과 관련하여 재미있는 일화가 있다. 한 인류학자가 아프리카의 한 부족 아이들에게 게임을 하자고 했다. 과일 한 바구니를 나무 근처에 두고 제일 먼저 도착한 아이에게 상으로 과일을 주겠다고 했다. 인류학자가 "자! 달려라~!"라고 하자 아이들은 모두 함께 손을 잡고 달려와 같이 앉아 포상을 즐겼다고 한다. 인류학자는 "어째서 그렇게 달리는 방법을 택했는지, 한 명이 전부 받을 수 있었는데…"라고 물었다. 아이들은 "우분투", "다른 사람이 모두 슬픈데, 어째서 한 명만 행복해질 수 있습니까?"라고 대답했다고 한다. 그렇다. '우분투'는 '행복한 동행이자, 아름다운 동행'인 것이다.

> 인간은 혼자서 살아갈 수 없는 존재입니다.
> 홀로 떨어져 있다면 진정한 의미에서 인간이라 할 수 없습니다.
> 우리는 사실 서로 얽혀져 있고, 서로 이어져 있습니다.
>
> 그런데 우리는 자신을 다른 사람과 상관없이 존재하는
> 개인으로 생각할 때가 많습니다.
> 우분투(Ubuntu)는 인간이 갖추어야 할 기본조건입니다.
> 우분투 정신을 갖춘 사람은 마음이 열려 있고, 다른 사람을 기꺼이 도우며,
> 다른 사람의 생각을 인정할 줄 압니다.
>
> 그래서 우분투하는 우리가 하는 일 하나하나가
> 세상 전체에 영향을 미칩니다.
> 우리가 좋은 일을 하면 그것이 번져 나가
> 다른 곳에서도 좋은 일이 일어나게 만듭니다.
> 그것은 인간 전체를 위하는 일이 됩니다. - 투투 대주교(남아프리카공화국 성공회)

2. 팀워크의 이해

사람들은 공동의 목표를 달성하기 위해 다양한 형태의 집단을 만든다. 우리 선조들은 집단을 이루어 활동하는 것이 개별적으로 활동하는 것보다 훨씬 더 많은 성과를 낼 수 있다는 것을 일찌감치 깨닫고 있었던 것이다. 집단은 오랜 기간 동안 다양한 시행착오를 거치면서 진화하여 결국 지금의 팀(team)이라는 형태까지 이르게 되었다. 그 결과 현재 많은 기업과 조직에서는 팀 제도가 가장 일반적인 형태로 자리 잡았다.

그런 차원에서 팀의 특징은 무엇인지, 팀의 목표를 달성하고 성과를 향상시키기 위해 무엇이 필요한지, 그리고 팀 구성원들은 어떤 자세와 태도로 행동해야 하는지를 살펴보는 것은 의미 있는 일이다.

가. 팀과 팀워크

다양한 형태의 집단은 서로 다른 집단과 통합되어 조직(organization)을 이룬다. 그래서 결국 조직은 기본적으로 사람들로 구성되어 있는 것이다. 현재 일반적인 조직에서 가장 기본적인 작업 단위는 팀(team)이다. 모든 팀은 집단이지만, 모든 집단이 팀은 아니다. 관리자는 집단의 사람들을 함께 일하게 만들 수 있지만 결코 팀을 만들 수는 없다. 팀은 서로 보완적인 기술을 가진 소수의 사람들이 공동목표를 달성하기 위해 모인 집단의 한 종류이다. 다시 말하면, 팀은 공동의 기대와 목적을 가진 사람들이 함께 모여 자신들이 가지고 있는 기술을 서로 보완적으로 활용하고 결과에 대해 스스로 책임을 지는 개인들이 모인 집단이다. 따라서 팀이란 공유된 사명감과 집단적인 책임감으로 뭉친 집단을 의미한다.[5)]

그렇다면 팀은 어떤 조직에서 필요한 제도인가? 팀의 본질적인 속성은 직무를 수행함에 있어서 구성원 간에 이루어진 상호의존적인 관계이다. 그래서 어떤 조직 내에서 팀을 만들려면 직무를 담당하고 있는 사람들 간에 광범위한 상호 의존적인 관계가 있는지를 먼저 살펴보아야 한다. 예컨대, 어떤 직무를 담당하는 사람들이 각각 독창적인 특성을 가지고 있어 독불장군과 같이 업무를 수행하고 있는데, 이런 사람들을 일정한 팀에 가서 함께 일하라고 하면 결국 독창성도 잃게 되고, 원하는 목표를 달성하기도 힘들다. 이런 차원에서 한 사람이 혼자서 일을 할 경우 더 효과적인 보험 영업사원이나 화물트럭 운전자들에게 팀을 요구해서는 안 될 것이다. 따라서 팀을 만들려면 어떤 일이 한 사람에 의해 더 빠르고 효과적으로 진행될 수 있는가 아니면 사람들의 상호작용을 요구하고 있는지를 먼저 면밀히 조사해 볼 필요가 있다.[6)]

이런 일이 이미 행해졌다면 각 조직은 팀들이 수행하는 작업을 잘 조정하고 통합하면서 조직 전체의 목표를 달성하고자 노력하면 된다. 결국 조직을 효과적으로 잘 관리하기 위해서는 기본단위인 팀을 잘 이해해야 하고, 팀원 간에 팀워크(teamwork)가 조화를 이루도록 도와야 한다.

팀워크는 모든 팀원들이 조직의 목표를 잘 이해하고 몰입하는 것을 말한다.[7] 어떤 팀 내에서 팀워크가 잘 형성되지 않으면 효과적인 의사소통, 성격 갈등과 인간관계, 통일된 목표와 방향, 효과적인 리더십, 의사결정과정 등과 관련된 갖가지 문제가 생긴다. 따라서 이런 것들을 효과적으로 해결하지 못하면 종종 역기능적인 팀이 생기게 되고, 조직 전체에도 좋지 않은 영향을 미치게 된다.

나. 팀워크의 장점과 단점

팀워크는 다음과 같은 장점과 단점이 있다.[8]

먼저, 팀워크의 장점은 다음과 같다. 첫째, 팀은 시너지를 달성할 수 있다. 혼자 일하는 팀원들이 가지고 있는 개별적인 역량을 뛰어 넘어 무엇인가를 달성하기 위해 함께 일하는 팀원들이 창의적으로 협력할 때 시너지가 발생한다. 그래서 어떤 팀에서 달성한 결과는 다양한 팀원들이 공헌한 것의 합(合)보다 클 수 있다. 둘째, 팀원들은 종종 다른 구성원들의 생각과 의견을 평가할 수 있기 때문에 팀은 중대한 실수를 피할 수 있다. 한 팀원이 낸 아이디어에 대해 서로 지지해 주거나 평가를 해주게 되면 그 팀원은 좀 더 나은 의사결정을 하게 되고, 이것은 결국 팀의 결과에 좋은 영향을 미치거나 원치 않는 결과를 사전에 방지하게 된다. 셋째, 팀은 사람들이 스스로 동기부여하고, 권한을 위임(empowerment)하며, 자신의 직무에 만족하게 되는 작업 환경을 만든다. 특히, 팀원들이 직무에 만족하면 다른 긍정적인 결과와 연결되기 때문에 이런 장점은 더욱 중요하다. 예컨대, 팀원들이 자신의 직무에 만족하면 직장을 떠나지 않으려는 경향이 강하고, 결근도 덜 하며, 보상과 관계없이 조직에 이로운 행동을 더 많이 하게 된다.

다음, 팀워크는 조직과 개인에게 다음과 같은 단점이 있다. 첫째, 팀원들이 성과와 행동에 대한 집단의 기준에 동조해야 한다는 압박감에 직면할 수 있다. 예컨대, 어떤 팀원은 그의 동료들보다 더욱 생산적이라는 이유 때문에 배척당할 수도 있다. 둘째, 어떤 사람들에게는 팀 내에서 팀원으로 일하는 것이 그의 자율성을 침범하는 것으로 느끼므로 팀 내에서 노력을 덜 하는 경우가 발생한다. 이것은 이른바 '사회적 나태(social loafing)' 현상이 생기는 것을 말한다. 예컨대, 팀 형태로 진행되는 수업에서 기말고사 과제를 수행할 때, 몇몇 학생들이 과제 수행에 전혀 동참하지 않거나 나태한 행동을 하는 경우가 여기에 해당한다. 셋째, 매우 응집력이 강한 팀 내부에서는 '집단사고(group thinking)'로 인한 문제가 발생하거나 다른 팀과 갈등을 일으킬 수 있다. 집단사고는 응집력이 강한 팀의 구성원들이 다수의 견해에 대해 이의를 제기하지 않거나 반대의견을 제시하려는 위험을 감수하지 않고 집단의 의견에 만장일치로 동의하기 때문에 결국 잘못된 의사결정을 하는 것을 말한다. 한편, 팀의 응집력이 너무 강하게 되면 다른 팀이나 외부와 상호작용을 하지 않거나 영향력을 가진 파벌이 될 수도 있기 때문에 심각한 팀 간 갈등을 초해할 수 있는 잠재력을 가질 수 있다.

결국 좋은 팀워크를 형성하기 위해서는 팀워크의 장점을 극대화하고 단점을 극소화하는 것이 중요한데, 이때 다른 무엇보다 중요한 것은 인간관계이다. 왜냐하면 결국 어떤 집단이나 조직, 그리고 팀이든 일과 업무는 사람이 수행하기 때문이다. 이런 차원에서 앞으로 사회생활과 직장에서 근무할 대학생들에게 인간관계의 중요성을 다시 한 번 강조하지 않을 수 없다.

3. 나눔의 미학

가. 나누고 베푸는 것

사람은 무언가를 가지고 있으면 더 가지고 싶은 것이 인지상정(人之常情)이다. 그러나 나누어 주면 더 커지는 것 또한 세상의 이치이다. 혼자 가지고 있으면 혼자만의 기쁨이 되지만, 자기의 것을 다른 사람과 나누게 되면 기쁨이 다른 사람에게 확산되기 때문이다. 그래서 나누고 베풀면 더 커지고 남지만, 혼자 가지려고 다투면 작아지고 모자라는 것이다.

비록 작은 것일지라도 나누고자 하는 마음이 모이면 이처럼 큰일을 이룰 수 있다. 중국 송나라 시대 승려인 찬녕(贊寧)이 지은 『송고승전(宋高僧傳)』에 이런 얘기가 나온다. 어느 사람이 대중을 향해 물었다. "작은 솥 하나에 떡을 찌면 세 명이 먹기도 부족합니다. 그러나 천 명이 먹어도 남습니다. 그 이유를 아시는 분 있습니까?" 그러나 아무도 대답을 하지 못했다. 그때 멀찍이 서 있던 노스님이 말했다. "서로 다투면 모자라고 나누면 남지." 이 얘기는 성경에 나오는 떡 다섯 개와 물고기 두 마리로 5,000명이 나누어 먹었다는 '오병이어(五餠二魚)의 기적'과 같은 맥락의 얘기이다.

우리나라에도 이런 아름다운 나눔의 사례가 많은데, 그중 대표적인 것이 경주 최부자(崔富者)이다. 이것은 우리나라 역사에서 가장 오랫동안 부를 지켜온 가문의 대표적인 사례로 알려졌지만, 최근에는 나눔을 통해 노블레스 오블리주(noblesse oblige)를 실천한 사례로서 모든 사람들의 입에 오르내리고 있다. 경주 최부자 가문은 끝없는 부를 추구하기보다는 어느 정도 넉넉하게 먹고 살 수 있으면 더 이상 욕심을 부리지 않고 마을 사람들에게 나누어 줌으로써 함께 잘 살 수 있도록 실천했다는(만 석 이상의 재산은 사회에 환원하라) 점에서 높이 살만하다. 게다가 흉년이 닥쳤을 때는 망설임 없이 곳간을 열어 굶주림에 시달리고 있던 사람들에게 나누어 주기도(주변 100리 안에 굶어 죽는 사람이 없게 하라) 했다는 것이다. 이처럼 부자임에도 불구하고 자신의 재산을 아껴 어려운 사람들을 돕는 진정한 나눔을 실천하고, 재물과 권력을 과시하는 대신 겸손함과 절제를 가풍으로 굳혀 왔기에 경주 최부자 가문은 오늘날까지 세상 사람들에게 큰 존경을 받는 것이다.

그러나 부자가 아님에도 불구하고 자신의 것을 흔쾌히 나누는 아름다운 사례는 지금도 이어지고 있다. 지난 1990년 11월, 자신이 김밥 장사로 평생 동안 모은 전 재산을 기부한 '김밥 할머니' 고(故) 이복순(李福順) 여사의 훈훈한 얘기와 또 다른 김밥 할머니의 미담은 세상을 참으로 아름답게 만들고 있다. 이런 사례는 사회적 압력에 떠밀려 마치 세금 내듯 하는 일부 재벌 총수들의 모양 사나운 기부나 자신의 입신양명(立身揚名)에 걸림돌이 되는 재산 일부를 어쩔 수 없이 환원하거나 기부하는 사회 최고위 지도층들의 정략적(政略的) 나눔과 감히 비교할 수 없는 숭고한 나눔이 아닐 수 없다.

하지만 재산이 많은 부자만 나눌 수 있는 것은 아니다. 중요한 것은 얼마나 많이 가졌냐가 아니라 다른 사람에게 나누어 주고 베풀고자 하는 마음이다. 불경인 『잡보장경(雜寶藏經)』에는 이런 얘기가 나온다. 어느 가난한 사람이 하는 일마다 잘 안 되어 부처님에게 찾아가 신세 한탄을 했다고 한다. 그러자 부처님이 이렇게 말했다. "남에게 베푸는 삶을 사시오." 이 말을 들은 가난한 사람을 바로 대꾸했다. "아니 가진 것이 없는데, 어떻게 베풉니까?" 그러자 다시 부처는 재산이 없어도 베풀 수 있다면서 다음의 일곱 가지 방법, 이른바 '무재칠시(無財七施)'를 가르쳐 주었다고 한다.

- 화안시(和顔施) : 얼굴에 밝은 미소를 띠고 남에게 부드럽고 정답게 대하라.
- 언사시(言辭施) : 남에게 친절하고 따뜻한 말을 하라.
- 심시(心施) : 착하고 어진 마음으로 사람을 대하라.
- 안시(眼施) : 호의를 담아 부드럽고 편안한 눈빛으로 남을 마주하라.
- 신시(身施) : 몸으로 남에게 봉사하고 친절을 베풀어라.
- 상좌시(床座施) : 남에게 자리를 찾아주고 양보하거나 편안하게 해주라.
- 방사시(房舍施) : 사람으로 하여금 편안하게 쉴 수 있는 공간을 제공해주라.

나. 기부 문화의 다양화

앞서 예로 든 것처럼 자신의 재산을 나누는 방법이 가장 전통적인 나눔과 기부방법이었다. 그러나 최근 들어 과거와는 다른 새로운 기부방식이 생겨서 기부 문화를 선진화하는데 기여하고 있다.

대표적인 것이 '뷰티풀 도네이션(Beautiful Donation)' 프로그램이다. 이것은 승진, 생일, 졸업 등 경사를 맞이한 사람에게 축하의 뜻을 표하고자 하는 사람이 당사자 이름으로 장애인종합복지관에 기부를 하면 그곳에서 감사카드와 세액공제용 기부금 영수증을 보내주는 프로그램이다. 2005년 말에 시작된 이래, 2013년에 이 카드를 선물받은 사람은 296명이었고, 2006년 200만 원에 불과하던 후원금은 2008년 2,357만 원, 2013년에는 4,400만 원으로 매년 늘고 있다고 한다. 축하도 하고 기부도 하는 일거양득(一擧兩得)의 좋은 프로그램이 아닐 수 없다.

또한 '아름다운 재단'이 주도하고 있는 '1% 나눔 운동'도 기부 문화를 확산시키는 데 기여하고 있다. 이 운동은 자신의 월급이나 수입의 1%를 떼어 기부하는 프로그램으로서, 기부할 수 있는 영역이 나누어져 있어(교육/환경/건강/주거/노동/안전/문화/사회 영역) 자신이 원하는 영역에 기부할 수 있는 소액 기부 운동의 대표적인 사례이다(https://beautiful fund.org).

이밖에 각종 포털 사이트들이 운영하는 온라인 기부 프로그램도 소액 기부와 상시적으로 기부하는 문화를 확산시키는 데 기여하고 있다. 또한 최근 들어 자신이 가지고 있는 재능과 시간을 기부하는 프로그램도 다양한 방법으로 시행되고 있어 이제는 기부하는 것이 그리 낯설지 않은 바람직한 현상으로 이어지고 있다.

4. 봉사 활동 참여하기

가. 봉사 활동 참여하기

다른 사람에 대한 봉사는 오히려 봉사하는 사람의 기분을 좋게 한다. 또한 봉사 활동은 개인뿐만 아니라 사회 전반에 팽배해져 있는 이기심과 개인주의를 나눔의 코드로 순화시켜 주고 이타심을 가지게 하는 소중한 일이다. 즉, 자신의 봉사로 인해 다른 사람의 고통이 덜해지고 더 행복해지면 내 기분도 좋아지고, 불행한 이웃을 도와주는 것은 결국 우리 자신의 행복에도 도움이 되며, 자신의 신체건강과 정신건강에도 긍정적인 영향을 미친다.

이런 이유로 최근 들어 봉사 활동에 참여하는 기업이 점점 늘어나고 있고, 직원 채용 시에 봉사 활동 경력을 높게 평가하는 추세이다. 개인의 인성을 함양하기 위한 가장 실천적인 활동 중의 하나가 봉사 활동이기 때문이다. 왜냐하면 대개 봉사 활동은 이기주의에서 벗어나 이웃을 사랑하고 자신이 가진 것을 다른 사람과 함께 나눈다는 취지를 근본 배경으로 하는 활동이기 때문이다. 그래서 기업들도 직접 자원봉사센터를 운영하거나 구성원들이 봉사 활동에 참여하는 것을 적극 독려하며 지원하고 있다. 또한 기업들은 다른 직원에 대한 배려와 협동심을 알아본다는 차원에서 신입사원 채용 시 봉사 활동 경력을 우대하는 혜택을 제공하고 있다.

〈표 5-1〉은 주요 봉사단체와 기관을 정리한 것이다.

〈표 5-1〉 국내외 주요 봉사단체와 기관

구분		단체 및 기관명	홈페이지 주소	단체 및 기관명	홈페이지 주소
국내	기관 및 단체	아름다운 가게	www.beautifulstore.org	복지법인 함께 하는 사람들	www.with4u.or.kr
		유네스코 한국위원회	www.unesco.or.kr	한국국제봉사기구	www.kvo.or.kr
		굿네이버스	www.goodneighbors.kr	사랑의 재단	www.4rangg.org
		두리봉사단	www.dury.or.kr	개척자들	www.thefrontiers.org
		대한적십자사	www.redcross.or.kr	드림풀	www.dreamful.or.kr
		복지넷	www.bokji.net	태평양아시아협회	www.pas.or.kr
		볼런티어 21	www.volunteer21.org	아름다운 공작단	www.beautiful0.org
		푸드뱅크	www.foodbank1377.org	러빙 핸즈	www.lovinghands.or.kr
		나눔월드	www.nanumworld.com	국제워크캠프기구	www.1.or.kr
		열린사회자원봉사연합	www.openbongsa.org	한국해비타트	www.habitat.or.kr
		전경련 대학생 사회봉사단	www.miraclemaker.or.kr	한국대학생사회봉사협의회	www.kucss.or.kr
	기업	레츠코 봉사단	http://cafe.naver.com/lgletsgo	POSCO 대학생봉사단	http://poscobeyond.tistory.com
		SK그룹	www.sk.co.kr	하나은행	www.hanabank.co.kr
		교보증권	www.iprovest.com	한국조폐공사	www.komsco.com
		GS칼텍스	www.gscaltex.com	한진중공업	www.hanjinsc.com
		신세계그룹	www.shinsegae.co.kr	기업은행	www.ibk.co.kr
		신한금융투자	www.shinhaninvest.com	새마을금고	www.kfcc.co.kr
		대우조선해양	www.dsme.co.kr	NHN	www.nhn.com
해외		한국국제협력단(KOICA)	www.koica.org	해피무브글로벌청년봉사단	http://youth.hyundai-kiamotors.com
		코피온	www.copion.or.kr	글로벌 케어	www.globalcare.or.kr
		키부츠코리아	www.kibbutz.or.kr	지구촌나눔운동	www.gcs.or.kr
		한국해외봉사단협의회	www.kova.org	KB-YMCA 해외봉사단	www.raonatti.org
		유니세프한국위원회	www.unicef.or.kr	굿피플	www.goodpeople.or.kr
		프로젝트어브로드	www.projects-abroad.kr	월드프렌즈코리아	www.worldfriendskorea.or.kr

출처 : 조성진(2015). **진로설계와 코칭리더십**. 정민사. 358쪽.

나. 봉사 활동 참여 시 유의사항

봉사 활동을 할 때는 다음 몇 가지 사항을 유념할 필요가 있다.[9)]

첫째, 전문적인 기관을 활용한다. 전문적으로 봉사 활동을 하는 기관에서는 자원봉사에 대한 기초교육은 물론 봉사 활동 모집 기관 등에 대한 정보 등을 종합적으로 제공하는 경우가 많기 때문에 편리하다.

둘째, 자신의 적성에 맞는 분야를 선택한다. 아무리 대가가 주어지지 않은 봉사 활동이라 하더라도 아무 곳에서 하면 오히려 역효과가 날 수 있다. 다양한 봉사 활동 중에서 자신의 적성이나 평소 관심사항에 맞는 봉사 활동을 하는 것이 자신에게 유익하고 바람직하다.

셋째, 장기적으로 꾸준히 활동하는 것이 좋다. 봉사 활동은 가능하다면 한 곳에서 오래 일하는 것이 좋다. 특히, 아동과 관련된 활동을 하는 경우엔 간헐적으로 하는 것보다 꾸준히 활동하는 것이 여러 가지 측면에서 효과적이다. 또한 봉사 활동은 한 번에 몰아서 하는 것보다 조금씩 짬을 내어 활동하는 것이 오랫동안 지속할 수 있는 비결이다.

넷째, 봉사 프로그램을 직접 기획하고 진행하는 것도 좋다. 봉사 활동도 넓은 의미에서 하나의 이벤트를 기획하는 것과 같다. 따라서 새로운 경험을 쌓는다는 측면에서 학과나 동아리 단위로 봉사 활동을 처음부터 기획하고 준비하여 추진하는 것도 좋다. 이것은 기획단계에서부터 함께 활동할 수 있기 때문에 학과나 동아리의 결속력을 다진다는 측면에서도 바람직하다.

마지막으로, 여건이 허락한다면 해외 봉사도 좋은 경험을 쌓는 데 도움이 된다. 해외 봉사 활동은 해외연수와 봉사 활동을 동시에 수행한다는 점에서 효과적인 방법이다. 해당 국가의 역사와 문화를 이해할 수 있고, 도전정신, 성취감, 글로벌 마인드를 고취시킬 수 있다는 점에서 바람직한 방법이다. 다만, 해외 봉사 활동은 국내 봉사 활동보다 어려움이 많고 재정이나 건강문제와 같이 준비해야 할 사항들이 많기 때문에 충분한 시간을 가지고 체계적으로 준비하는 것이 좋다. 따라서 해외 봉사 활동은 개인적으로 준비하는 것보다 학교나 전문기관의 프로그램을 활용하는 것이 바람직하다. ♣

Memo

생각하고 토의하기

▣ 나눔 또는 기부를 적극적으로 실천한 사람들의 사례를 조사해 보고, 그들을 통해 어떤 점들을 배울 수 있는지 팀원들과 함께 토론해 보자.

구분	정리된 생각이나 의견
고(故) 유일한 박사	
고(故) 이복순 할머니	
고(故) 권정생 작가	
김연아 선수	
그들을 통해 느낌 점	▪ ▪ ▪ ▪ ▪
지금 바로 내가 실천해야 할 일	▪ ▪ ▪ ▪ ▪

• 수업시간 : 20______년 ______월 ______일 ______요일 ______교시

• 소속 : ______________________ • 학번 : __________ • 성명 : ____________

절취선

Memo

절취선

생각하고 토의하기

■ 주위에서 봉사 활동을 실천할 수 있는 기관이나 프로그램 또는 다양한 방법으로 기부할 수 있는 방법에는 어떤 것들이 있는지 팀원들과 조사해 보고, 실제로 참여할 수 있는 것을 선정해 보자.

구분	정리된 생각이나 의견
봉사활동	▪ ▪ ▪ ▪ ▪ ▪ ▪ ▪ ▪
기부 프로그램	▪ ▪ ▪ ▪ ▪ ▪ ▪ ▪ ▪
지금 바로 내가 실천해야 할 일	▪ ▪ ▪ ▪ ▪ ▪

• 수업시간 : 20______년 ______월 ______일 ______요일 ______교시

• 소속 : ____________________ • 학번 : __________ • 성명 : ____________

Memo

선의(善意)가 선의를 낳는다

2012년 12월, 캐나다 매니토바 주 위니펙에 있는 팀 호튼스(Tim Hortons) 커피숍에서 드라이브스루(drive-through) 손님 한 명이 일면식도 없는 뒤 차 운전자의 음료 값을 치른 일이 있었다. 그 사람의 행동으로부터 파급 효과가 일어나 이후 226명의 드라이브스루 손님이 다음 손님이 마실 찻값을 계산했다.

2013년에는 미국 휴스턴의 칙필레(Chick-Fill-A) 매장에서 67대 연속으로 앞 차 손님이 뒤 차 손님 대신 계산을 했으며, 몇 달 후에도 매사추세츠 주 에임즈베리 헤븐리 도너츠(Heavenly Donuts) 매장에서 55대 연속으로 그런 일이 벌어졌다.

이처럼 선의를 입은 사람은 이후의 교류에서 선의를 베풀 확률이 더 높아진다고 한다. 한 사람의 선의가 또 다른 선의를 낳는다는 얘기다. 미국 캘리포니아대 샌디에이고 캠퍼스의 제임스 파울러(James Fowler) 교수는 이런 현상을 '사회 전염(Social Contagion)'이라고 불렀다. "나 한 사람 그런다고 뭐가 달라지겠어?"라고 생각할 수 있지만 전혀 그렇지 않다. 내가 베푼 작은 선의가 다른 사람에게 전해지고, 그런 일이 반복되면 사회 전체로 큰 영향을 미칠 수 있다. 이런 일들은 얼마든지 전염되어도 좋은 일이다.

– 〈곽숙철의 혁신이야기〉 중에서 재인용, 일부 내용을 수정

Memo

P.A.R.T 2

자기계발

제 6 장 나는 누구인가

학습 목표

1. 자기 이해의 필요성을 깨달을 수 있다.
2. 다양한 자기 탐색 도구를 이해할 수 있다.
3. 자신의 고유함과 위대함을 깨달을 수 있다.

학습할 주요 내용

1. 자기 이해의 필요성
2. 성격 이해와 검사 도구의 활용
3. 적성/흥미/가치관 이해와 검사 도구의 활용

유명한 철학자 소크라테스는 "너 자신을 알라(Know yourself)"고 말했다. 이 말이 무엇을 의미하는지는 듣는 사람의 환경과 형편에 따라 다양하게 해석할 수 있을 것이다. 인간으로서 자신의 정체성에 대해 알고 싶거나 지금보다 더 나은 사람이 되기로 마음먹은 사람들에게는 현재의 나를 제대로 이해하는 것이 중요하다는 의미로 들릴 것이다. 누군가 원하는 것을 꼭 이루고 싶다면, 자신을 의미 있는 모습으로 바꾸고 싶다면, 그리고 세상을 좋은 방향으로 바꾸고 싶다면, 가장 먼저 해야 할 일이 있는데, 그것은 자신을 제대로 아는 것이다. 현재의 '나'를 제대로 이해하기 위해 가장 먼저 해야 할 일은 자신을 얼마나 알고 있는지 스스로 점검해 보는 것이다. 나는 무엇을 좋아하는지, 어떤 것을 그토록 갈망하는지, 어떤 것을 꼭 이루고 싶은지, 어떤 일을 재미있게 잘 하는지, 어떤 사람과 어울리기를 좋아하는지, 어떤 삶을 살고 싶은지 등에 대해 진지하게 생각해 볼 필요가 있다. 이런 질문에 대한 자신만의 대답을 찾아보는 것이 자기 인식이다.

1. 자기 이해의 필요성

가. 자기 이해와 사회생활

유명한 철학자 소크라테스는 "너 자신을 알라(Know yourself)"고 말했다. 이것이 무엇을 의미하는지는 그 말을 듣는 사람의 환경과 형편에 따라 다양하게 해석할 수 있을 것이다. 사람으로서 자신의 정체성에 대해 알고 싶거나 지금보다 더 나은 사람이 되기로 마음먹은 사람들에게는 이 말이 현재의 나를 제대로 이해하는 것이 중요하다는 의미로 들릴 것이다. 그렇다. 누군가 원하는 것을 꼭 이루고 싶다면, 자신을 의미 있는 모습으로 바꾸고 싶다면, 그리고 세상을 좋은 방향으로 바꾸고 싶다면, 가장 먼저 해야 할 일이 있는데, 그것은 자신을 제대로 아는 것이다.

현재의 '나'를 제대로 이해하기 위해 가장 먼저 해야 할 일은 자신을 얼마나 알고 있는지 스스로 점검해 보는 것이다. 이것을 자기 인식(자기 점검, self-awareness)이라고 한다. 나는 무엇을 좋아하는지, 어떤 것을 그토록 갈망하는지, 어떤 것을 꼭 이루고 싶은지, 어떤 일을 재미있게 잘 하는지, 어떤 사람과 어울리기를 좋아하는지, 어떤 삶을 살고 싶은지 등에 대해 진지하게 생각해 볼 필요가 있다.[1)]

예컨대, 어떤 사람이 '나는 누구인가?'라는 질문에 대한 답을 찾았다면, 그는 자신의 존재(being)에 대한 정체성을 확인한 것이다. 누구든지 자신의 존재에 대한 정체성을 바르게 인식하지 못하면 살아가는 이유를 모르게 된다. 또한 어떤 사람이 '나는 무엇인가?'에 대한 답을 알았다면, 그는 자신의 역할(doing)에 대한 정체성을 확인한 것이다. 사람이 자신에게 어떤 역할이 맞는지를 알지 못한다면 그는 정상적인 사회생활을 할 수 없을 것이다. 따라서 자신이 누구이고 무엇인지에 대한 자신만의 대답을 찾은 사람이라면, 그가 자신이 갈 길을 찾는 것은 더 이상 어려운 문제가 아니다.[2)]

이처럼 자신만의 의미 있는 삶을 살기 원하는 사람이 지금 바로 해야 할 일은 '나'를 찾는 것이다. 그리고 자신을 최고로 만들 수 있는 일은 우선 '내 안의 나'를 발견하는 것이다. 다시 말해, 나를 나답게 만드는 가장 소중한 일은 나의 강점과 재능을 찾는 일이고, 그것들을 찾는 것이 성공의 지름길이다.

그렇다면 사회생활과 관련하여 자기인식은 어떤 점에서 중요한 것일까? 우리는 사회생활을 하면서 다양한 집단과 조직 내에서 수많은 사람을 만나게 된다. 그 과정에서 다른 사람과 다양한 관계를 맺고 무수히 많은 경험들을 하게 된다. 좋은 느낌을 가진 사람들과는 원만한 관계를 유지하지만, 그렇지 못할 경우에는 갈등과 스트레스를 경험하며 때로는 분노하기도 한다. 그러면서 우리는 다른 사람의 여러 가지 모습을 발견하지만 나에 대한 다양한 모습도 발견하게 된다. 이런 과정을 통해 우리는 참다운 인간, 건강한 시민, 리더로서 성장해 가는 것이다.[3)]

나. 자기 이해의 출발

자기를 인식하는 일은 능동적으로 해야 의미가 있는 것이지 누군가 억지로 시켜서 될 일이 아니다. 간혹 다른 사람이 펼쳐 놓은 자리에서 자신에 대해 바라볼 기회도 있지만 그것은 한계가 있다. 스스로 원해서 하는 것이 아니라면 온전한 자신을 발견하기가 쉽지 않다. 그래서 자기인식은 자신이 주체가 되어 원하는 시간에 원하는 만큼 진행해야 비로소 의미가 있는 것이다.

우선 자신에 대해 알아보는 것은 자신에 대한 사소한 것을 확인해 보는 것에서부터 출발할 수 있다. 실제로 자신에 대해 알아보기 시작하면 아주 사소한 것들조차 제대로 생각해 본 적이 없다는 것을 알고 놀랄 것이다. 그래서 누군가 자신에게 사소한 것들에 대해 질문하면 어떤 대답을 해야 할지 당혹스러웠던 기억이 있을 것이다. 그럴 때를 대비하여 다음과 같은 질문에 대해 어떻게 대답할 것인지 생각해 보자.

- 내 이름은 어떤 뜻을 가지고 있는가?
- 아주 어렸을 적 나의 꿈은 무엇이었는가?
- 나는 어떤 일을 하고 싶어서 잔뜩 기대하며 흥분한 적이 있는가?
- 내가 가장 좋아하는 사람은 누구이며, 그 이유는 무엇인가?
- 주변사람들에게 있어 나는 어떤 사람이었는가?
- 내가 정말 원하는 것은 무엇인가?

• 지금까지 내 인생에서 가장 즐거웠던 순간은 언제였던가?

이런 질문들은 비교적 대답하기 쉬운 것들이다. 그래서 이런 질문들에 대해서는 깊이 생각하지 않고도 바로 많은 얘기를 할 수 있을 것이다. 그러나 다음 질문들에 대해선 어떤가?

• 앞으로 1년 동안 내게 있어 가장 중요한 일은 무엇인가?
• 나의 강점과 재능은 무엇인가?
• 원하는 삶을 살기 위해 지금 당장 새롭게 시작할 일 세 가지는 무엇인가?
• 반드시 이루어진다면, 나는 어떤 일을 꼭 하고 싶은가?
• 내 묘비에 무엇이라고 쓰였으면 좋겠는가?

이런 질문들에 대해 쉽게 대답할 수 있는 사람도 있지만 그렇지 않은 사람도 많을 것이다. 평소에 이런 것들에 대해 미리 생각해 두었기 때문에 얼마든지 많은 얘기를 할 수 있는 사람도 있지만, 또 어떤 사람들은 짧은 대답조차 하기 어려울 것이다. 영국 프리미어 축구 경기 결과, 지난 주 인기가요 순위나 연예인들의 동정, 최신 스마트폰 기종과 가격, 그리고 학교 앞 주점의 메뉴나 가격에 대해서는 잘 알고 있을 것이다. 하지만 위에서 제시한 몇 가지 질문에 대해서는 아주 간단한 대답조차 하지 못하는 사람도 있을 것이다. 자신이 좋아하는 연예인의 3개월 후 일정은 모두 알고 있지만 정작 자신의 3일 후 일정을 제대로 말할 수 있는 사람은 그리 많지 않다. 친구의 약점과 단점은 꿰뚫고 있지만 정작 자신의 강점과 재능에 대해서는 잘 모르는 사람이 많다.

누군가 자신이 원하는 것을 꼭 이루고 싶다면, 가장 먼저 해야 할 일은 자신에 대해 제대로 알아보는 것이다. 나를 위해 할 수 있는 가장 멋진 일은 나를 찾는 것이고, 자신을 최고로 만들 수 있는 일은 최고인 내 안의 나를 발견하는 것이다. 나를 나답게 만드는 가장 소중한 일은 나의 강점과 재능을 찾는 일이고, 그것들을 찾는 것이 성공의 지름길이다.[4] 이 일은 조용한 공간에서 곰곰이 생각하거나 짬을 내어 산책하면서 할 수도 있다. 여행하면서 자신의 생각을 정리해 보는 것도 좋은 방법이다. 여기에서 잠깐 '나를 찾아가

는 3일 여행'이라는 방법을 간단하게 소개하고자 한다.[5)]

먼저, 자신만의 시간을 확보한다. 하루 중 자신의 생각을 정리하기에 가장 적절한 시간을 확보하는 것이다. 하루를 마감하고 잠자리에 들기 전이라든가 새벽, 또는 아침 기상 후의 시간도 좋다. 일상생활 중에서 그런 시간을 찾을 수 있으면 다행이지만, 만약 그렇지 못할 경우 마음먹고 짬을 내어 여행을 떠나는 것도 좋다.

다음, 자신만의 공간을 확보한다. 외부로부터 차단된 조용한 실내 공간이면 좋다. 자신의 집이나 자주 사용하는 곳 중에서 활용할 수 있는 적절한 공간이 없다면, 교외에 있는 조용한 카페나 여행지의 공간을 활용하는 것도 좋다. 여하튼 자신만의 생각을 정리할 수 있는 조용한 공간이면 어디든 좋다.

마지막으로, 자신이 정한 공간에서 적절한 시간에 자신의 경험이나 추억, 현재의 모습, 미래의 꿈과 목표 등에 대해 생각하면서 자신의 존재와 역할에 대해 깊이 생각하면 된다. 그리고 그것들을 별도의 양식에 적어보는 것이다. 이런 과정을 3일간 반복하면서 일지를 작성해보면 자신을 발견하는 데 큰 도움이 될 것이다(이 책 149-152쪽 참조).

2. 자기 탐색을 위한 도구(Ⅰ) : 성격

가. 자기 탐색을 위한 도구

자신을 객관적으로 점검하며 탐색하는 데 활용할 수 있는 방법은 다양하다. 〈표 6-1〉에 소개된 검사들은 자신을 탐색하는 데 자주 활용되는 대표적인 것들이다. 그중에 몇 개의 검사를 직접 받아보고 결과를 활용한다면 자신을 이해하는 데 많은 도움을 얻을 것이다.

그런데 검사 결과를 활용하는 데 있어 다음과 같은 사항을 꼭 명심해야 한다.[6)]

첫째, 각종 검사는 자신을 객관적으로 이해하는 데 도움을 주는 도구이긴 하지만, 그 결과가 자신의 모든 것을 말해주는 절대적인 자료는 아니다. 다시 말해, 각종 검사는 특정 시점에서 자신의 모습을 이해하는 데 도움을 주지만, 그것이 평생을 살아갈 자신의 전부를 설명해줄 수는 없다. 또한 검사 결과는 특정 집단 속에서 상대적으로 부각되는 자신의 특성을 설명해 주는 경우도 있기 때문에 맹신해서는 안 된다. 누구보다 자신을 제일 잘 아는 사람은 자신이다. 따라서 꾸준한 자기 성찰을 바탕으로 각종 검사 결과를 곁들이는 것이 자신을 균형감 있게 이해하는 데 도움이 될 것이다.

〈표 6-1〉 자기 탐색을 위해 활용할 수 있는 도구

NO.	검사명	소요시간	검사할 수 있는 곳
1	MBTI(성격유형검사)	60분	KPTI 온라인 심리검사센터(http://www.career4u.net)
2	Strong 직업흥미검사	60분	KPTI 온라인 심리검사센터(http://www.career4u.net)
3	Holland 적성탐색검사	60분	한국가이던스(http://www.guidance.co.kr)
4	직업적성검사(성인용)	60분	한국고용정보원 워크넷(http://www.work.go.kr)
5	직업가치관검사	20분	한국고용정보원 워크넷(http://www.work.go.kr)
6	직업선호도검사(L형)	60분	한국고용정보원 워크넷(http://www.work.go.kr)
7	창업적성검사	20분	한국고용정보원 워크넷(http://www.work.go.kr)
8	대학생 진로준비도 검사	20분	한국고용정보원 워크넷(http://www.work.go.kr)
9	구직준비도 검사	20분	한국고용정보원 워크넷(http://www.work.go.kr)
10	영업직무 기본역량검사	50분	한국고용정보원 워크넷(http://www.work.go.kr)
11	IT직무 기본역량검사	95분	한국고용정보원 워크넷(http://www.work.go.kr)
12	주요 능력효능감 검사	20분	한국직업능력개발원 커리어넷(http://www.career.re.kr)
13	이공계 전공적합도 검사	30분	한국직업능력개발원 커리어넷(http://www.career.re.kr)
14	진로개발준비도 검사	20분	한국직업능력개발원 커리어넷(http://www.career.re.kr)
15	기타 진로 관련 검사	방문	각 대학 학생생활연구소/상담센터/종합인력개발센터

출처 : 조성진(2015). **진로설계와 코칭리더십**. 정민사. 234쪽.

둘째, 자신의 진로와 관련지어 볼 때, 각종 검사는 자신의 진로를 탐색하고 결정하는 데 참고할 수 있는 매우 다양한 정보와 자료들 중에 하나일 뿐이다. 물론 각종 검사 결과가 자신의 진로 방향 결정과 진로설계에 도움을 주는 것은 사실이다. 하지만 자신의 진로를 올바르게 결정하기 위해서는 자신의 가정환경, 희망 직업, 자신의 학업 정도, 직업의 변화, 국내외 경제·사회·문화의 변화 등에 관한 정보와 자료들을 포함하여 종합적인 관점에서 고려할 필요가 있다.

마지막으로, 다양한 검사를 통해 알게 된 자신의 강점 또는 장점을 부각시키고 극대화하는 것이 바람직하다. 일반적으로 사람들은 자신의 강점이나 장점보다 약점에 대해 더 잘 알고 있는 경우가 많다. 그래서 자신의 약점을 보완하는 데 많은 시간과 투자를 한다. 하지만 어떤 한 가지 약점을 보완하고 나면 장점이 보이는 것이 아니라 또 다른 약점이 눈에 보이기 시작한다. 그 약점을 보완하고 나면 전혀 다른 약점이 또 보이곤 한다. 그러다 보니 정작 강점이나 장점을 키우는 데 투자하는 시간과 노력은 상대적으로 줄어들 수밖에 없다. 따라서 주어진 환경 속에서 한정된 자원을 활용할 수밖에 없다면 자신의 강점이나 장점을 극대화하는 것이 더 효과적인 전략일 수 있다.

나. 성격에 대한 이해

(1) 성격의 정의와 특성

사람들은 개인의 행동을 보고 다양한 방법으로 표현한다. 예컨대, 사람들은 어떤 사람의 행동을 보고 '활발하다, 수줍어한다, 마음이 따뜻하다, 차갑다, 능동적이다, 수동적이다, 시끄럽다, 조용하다'는 등의 표현을 사용한다. 이런 특성(trait)은 개인의 특징적인 특질을 말하는데, 성격(personality)은 개인의 행동을 구분하는 이런 특성들의 조합이다. 일반적으로 성격은 '한 사람에게 반복적이고 지속적으로 나타나는 독특한 생각, 감정, 행동들'이라고 정의한다.[7)]

국내에서 성격으로 번역되어 사용되고 있는 '퍼스낼리티(personality)'라는 말의 어원은 '페르소나(persona)'라는 용어에서 파생되었다. 페르소나는 고대 로마시대에 배우들이 화장을 하는 대신에 얼굴에 쓰던 가면을 나타내는 라틴어로서, 원래는 관객들에게 그것을 쓴 배우가 일정한 태도와 행동을 보여줄 것으로 기대하도록 할 목적으로 사용되었다. 그러나 그것은 곧 가면만이 아니라 그것이 함축하고 있는 역할까지 의미하게 되었고, 마침내 그 역할을 맡은 배우 자신을 의미하는 것으로 확대되었다.[8)]

한편, 사람은 저마다 고유한 성격을 가지고 있다. 나와 똑같은 얼굴을 가지고 있는 사람이 없듯이 성격이 같은 사람은 하나도 없다. 따라서 성격은 한 사람을 다른 사람과 구별짓는 그 사람만의 고유한 특성으로서 개인의 행위를 이해하고 예측하는 데 도움을 준다. 그래서 우리는 어떤 사람의 성격을 표현할 때 그가 가지고 있는 특성들을 사용하여 그 사람은 느긋하고 내성적이라든가, 그녀는 명랑하고 외향적인 사람이라든가 하는 말을 사용한다.

동일한 사과와 포도라 하더라도 각각의 고유한 맛과 향을 가지고 있듯이 어떤 사람이든 고유하고 독특한 면을 지니고 있다. 여기서 독특하다는 것은 말 그대로 독특함을 나타내는 것일 뿐, 그 자체가 좋고 나쁜 것은 아니다. 이처럼 사람의 성격은 다양한 모습을 띠고 있어서 겉모습을 보는 것만으로는 판단하기 어려운 복잡한 내면적 특성을 가지고 있다. 그래서 동일한 사건과 상황, 그리고 같은 사람을 보더라도 각기 다른 반응을 나타낸다. 결국, 한 사람의 고유한 성격은 그의 지각, 태도, 행동 및 의사결정에 영향을 미친다.

이런 차원에서 누구나 자신의 성격을 제대로 파악하는 것이 중요하다. 특히, 진로를 결정해야 하는 대학생들은 자신의 성격을 알고 그것을 있는 그대로 수용할 줄 알아야 한다. 나아가 자신을 인정하고 사랑하는 만큼 다른 사람을 수용하고 이해할 줄 알아야 원만한 사회생활을 할 수 있기 때문에 자신의 성격을 파악하는 것은 매우 중요한 일이다. 이처럼 사람은 자신의 성격을 파악함으로써 자신의 진로결정과 관련된 중요한 정보를 얻을 수 있고, 사회생활을 하면서 다른 사람을 어떻게 이해하고 행동해야 할지를 결정할 수도 있다.

(2) 성격에 관한 논쟁 : 유전인가? 환경인가?

성격과 관련한 애기를 할 때 꼭 등장하는 질문이 있다. 앞에서도 잠시 언급했는데, 바로 “성격은 타고난 것인가? 아니면 환경의 영향을 받는 것일가?”라는 물음이다. 성격이 형성되는 원인이 유전인가, 아니면 환경 또는 상황인가를 놓고 오랫동안 논쟁이 있어 왔다. 초기의 논쟁에서는 상황 쪽이 지배적인 위치를 차지하고 있었으나, 그 이후에 유전인자가 같은 일란성 쌍둥이에 대한 연구가 축적되면서 그 무게가 유전 쪽으로 기울어지기도 했다.

그러나 최근 들어 뇌에 대한 연구가 진행되면서 이런 논쟁은 거의 정리되었다. 즉, 뇌가 처음에는 유전적으로 형성되지만, 사람이 환경과 상호작용하는 과정을 거치면서 뇌 자체가 상당한 변화를 경험한다는 것이다. 성격을 형성하는 것 역시 환경의 영향을 받을 수밖에 없다는 것이다. 그렇다면 사람의 성격도 하는 일에 따라서 얼마든지 변할 수 있다는 결론에 이르렀고, 성격을 둘러싼 유전-상황(환경) 논쟁은 마무리된 것 같다.[9)]

요약하면, 성격은 유전적인 요인과 환경적인 요인에 기초하여 발전된다고 보면 된다. 다시 말해, 한 사람의 성격은 태어나기 전에 받은 유전자에 의해 영향을 받고, 자라면서 가족, 친구들, 학교 및 그가 맡은 업무 등에 의해 영향을 받는다.

다. 성격 탐색을 위한 검사

우리는 어떤 사람을 표현할 때, 수줍다, 게으르다, 권위적이다, 소심하다. 외향적이다 등의 표현을 자주 사용한다. 어떤 사람을 표현할 때마다 이런 특성들은 점점 많아져 기하급수적으로 늘어나면서 이런 특성들을 관련성이 높은 것끼리 묶어서 좀 더 단순하게 분류하고자 하는 시도를 하게 되었다. 그런 노력의 결과로 다양한 성격검사 도구가 탄생했는데, 가장 대표적인 모형이 MBTI(Myers Briggs Type Indicator)와 빅파이브(Big Five) 모형이다.[10)] 여기서 그것들에 대해 좀 더 구체적으로 살펴보고자 한다.

(1) MBTI

MBTI 검사는 가장 널리 알려진 성격 평가 도구로서 융(C. G. Jung)의 심리학적 유형에 근거하여 이사벨 브릭스 마이어스(I. B. Myers)와 그의 어머니 캐서린 쿡 브릭스(K. C. Briggs)에 의해 개발되었다.

MBTI 검사는 인간의 행동은 정말 다양해서 헤아릴 수 없을 것 같아 보여도 인간 내면에 잠재되어 있는 질서정연하고 일관된 선호경향이 있고, 그 어떤 공통된 특징에 따라 사람들을 4가지 차원에 근거하여 모두 16가지 성격 유형으로 분류하고 있다. 즉, MBTI 검사에서는 모든 사람을 두 가지 반대되는 선호경향, 즉 외향성과 내향성, 감각과 직관, 사고와 감정, 그리고 판단과 지각 등 크게 네 가지 기준에 따라 성격을 구분하고 있다([그림 6-1] 참조).

첫째, 에너지의 방향이 어느 쪽이냐에 따라 외향성과 내향성으로 구분한다. 외향적인 사람은 주로 외부세계를 지향하고, 외부에서 에너지를 얻기 때문에 남보다 나서길 좋아하고 사람과의 교제를 즐기며, 매사에 적극적인 경향을 보인다. 반면에, 내향적인 사람은 주로 내부세계의 개념이나 아이디어에 에너지를 사용하기 때문에 관념적인 것에 대해 생각하는 활동을 즐기고, 조용한 환경을 선호하며, 남 앞에 나서는 것을 꺼리거나 부끄러움을 타는 경향을 보인다.

둘째, 무엇을 인식하느냐에 따라 감각과 직관으로 구분한다. 감각형의 사람은 오감을 통해 정보를 받아들이고, 관찰 능력이 뛰어나며 세세한 것까지 잘 기억하고, 질서가 잘 잡혀진 것을 선호하는 경향이 있다. 또한 실제적이고 현실적이며, 성실하고 근면하게 업무를 잘 수행한다. 반면에, 직관형의 사람은 어떤 사실이나 사건을 받아들이는 데 있어 오감보다는 직감이나 영감에 더 의존하고, 세밀한 것보다 큰 그림을 보는 경향이 있다. 대개 상상력이 풍부하고 새로운 것과 창의적인 것에 더 매력을 느끼는 경향을 보인다.

셋째, 판단을 하는 데 있어 어떻게 하느냐에 따라 사고와 감정으로 구분한다. 사고형의 사람은 어떤 정보에 대해 객관적 기준을 가지고 비교하고 분석한 다음에 판단하고자 한다. 즉, 판단에 있어 인정에 끌리지 않고 객관적인 기준과 근거를 바탕으로 논리적 결과만을 냉정하게 판단한다. 원칙과 공정성을 중요시하지만, 사람의 감정이나 느낌을 간과하는 경향이 있다. 반면에, 감정형의 사람은 정서를 통한 사람과의 관계나 상황을 고려하여 판단하는 경향이 있다. 조화로운 인간관계를 중시하고, 친화적인 경향을 보이며, 어떤 판단을 할 때는 객관적이고 논리적인 분석보다 자신이 내리는 판단이 다른 사람에게 어떤 영향을 미칠 것인가를 더 깊이 생각하는 경향이 있다. 그러다 보니 다른 사람의 감정을 상하지 않도록 주의하는 경향이 높다.

마지막으로, 외부세계에 대한 태도나 적응에 있어서 어떤 양식을 보이는가에 따라 판단과 지각으로 구분한다. 판단형의 사람은 어떤 일이든지 계획에 따라 준비하고 일을 시작하며 계획대로 일을 수행하여 마칠 수 있도록 최선을 다하는 경향이 강하다. 외부세계에 대해 빨리 판단하고 결정을 내리려는 경향도 강하다. 빈틈이 없고 업무추진 일정에 대해 단호한 태도를 보이며, 목적의식이 뚜렷하다. 반면에, 지각형의 사람은 계획에 따라 살아가는 것보다 상황에 따라 탄력적으로 적응하면서 살아가기를 선호하다보니 변화에 잘 적응하는 경향이 있다. 자발적이고 호기심이 많아서 새로운 사건에 관심이 많고, 여러 가지 일을 한꺼번에 벌이지만 마무리하는 데 약한 경향이 있다.

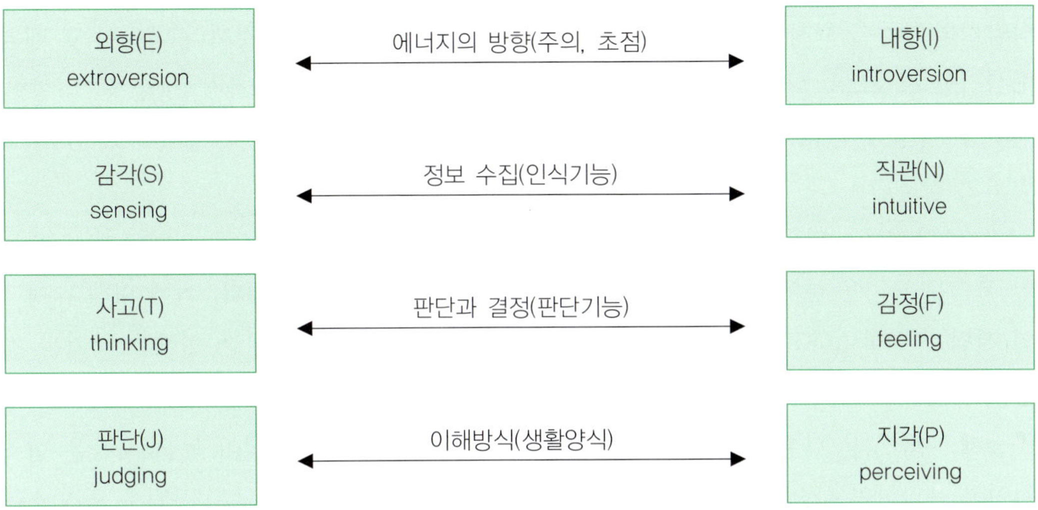

[그림 6-1] MBTI 지표

MBTI 검사는 이 4가지 차원을 이용하여 총 16가지의 성격 유형을 제시하고 있다. 이 검사는 오랜 기간 동안 기업이나 병원, 군대를 포함하여 여러 형태의 조직에서 널리 사용되고 있다. 대학의 학생생활연구소나 심리상담센터 등에서도 많이 실시되고 있다. 각각의 유형에 대한 설명은 실제 검사를 마친 뒤 검사 결과를 받으면 자세하게 설명되어 있으니 참고하기 바란다. 다만, 각 유형은 저마다 독특한 특징을 가지고 있고, 강점과 약점을 동시에 가지고 있다는 것을 염두에 둘 필요가 있다. 또한 이 검사는 자신이 어떻게 대답하느냐를 기록하는 자기보고식이어서 검사 당시 자신의 기분과 상황에 따라 다소 다른 결과가 나올 수도 있기 때문에 여러 차례 실시하여 그 결과들을 서로 비교해 보는 것이 좋다.

MBTI 검사 결과는 자신을 아는 데 도움을 주는 의미 있는 결과들을 포함하고 있다. 그러나 그 결과가 자신의 모든 것을 온전히 설명해 주는 것은 아니기 때문에 결과의 해석에 대해 조심할 필요가 있다. 따라서 이 검사 결과에 너무 얽매이는 것은 바람직하지 못하다. 결과를 통해 도출된 자신의 강점과 장점을 잘 살리고, 반대 유형의 강점과 장점을 보고 배우는 것을 통해 결국 자신을 성장시키려고 노력하는 것이 더 중요하다.

(2) 빅파이브 모형

최근 들어 성격 모형으로서 자주 사용되는 것이 빅파이브(Big Five) 모형이다. 이것은 사람들의 행동을 묘사하기 위해 동원되는 엄청난 특성들을 비슷한 것끼리 묶어서 몇 개의 핵심적인 특성으로 나눈 것이다. 빅파이브 모형은 사람의 성격을 5가지 차원, 즉 외향성, 친화성, 감정적 안정성, 성실성 그리고 경험에 대한 개방성으로 나누어 구분하고 있다([그림 6-2] 참조).[11]

첫째, 외향성은 다른 사람과 관계를 맺는 것에 대한 편안함의 정도를 의미한다. 외향적인 사람은 모임을 좋아하고, 사교적이며, 활달하고 과시적인 면이 있다. 이에 비해 내형적인 사람은 수줍어하고, 대인관계에서 단호하지 못하며, 조용하고 무슨 일에든 삼가는 경향이 있다.

둘째, 친화성은 다른 사람에게 순응하는 정도를 의미한다. 친화성이 높은 사람은 협조적이고 온화하며 사람을 잘 믿는 경향이 있다. 이에 비해 친화성이 낮은 사람은 냉정하고, 다른 사람의 의견에 쉽사리 동조하지 않으며, 종종 다른 사람과 대립하는 경향이 있다.

셋째, 감정적 안정성은 스트레스를 견디는 능력을 의미한다. 감정적 안정성이 높은 사람은 어떤 상황에도 잘 흔들리지 않고, 확신에 차 있으며, 안정감을 준다. 이에 비해 감정적 안정감이 낮은 사람은 신경과민에다 불안감이 높고, 조울증을 보이며, 안정감을 주지 못한다.

넷째, 성실성은 신뢰의 정도를 의미하는 차원이다. 성실성이 높은 사람은 책임감이 높고, 계획적이며, 일을 믿고 맡길 만한 사람이고 맡겨진 일을 끈기 있게 해내는 경향이 있다. 이에 비해 성실성이 낮은 사람은 무책임하고, 무계획적이며, 다른 일에 충동적으로 정신이 팔리고, 부주의해서 믿을 수 없는 사람이다.

마지막으로, 경험에 대한 개방성은 새로운 것에 대한 관심과 끌림의 정도를 의미한다. 경험에 대한 개방성이 높은 사람은 상상력이 풍부하고, 호기심이 많으며, 예술적인 감각이 뛰어나다. 이에 비해 경험에 대한 개방성이 낮은 사람은 보수적이고, 상상력이 부족하며, 융통성이 없고, 익숙한 것에 대해 편안함을 느끼는 경향이 있다.

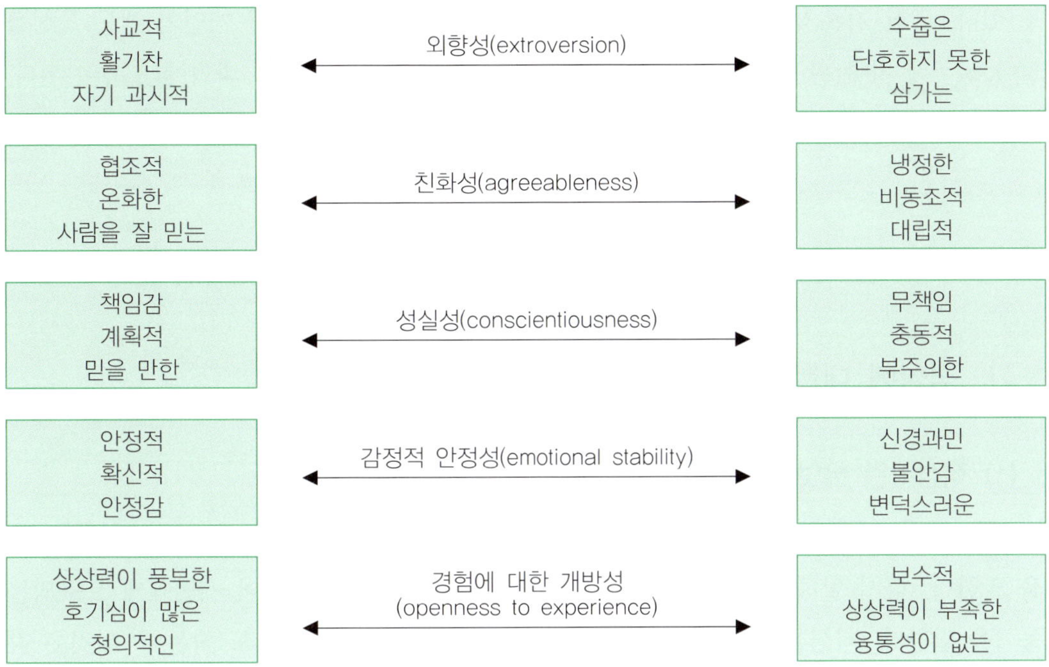

[그림 6-2] 빅파이브 모형의 성격 특성 구분

빅파이브 모형은 5가지 서로 독립된 차원을 이용하여 사람의 성격을 기술하는데, 사람마다 각 차원에 따라 제각기 다른 점수를 받게 된다. 빅파이브 모형이 직장인들의 성과와 어떤 연관이 있는지를 살펴본 연구 결과를 소개하면 다음과 같다. 거의 모든 직업군에서 성실성은 성과와 긍정적인 상관관계를 가지고 있는 것으로 밝혀졌다. 즉, 성실성이 높은 사람은 낮은 사람에 비해 목표가 높고, 동기부여가 잘 되어 있으며, 과업에 대한 기대 수준이 높아 결국 높은 성과를 보이는 것으로 나타났다. 또한 감정적 안정성이 높은 사람은 스트레스가 심한 상황에서 특히 작업성과가 우수한 것으로 나타났다. 그리고 친화성이 높은 사람은 고객을 상대하는 직업군과 기본적으로 갈등이 깔려 있는 상황에서 상대적으로 잘 적응하는 것으로 나타났다.[12] 이런 연구 결과들은 한 개인의 직업을 선택하는 데 여러 가지 점에서 의미 있는 시사점을 주고 있다.

이밖에 개인의 성격을 파악하기 위해서는 '통제의 위치(locus of control)'를 확인하거나 'A형과 B형'으로 구분하는 방법,[13] 오랜 전통을 가진 에니어그램(enneagram)을 활용할 수도 있다. 또한 기존의 성격유형검사와는 조금 다른 차원의 것이지만 개인의 행동 특성을 알아보는 데 자주 활용되고 있는 'DiSC 행동유형검사'도 자신의 특성 파악에 도움이 된다.

3. 자기 탐색을 위한 도구(Ⅱ) : 적성, 흥미, 가치관

가. 적성에 대한 이해와 검사 도구

(1) 적성이란 무엇인가?

적성이란 한 개인이 가지고 있는 잠재적인 능력, 즉 어떤 일을 잘 처리할 수 있는 능력을 말한다. 다시 말해, 적성은 어떤 일이나 업무를 수행하는 데 있어 개인에게 요구되는 능력을 말한다. 적성은 타고난 능력이나 소질 또는 지능을 의미하기도 하는데, 이것은 각 개인마다 다르긴 하지만 각자 가지고 있기 때문에 이것을 발견하고 잘 개발시켜 나가는 것이 중요하다.

적성은 유전적 성향이 강하지만 후천적으로 학습 경험이나 훈련으로 계발될 수도 있다. 따라서 자신의 진로를 결정하고 설계할 때도 적성에 맞는 직업을 선택하는 것이 바람직하다. 왜냐하면 자신의 적성에 맞는 직업을 선택하고 진로를 개척할 때 비로소 선택한 직업과 진로에서 최고의 능력을 발휘할 수 있기 때문이다. 사람에 따라서는 적성이 맞지 않아 입사한 회사에서 조기 퇴사하거나 선택한 직업을 포기하는 경우도 있고, 인생 말년까지 적성을 발견하지 못하는 경우가 적지 않다.

(2) 능력, 지능 및 감성지능[14)]

① 능력

자신의 적성을 잘 이해하고 그것을 바탕으로 의미 있는 삶을 살기 위해서 먼저 해야 할 일은 숨겨진 나의 능력(能力, ability)을 찾는 것이다. 이것은 자신의 직업 탐색 등 진로를 설계하는 데도 큰 도움이 되는 중요한 일이다.

능력은 한 개인이 수행하는 과업에서 최대의 성과를 이끌어 내는 데 필요한 광범위하고 안정적인 인적 특성을 말한다.[15] 능력이 후천적인 경험과 반복 훈련을 통해 향상된다고 하지만, 기본적으로 능력의 많은 부분이 선천적으로 정해진다. 능력은 정신적 능력과 육체적 능력으로 구분할 수 있고, 정신적 능력은 다시 일반지능(general intelligence)과 감성지능(emotional intelligence)으로 구분할 수 있다.

② 지능

일반적으로 지적 능력(intellectual ability)을 말하는 지능의 의미와 정의는 학자마다 다양하다. 따라서 여기에서는 비교적 폭넓은 지지를 받고 있는 견해를 간단하게 소개하고자 한다. 지능은 매우 일반적인 정신 능력을 의미하는 것으로서 추론하는 능력, 계획하는 능력, 문제를 해결하는 능력, 추상적으로 생각하는 능력, 복잡한 아이디어를 이해하는 능력, 신속하게 배우는 능력, 그리고 경험으로부터 학습하는 능력 등을 포함한다. 이는 단순히 책을 통해 학습하는 것, 좁은 의미의 학문적 재주, 또는 시험을 잘 보는 것 등이 아니다. 그보다는 사물에 대해서 의미를 부여하거나 무엇을 할 것인지를 찾아내는 것과 같이 좀 더 넓고 깊은 능력을 반영하는 것이다.[16]

이런 지능을 구성하는 요소에 어떤 것이 있는지에 대해서는 다양한 견해들이 제시되어 왔지만, 미국 하버드대학교 교육심리학 교수인 하워드 가드너(Howard Gardner)의 다중지능(Multiple Intelligence)이론이 관심을 끌고 있다. 그에 따르면 인간의 지능은 서로 독립적인 다양한 유형의 능력으로 구성되어 상호협력하고 있다고 본다. 또한 그는 지능을 8가지 유형으로 나누고, 모든 사람은 비록 정도의 차이는 있지만 8가지 지능을 모두 소유하고 있으며, 사람에 따라 우수한 지능영역이 각각 다르다고 설명한다(〈표 6-2〉 참조).

이 이론이 우리에게 주는 시사점은 학습과 교육은 각각의 사람이 지닌 특별한 능력에 집중하여 이루어져야 하고, 자신의 특별한 능력을 가능하면 빨리 찾아내어 그에 적합한 직업이나 진로를 찾아갈 것을 권하고 있다는 점이다.

〈표 6-2〉 다중지능의 유형별 특성

지능 유형	설명
언어지능	• 복잡한 의미를 표현하는 언어를 사용하는 능력 • 언어를 이해하고 실용적 영역을 조작하는 능력
논리수학지능	• 숫자를 효과적으로 사용하여 계산하고 정량화하는 능력 • 대상과 상징, 그것의 용법을 알아 복잡한 수학적 기능을 수행하는 능력 • 명제와 가설을 도출하는 추상적 사고 능력
공간지능	• 내·외적인 이미지를 지각, 재창조, 변형 또는 수정할 수 있는 능력 • 방향 감각, 시각, 대상을 시각화하는 능력 • 색, 줄, 형태, 구조와 관련된 지능으로 사물을 인지하는 능력
신체운동지능	• 신체적 기술을 잘 조절하는 능력 • 손을 사용하여 사물을 만들어 내고 변형시키는 능력
음악지능	• 음악에 대한 전반적인 직관적 이해와 분석적이고 기능적인 능력 • 음의 리듬, 음 높이, 음색에 대한 지각력, 변별력, 변형 능력, 표현 능력
인간친화지능	• 타인의 기분, 의도, 느낌, 동기를 분별하고 지각하는 능력 • 타인에게 동기를 부여하고 변화에 대해 유추하는 능력 • 감각과 대인관계의 암시를 구별해 내는 능력 • 실용적인 방법으로 암시에 반응하는 능력
자기성찰지능	• 자신을 이해하는 데 관련된 지식과 그것을 기초로 적응하는 능력 • 자신에 대해 정확히 알고, 그에 따른 자아훈련, 자존감을 위한 능력 • 자신에 대한 통찰과 통제하는 능력
자연친화지능	• 자연의 패턴을 관찰, 분류하여 유용한 정보를 획득하는 능력 • 자연에 대한 지식을 활용하여 농사나 광산 운영에 적용하는 능력

출처 : 김주엽·송계충·정범구·박상언(2012). **조직행위론**(제3판). 경문사. 144쪽.

다음, 감성지능에 대해 살펴보는 것은 일반지능에 대해 아는 것보다 더 의미 있는 일이다.[17] 그 이유는 최근 들어 한 개인이 가지고 있는 지적 지능보다 감성지능의 중요성이 더 부각되고 있기 때문이다.

살로비와 마이어(Peter Salovey & John Mayer)에 따르면, 감성지능은 '자신과 타인의 감정을 조절하고, 그것들의 차이를 깨달으며, 생각과 행동을 위해 감정 정보를 이용할 줄 아는 능력'으로 정의된다. 일반적인 지능과는 달리 사람들이 삶의 실제적인 문제들을 적절하고 훌륭하게 해결할 수 있는 능력을 사회적 지능이라고 본다면, 감성지능은 사회적 지능

가운데, 특히 감정의 지각, 이해 조절 및 활용과 관련된 능력에 초점을 둔 개념이다. 감성지능은 다음과 같은 네 가지 요소로 구성된다.

첫째, 자기감정 인식(self-emotion appraisal)이다. 이것은 자신의 감정을 스스로 깨닫고, 감정이 자신의 삶과 직장 및 사회생활에 어떻게 영향을 주는지를 의식하는 것을 말한다. 사람은 자신의 강점과 한계를 정확하게 평가하기 위해 먼저 자기 인식을 해야 한다.

둘째, 타인 감정 인식(others' emotion appraisal)이다. 이것은 다른 사람의 감정을 깨닫고 이해하는 것을 말하는데, 사회생활 속에서 다른 사람을 이해하는 것을 의미한다는 차원에서 '사회적 인식'이라고도 한다.

셋째, 자기 감정 조절(regulation of emotion)이다. 이것은 자신의 감정에 대한 조절 능력을 말하는 것으로서, 자신에게 부정적이거나 지장을 주는 감정(걱정, 근심, 두려움, 분노 등)을 통제할 수 있는 능력을 말한다. 다시 말해, 자신이 겪고 있는 심리적인 고통과 좌절로부터 신속하게 회복할 수 있도록 자신의 감정을 조절하는 능력을 말하는 것으로서, '자기관리'라고도 볼 수 있다.

마지막으로, 대인관계 기술이다. 이것은 다른 사람의 감정을 느끼고 이해하며, 다른 사람의 감정에 적절하게 대처할 수 있고, 상대방과 원활하게 소통하고 상호작용할 수 있는 능력을 말한다. 쉽게 말해, 이것은 다른 사람들과 잘 어울리는 능력을 말한다.

감성지능은 직장인들이 자신에게 주어진 업무를 수행하거나 문제를 해결하는 데 있어 단순히 기술적인 역량만이 아니라 대인관계적인 역량이 많이 요구되고 있는 현실과 무관하지 않다. 그런 차원에서 감성지능이 리더십과 관련이 있다는 것을 밝힌 선행연구를 알아보는 것은 의미 있는 일이다. 예컨대, 감성지능이 높은 리더는 그렇지 않은 리더보다 작업 여건을 더 잘 조성해주고, 구성원 간의 관계의 질을 높여 협동하고 신뢰하는 분위기를 창출하는 것으로 나타났다. 또한 구성원이 창의성을 자각하고 그것을 발휘할 수 있도록 도움을 주는 등 전반적으로 리더십 효과성이 더 크게 나타난다는 사실이 입증되었다. 따라서 앞으로 원만한 사회생활을 하고 싶거나 리더가 되길 원하는 사람들은 감성지능에 대한 보다 많은 관심과 함께 자신의 감성지능을 높이기 위한 노력을 병행할 필요가 있다.

(3) 직업적성검사의 이해

① 직업적성검사

현재 개인의 적성에 관한 검사로는 직업적성검사가 가장 많이 사용되고 있다. 그 이유는 개인들이 대개 자신의 적성에 따라 직업을 선택하는 경향이 있고, 기업들도 충원하고자 하는 직무의 적합성에 맞는 인재를 선발하기 위해 인・적성검사를 실시하고 있기 때문이다.

개인의 직업적성은 한국고용정보원 워크넷(http://www.work.go.kr/)에 있는 직업적성검사를 통해 알 수 있다. 이 검사는 개인의 능력과 적성을 파악하여 적합한 직업을 선택할 수 있도록 도와주기 위한 것이다. 즉, 직업적성검사는 구체적인 특정 활동이나 직업에 대한 미래의 성공 가능성을 예측할 수 있는 인간의 잠재력을 측정하기 위한 것으로서, 직업에서 요구되는 개인의 적성을 측정하는 능력검사(ability test)이다.[18] 이 검사는 총 11개의 적성요인을 15개의 하위요인으로 구성하여 측정하고 있다(〈표 6-3〉 참조).

② 직업적성검사 결과의 이해

직업적성검사 결과를 살펴보면 [그림 6-3]과 같이 적성요인별 환산점수(평균 100, 표준편차 15)와 상대적 수준을 6단계(〈표 6-4〉 참조)로 제시해 준다. 예컨대, 각 적성요인별 점수가 100점보다 위에 있으면 다른 사람들보다 그 능력이 우수한 것이고, 100점보다 아래에 있으면 다른 사람들보다 그 능력이 낮은 것을 의미한다.

그런데 환산점수를 해석할 때 주의할 점은 자신의 환산점수는 개인이 속한 집단과 비교한 상대적인 점수일 뿐, 그것이 절대적인 것은 아니라는 것이다. 다시 말해, 적성요인별 환산점수의 높낮이가 중요한 것이 아니라 자신이 어떤 적성요인이 강점이고 약점인지를 잘 이해하는 것이 중요하다. 특히, 자신의 뛰어난 적성이 어떤 영역인지를 확인하고, 이것을 잘 활용할 수 있는 방법과 그런 직업이 무엇인지를 이해하는 것이 중요하다.

〈표 6-3〉 적성요인별 구성과 검사 내용

적성요인	하위검사	검사 내용
언어력	어휘력 검사	• 동의어 찾기 : 문장 속에서 주어진 단어와 동일한 의미를 가진 동의어를 찾는 검사 • 반의어 찾기 : 문장 속에서 주어진 단어와 반대의 의미를 가진 반의어를 찾는 검사 • 단어 뜻 찾기 : 소리는 같지만 문장의 맥락 상 뜻이 다른 단어들을 문장 속에서 제시하여 동일한 뜻으로 사용된 단어를 찾도록 하거나, 단어의 뜻을 풀어놓은 글을 보고 그런 뜻을 지닌 단어를 찾도록 함으로써, 단어에 대한 지식만이 아닌 문맥 속에서 뜻을 파악하는 능력을 측정하고자 하는 검사
	문장 독해력 검사	제시된 지문의 내용과 의미 및 저자의 의도를 얼마나 정확히 이해하는지를 알아보기 위한 검사
수리력	계산력 검사	정수, 분수, 소수, 백분율 등이 사칙연산을 이용한 단순한 계산적 형태로 제시되었을 때, 얼마나 빠르고 정확하게 계산하는가를 측정하고자 하는 검사
	자료 해석력 검사	다양한 형태로 제시되는 자료들을 얼마나 빠르고 정확하게 해석할 수 있는지를 측정하기 위한 검사
추리력	수열추리 1 검사	심리학의 망(network)을 이용하여 두 갈래로 갈라진 일련의 숫자들 간의 관계성을 추론하여 빈 칸에 들어갈 숫자를 찾는 검사
	수열추리 2 검사	일렬로 늘어선 일련의 숫자들 간의 관계성을 파악하여 빈칸에 올 적당한 숫자를 찾는 검사
	도형추리 검사	칸에 제시된 도형들 간의 관계를 파악하여 나머지 빈칸에 들어갈 도형을 찾는 검사
공간 지각력	조각 맞추기 검사	주어진 도형의 일부와 어떤 조각을 합쳤을 때 완전한 도형이 되는지를 판단하도록 하는 검사
	그림 맞추기 검사	하나의 그림을 40조각 또는 60조각으로 자른 뒤 무순으로 제시하여 올바른 그림이 되도록 그림 조각들을 배열하도록 하는 검사
사물 지각력	지각속도 검사	주어진 사물(숫자, 문자, 기호 등)을 빠르고 정확하게 지각하는 능력을 측정하기 위한 검사
상황 판단력	상황 판단력 검사	일상생활이나 직장생활 속에서 접할 수 있는 다양한 상황들에서 어떻게 행동하는 것이 바람직하고, 어떻게 행동하는 것이 가장 바람직하지 않은지를 판단함으로써 개인의 실제적 지능을 측정하기 위한 검사
기계능력	기계능력 검사	자연의 운동법칙과 물리학적 원리 및 기계의 작동원리 등에 대한 판단 능력과 지식을 측정하기 위한 검사

적성요인	하위검사	검사 내용
집중력	집중력 검사	방해과제(글자)가 있는 상황 속에서 주어진 과제(색 판단, 도형 판단)를 빠르고 정확하게 수행하는 능력을 측정하기 위한 검사
색채 지각력	색 혼합 검사	두 가지의 색을 혼합했을 때 예상되는 새로운 색을 유추할 수 있는 능력을 측정하기 위한 검사
사고 유창력	사고 유창력 검사	특정 사물의 명칭과 있을 수 없는 상황을 제시한 뒤, 그 사물이 이용될 수 있는 모든 작업들과 그런 상황에서 일어날 수 있는 사건들을 가능한 많이 산출해 내도록 한 검사
협응능력	기호 쓰기 검사	특정 기호를 주어진 시간 동안 얼마나 빠르게 적을 수 있는지를 알아보는 검사

구분	언어력	언어력	언어력	언어력	언어력	언어력	언어력	언어력	언어력	언어력	언어력
적성점수	104	108	98	93	85	119	88	88	81	100	77
수준	중상	중상	중하	중하	하	상	최하	중하	하	중상	최하
적성검사											
구분	언어력	수리력	추리력	공간 지각력	사물 지각력	상황 지각력	기계 능력	집중력	색채 지각력	사고 유창력	협응 능력

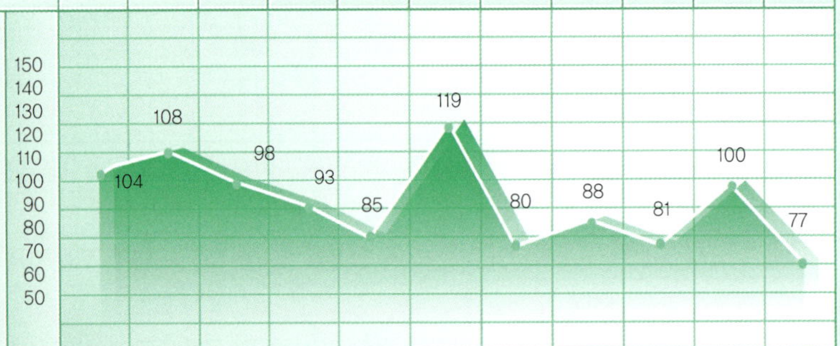

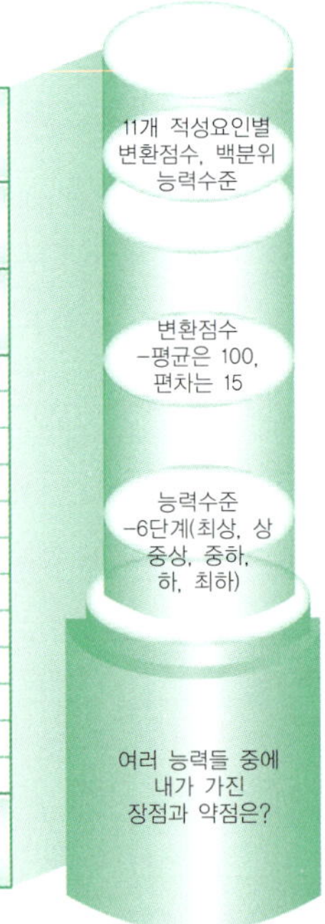

※ 해석 시 주의사항

- 검사점수는 개인이 속한 집단과 비교한 상대적인 점수일 뿐, 절대적인 것이 아님
- 점수의 높낮음이 중요한 것이 아니라 '어떤 특성'이 강점이고 약점인지 이해하는 것이 중요함

출처 : 이형국 · 권오관 · 강기원(2013). **진로탐색과 미래설계**. 한올출판사. 98쪽.

[그림 6-3] **적성요인별 점수비교표(예)**

〈표 6-4〉 직업적성검사 환산점수 기준

구분	환산점수	내용
최상	120점 이상	당신의 능력은 상위 10% 이내
상	112~119점	당신의 능력은 상위 11~20% 사이
중상	100~111점	당신의 능력은 상위 21~50% 사이
중하	88~99점	당신의 능력은 하위 21~49% 사이
하	81~87점	당신의 능력은 하위 11~20% 사이
최하	80점 이하	당신의 능력은 하위 10% 이내

그런 다음, 이 검사는 개인별 환산점수를 고려하여 개인의 능력을 발휘하기에 가장 적합한 직업군과 적합 직업군을 제시함으로써 직업을 선택할 때 참고할 수 있는 직업을 안내해준다. 예컨대, 상황 판단력이 뛰어난 사람에게 가장 적합한 직업은 속기사이고, 다음으로 적합한 직업은 도서관 전문가, 직업상담원, 디자이너 등이라고 소개하고 있다. 또한 공간지각력이 뛰어난 사람에게 가장 적합한 직업은 화가, 만화가, 사진사, 촬영기사이고, 다음으로 적합한 직업은 측량기술자, 토목기술자, 건축설계기술자 등이라고 소개하고 있다.

또한 직업적성검사는 검사 전에 본인이 입력한 희망 직업에서 중요하게 다루는 적성요인의 직무수행에 필요한 최소한의 능력을 보여 주는 기준점수와 실제 검사 결과에 나타난 개인의 적성 수준을 비교하여 제시해줌으로써 희망 직업을 갖기 위해 필요한 능력이 무엇인지 확인할 수 있도록 도와준다.

한편, 직업적성검사는 개인의 직업 탐색 및 직업 선택에 매우 유용하게 활용될 수 있는 직업적성요인을 측정하여 그 결과를 제공한다. 이 검사는 기업에서 실시하고 있는 직무적성검사와 형태가 유사하다. 특히, 기업 채용에 응시를 할 경우 인·적성직무능력검사에서 통과되지 못하면 면접의 기회를 얻지 못하는 경우가 대부분이기 때문에 이 적성검사에 대해 관심을 가질 필요가 있다.

나. 흥미에 대한 이해와 검사 도구

(1) 흥미의 이해

사람은 누구나 자신이 좋아하는 것과 싫어하는 것이 있기 마련이다. 사람들은 자신의 진로나 직업에 관해서도 어떤 일을 하고 싶다거나 어떤 일은 하기 싫다고 말함으로써 자신의 선호를 나타내기도 한다. 그런 차원에서 자신의 진로를 결정하는 과정에서 자신이 좋아하는 일을 미리 찾아본다는 것은 매우 중요한 활동 중의 하나이다.

흥미(interest)란 개인이 잠재적으로 가치가 있다고 생각하는 것에 주의를 기울이고 그것을 향해 나아가려는 일반적인 정서적 특성을 말한다.[19] 어떤 일에 대해 흥미가 있어서 좋아하다 보면 그 속에서 가치를 발견하고 몰입하게 되며, 결국 의미 있는 성과를 거둘 수 있다는 점에서 흥미 또한 개인의 특성을 나타내는 의미 있는 요소 중의 하나로 볼 수 있다.

앞서 말했듯이, 어떤 사람이 진로를 결정할 때 자신이 무엇을 좋아하고, 하고 싶은 일이 무엇인지를 파악하는 것은 매우 중요한 일이다. 왜냐하면 자신이 하고 싶은 일을 할 때 능률도 오르고 행복감을 느낄 수 있으며, 그 분야에서 성공할 가능성도 높아지기 때문이다. 반면에 만약 어떤 직업에 대한 능력이 있더라도 그 일에 대한 흥미가 없다면, 만족감을 느끼지 못할뿐더러 일의 능률도 떨어질 수밖에 없다. 예컨대, 에디슨은 전기에 대한 흥미를 가지고 있었고, 포드는 자동차에 대한 흥미가 많았으며, 파브르는 곤충에 대해 미쳐 있었기 때문에 각 분야에서 큰 족적을 남길 수 있었다.

(2) 홀랜드 육각형 모형

흥미에 대한 이해는 심리학자 홀랜드(Holland)의 이론에 기초를 두고 있다. 홀랜드는 개인의 직업에 대한 흥미를 여섯 가지 유형으로 구분하고, 각 유형에 속하는 사람들은 다른 유형과 구분되는 비슷한 특징을 공유한다고 설명했다. 그는 네 가지 가정을 전제로 '흥미 육각형 모형'을 제안하고 있다([그림 6-4] 참조).[20]

첫째, 대부분의 사람들은 여섯 가지 흥미 코드인 현실형(Realistic), 탐구형(Investigative), 예술형(Artistic), 사회형(Social), 진취형(Enterprising), 관습형(Conventional)으로 설명될 수 있다.

둘째, 직업 환경 역시 현실적, 탐구적, 예술적, 사회적, 진취적, 관습적으로 분류될 수 있다.

셋째, 사람들은 자신에게 맞는 환경을 찾는다. 즉, 자신의 기술과 능력을 발휘하고, 태도와 가치를 표현하며, 자신에게 맞는 역할을 수행할 수 있는 환경을 찾는다.

마지막으로, 개인의 성격 특성과 직업 환경의 상호작용이 행동으로 나타난다. 즉, 개인의 성격 유형에 적합한 직업 환경을 가질수록 개인의 직무만족, 장기근속, 성취 등에 긍정적인 영향을 미치고 있음을 예측할 수 있다.

이런 가정하에 그는 개인의 성격 특성과 특정 직업에 대한 흥미 간의 관계를 육각형 모형으로 설명하고 있다. 예컨대, 어떤 사람의 성격 특성이 육각형 모형의 현실형(R)과 일치한다면 그는 손이나 도구를 활용하여 일하는 일에 끌릴 것이고, 탐구형(I)과 일치한다면 그는 아이디어와 연구하는 분야에서 일하는 것에 끌릴 것이다. 또한 어떤 사람의 성격 특성이 육각형 모형의 예술형(A)과 일치한다면 그는 예술적인 분야에서 일하는 것이 끌릴 것이고, 사회형(S)과 일치한다면 그는 사람들과 관계를 맺고 다루는 일에 더 끌릴 것이다. 그리고 어떤 사람의 성격 특성이 육각형 모형의 진취형(E)과 일치한다면 그는 사람들에게 영향을 미치는 일이나 사람들을 설득하여 제품을 파는 일에 끌릴 것이며, 관습형(C)과 일치한다면 그는 꼼꼼함이 필요한 일에 끌린다는 것이다. 여섯 가지 흥미(유형)코드별 특성을 살펴보면 [그림 6-4]와 같다(이 책 146-148쪽 참조).

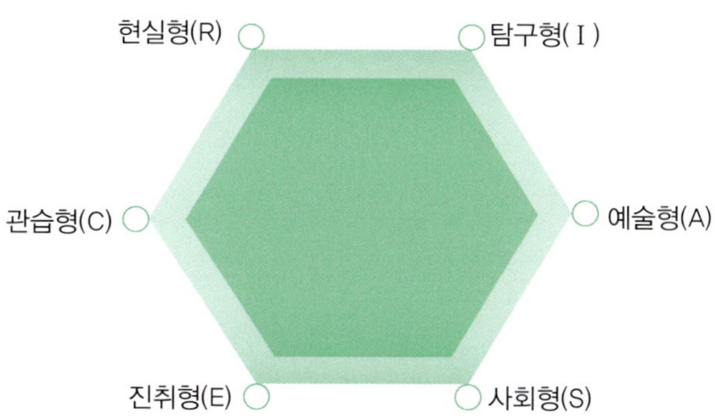

출처 : 조성진 · 지희진(2016). **인성함양과 자기계발**. 양성원. 29쪽.

[그림 6-4] 홀랜드의 흥미 육각형 모형

(3) 흥미검사 결과의 이해

홀랜드 흥미검사 결과는 흥미코드와 흥미 유형별 점수로 구성되어 있다. 6가지 흥미코드별 안내표는 흥미 특성, 자기와 타인 평가, 선호 활동과 회피 활동, 적성, 성격, 가치 등에 대한 특징으로 구성되어 있다. 흥미코드 아래에 흥미 유형별 원점수와 표준점수라는 두 가지 검사 점수가 제시되어 있다. 흥미코드별 원점수는 자신이 어떤 유형에 가까운지에 대한 해석 자료로 활용할 수 있다. 흥미코드별 표준점수는 다른 사람과의 비교를 위해 원점수를 해석하기 편리하게 전환한 점수로서 다른 사람들의 분포와 비교해 볼 때 본인이 상대적으로 어떤 위치에 있는지를 확인하는 데 도움을 준다. 검사 결과에서 제시된 점수를 활용하면 개인별 흥미육각형의 모양을 그릴 수 있고, 이것의 모양과 크기는 개인별로 각각 다르게 나타난다.

한편, 흥미육각형 모형은 자신의 흥미 코드에 적합한 직업 및 직업 훈련 직종을 제시하고 있기 때문에 그것들을 살펴보고 그 직업에서 수행해야 할 직무의 특성이 무엇인지 파악하면 자신의 진로를 어떻게 설정해야 할지에 대한 쓸모 있는 시사점을 얻을 수 있다.

다. 가치관에 대한 이해와 검사 도구

(1) 가치관의 이해

사람들은 누구나 어떤 사물이나 사건, 일을 대할 때 마음속에 자신만의 기준을 가지고 생각하거나 판단을 한다. 이처럼 한 개인이 중요하게 생각하는 결정이나 기준을 가치(values)라고 하고, 이것은 개인의 행동과 선택에 큰 영향을 준다. 이런 각각의 가치들이 모여 한 사람의 생각, 감정 등을 형성하는 데, 이것을 통틀어 가치관(view of values)이라고 한다. 다시 말하면, 특정 행위양식이나 존재방식이 그와 반대되는 것들보다 더 바람직하다는 기본적인 믿음을 가치관이라고 한다.[21] 예컨대, 아버지의 말씀이 설사 틀리더라도 그 말씀에 따르는 것이 더 바람직한 행위이고, 사형제도는 사회정의를 위해 존재하는 것이 더 바람직하다고 생각하는 것은 개인의 가치관을 반영하고 있는 말이다.

가치관은 무엇이 옳고 바람직한가에 대한 기본적인 판단 기준을 제공하기 때문에 개인의 행동양식과 사고에 영향을 미칠 뿐만 아니라 일상생활의 모든 결정과 선택에 있어서 중요한 기준으로 작용한다. 가치관의 기본은 10대 초기에 형성되고 일단 형성되면 상당히 오랫동안 안정적으로 유지되는 것으로 알려졌다. 가치관의 바탕은 비교적 어린 나이에 부모 또는 그에 상응하는 역할을 하는 매우 중요한 '의미 있는 타인(significant others)'에 의해서 흑백논리에 따라 습득된다. 따라서 가치관은 상황에 따라 쉽게 변하지 않고, 특별한 상황이 벌어지지 않는 한 일생 동안 큰 변화 없이 지속되는 경향을 보인다.[22] 가치관에 대해 좀 더 살펴보면 다음과 같다.

첫째, 가치관은 개인이 어떤 사건, 사물 및 삶을 접할 때 어디에 가치를 두느냐에 대한 그의 관점을 말한다. 예컨대, 사람에 따라 성(性)에 대해 매우 보수적인 가치관을 가지고 있는 사람이 있고, 개방적으로 생각하는 가치관을 가지고 있는 사람도 있다. 성에 대한 어떤 가치관을 가지고 있느냐에 따라 젊은이들의 혼전동거에 대한 관점이 달라질 것이다.

둘째, 가치관은 다양한 상황에서 한 개인의 결정을 이끌어 내는 신념이다. 예컨대, 어떤 사람이 흥미가 있고 적성이 맞아 사회복지사라는 직업을 택하여 능력을 발휘할 수 있지만, 금전적 보상과 성취가 중요하다고 생각하는 가치관을 가지고 있기 때문에 그 직장을 그만둘 수도 있다.

셋째, 가치관은 사람으로 하여금 어떤 방식으로 행동하게 하는 원리나 믿음을 말한다. 예컨대, 성에 대해 개방적인 가치관을 가지고 있는 젊은 세대들이라면 부모의 반대에도 불구하고 혼전 동거를 할 수 있지만, 성에 대해 보수적인 가치관을 가진 부모들은 자녀의 혼전 동거에 대해 심하게 반대하는 행동을 할 수 있다.

(2) 직업과 가치관

동물에게 유일한 삶의 목표는 생존이지만, 사람은 생존을 넘어 저마다 추구해야 할 가치를 지니고 있다. 그것이 바로 인간의 본질이자 동물과 구분되는 중요한 특징이다. 그렇다면 직업도 자신이 추구하는 가치를 실현하는 수단이 되어야 할 것이다. 자신만이 할 수 있는 역할과 자신이 추구하는 가치를 실현하는 수단으로서 직업을 갖는 것이 진정한 의미에서의 직업의 본질이다. 이런 차원에서 가치관은 직업 선택에 있어 의미 있는 기준을 제공한다.

자신이 하고자 하는 일이 자신의 흥미와 적성에는 맞지만 자신의 가치관과 맞지 않다면 그 직업을 선택하기 어렵다. 다시 말해, 자신이 좋아하고 하고 싶은 일이긴 하지만 미래의 발전 가능성과 수익성에 더 가치를 두는 사람이라면 그 직업을 선택하기가 쉽지 않다.

직업가치관은 직업생활을 통해 충족하고자 하는 욕구 또는 상대적으로 중요시하는 기준들을 말한다. 직업가치관은 자신의 직업과 관련된 선택을 할 때 중요한 영향을 미치기 때문에 자신이 어떤 직업가치관을 가지고 있는지 파악하는 것은 아주 의미 있는 일이다. 〈표 6-5〉는 직업가치관을 구성하는 13가지 요인에 대한 설명을 정리한 것이다.

직업을 선택할 때는 내적 가치관과 외적 가치관이 서로 충돌하면서 영향을 미친다. 내적 가치관을 중요시하는 사람은 직업을 선택할 때 자신의 성격, 흥미, 적성 등을 우선시하지만, 외적 가치관을 중요시하는 사람은 직업의 외형적인 조건, 즉 회사의 규모, 임금 수준, 복리후생 등을 중요시하는 경향이 있다. 지금까지의 연구 결과를 보면 외적 가치관보다 내적 가치관을 추구하는 사람이 자신의 직업에 더 큰 만족감과 행복감을 느끼는 것으로 나타났다.

(3) 직업가치관검사 결과의 이해

직업가치관검사는 한 개인이 직업과 관련된 다양한 욕구 및 가치들 중에서 무엇을 더 중요하게 여기는가를 살펴보고, 그가 생각하는 중요한 가치를 충족시킴으로써 직업만족도를 향상시킬 수 있는 직업들은 어떤 것들인지를 탐색하는 데 도움을 주는 검사이다. 자신의 직업가치관을 알 수 있는 검사로는 한국고용정보원에서 관리하는 워크넷(http://www.work.go.kr), 한국직업능력개발원에서 관리하는 커리어넷(http://www.careernet.re.kr)에서 실시하는 검사 등이 있다. 여기서는 전자의 경우를 소개하고자 한다.

직업가치관검사의 결과를 살펴보면 다음과 같은 도움을 받을 수 있다.

첫째, 개인이 13가지의 직업가치관 하위요인 중에서 어떤 것을 더 중요하게 생각하는지를 제시하고, 진로를 선택할 때 반드시 고려해야 하는 가장 높은 세 가지 가치를 제시해 준다.

둘째, 개인의 직업가치 점수와 우선 추천직업 중 가장 적합한 직업의 가치점수를 비교하여 어떤 가치가 유사하고 어떤 가치가 차이가 나는지를 알 수 있도록 자세하게 안내해 준다. 예컨대, 검사한 사람에게 추천하는 첫 번째 직업이 보험모집인이라면, 그 직업에서

〈표 6-5〉 직업가치관의 구성요인

No.	직업가치 요인	내용	관련 적합 직업
1	성취	스스로 달성하기 어려운 목표를 세우고 이를 달성하여 성취감을 맛보는 것을 중시하는 가치	대학교수, 연구원, 연구가, 프로운동선수, 관리자 등
2	봉사	자신의 이익보다는 사회의 이익을 고려하며, 어려운 사람을 돕고 남을 위해 봉사하는 것을 중시하는 가치	판사, 소방관, 사회복지사, 성직자, 경찰관 등
3	개별 활동	여러 사람과 어울려 일하기보다 자신만의 시간과 공간을 가지고 혼자 일하는 것을 중시하는 가치	디자이너, 화가, 운전기사, 교수, 연주가 등
4	직업 안정	해고나 조기퇴직의 걱정 없이 오랫동안 안정적으로 일하며 안정적인 수입을 중시하는 가치	연주가, 기술자, 변호사, 교사, 약사 등
5	변화 지향	일이 반복적이거나 정형화되어 있지 않으며 다양하고 새로운 것을 경험할 수 있는지를 중시하는 가치	연구원, 메이크업 아티스트, 광고/홍보 전문가, 소프트웨어개발자, 컨설턴트 등
6	심신의 여유	건강을 유지할 수 있으며 스트레스를 적게 받고 마음과 몸의 여유를 가질 수 있는 업무나 직업을 중시하는 가치	레크리에이션 진행자, 교사, 대학교수, 조경기술자, 화가 등
7	영향력 발휘	타인에게 영향력을 행사하고, 일을 자신의 뜻대로 진행할 수 있는지를 중시하는 가치	감독 또는 코치, 관리자, 성직자, 변호사 등
8	지식 추구	일에서 새로운 지식과 기술을 얻을 수 있고, 새로운 지식을 발견할 수 있는지를 중시하는 가치	판사, 연구원, 경영컨설턴트, 소프트웨어 개발자, 디자이너 등
9	애국	국가의 장래나 발전을 위하여 기여하는 것을 중시하는 가치	군인, 경찰관, 소방관, 사회단체활동가, 검사 등
10	자율	다른 사람들에게 지시나 통제를 받지 않고 자율적으로 업무를 해 나가는 것을 중시하는 가치	연구원, 자동차 세일즈맨, 레크리에이션 진행자, 광고전문가, 예술가 등
11	금전적 보상	생활하는 데 경제적인 어려움이 없고 돈을 많이 벌 수 있는지를 중시하는 가치	프로운동선수, 공인회계사, 증권/투자중개인, 금융자산 운용가, 기업 고위임원 등
12	타인의 인정	자신의 일이 다른 사람들로부터 인정받고 존경받을 수 있는지를 중시하는 가치	항공기조종사, 교수, 판사, 운동선수, 연주가 등
13	실내 활동	주로 사무실에서 일할 수 있으며, 신체활동을 적게 요구하는 업무나 직업을 중시하는 가치	번역사, 관리자, 상담원, 연구원, 법무사 등

출처 : 한국고용정보원 워크넷(http://www.work.go.kr)

중요시되는 가치, 즉 '성취, 금전적 보상, 몸과 마음의 여유'와 관련된 가치점수를 보여 주고, 이것이 자신이 중요하게 생각하는 가치, 즉 '금전적 보상, 변화 지향, 개별 활동'과 관련된 가치점수와 얼마나 같고 차이가 발생하는지를 비교할 수 있도록 안내해 준다.

셋째, 검사 시 입력한 개인의 희망직업에서 요구되는 가치점수와 본인의 직업가치점수를 비교하여 어떤 가치가 유사하고 어떤 가치가 차이가 나는지를 세부적으로 안내해 줌으로써 직업가치관과 관련된 자신의 특성을 파악할 수 있도록 도움을 준다.

마지막으로, 개인별 검사 결과를 요약하고, 가치 특성을 고려한 구체적인 추천 직업과 우선 추천 직업을 제공해 준다.

그런데 앞서 다른 검사 결과에 대한 설명을 하면서 언급했듯이 직업가치관검사를 마쳤다고 해서 그 결과만으로 자신의 직업을 선택해서는 안 된다. 어떤 직업이 자신의 직업가치관 특성과 잘 맞는다 하더라도 그 직업에서 요구하는 직무를 수행할 수 있는 능력, 해당 분야에 대한 흥미와 적성 등과 같은 내적 요인과 학력 수준, 직업의 미래 전망, 가정 환경 및 경제적 여건 등과 같은 외적 요인을 함께 고려하는 것이 바람직하다. 앞서 언급했듯이 각종 검사 결과는 자신의 진로와 관련한 직업을 선택하는 데 안내자 역할을 하는 참고자료로서 활용해야지 그 결과만을 맹신하는 것은 바람직하지 않다.

4. 위대한 나의 발견

우리는 앞에서 자신을 탐색할 수 있는 다양한 검사 도구를 소개했고, 그 결과들을 바탕으로 어떻게 자신을 이해할 수 있는지를 설명했다. 그 과정을 잘 이해한 독자라면 다양한 검사를 통해 나타난 자신의 모습을 이해하는 데 많은 도움을 얻었을 것이다. 물론 검사 결과들이 자신의 모든 것을 제대로 보여 주는 데는 한계가 있겠지만, 자신의 대강의 모습을 파악하는 데는 도움이 되었을 것이다. 시간이 허락된다면 일정한 기간을 두고 동일한 검사를 여러 차례 반복하고, 해당 결과들을 비교해 보는 것도 자신을 이해하는 데 좋은 방법이 될 것이다.

여하튼 자신을 탐색하는 다양한 도구에 대한 이해와 실제 검사를 수행하는 과정을 충실하게 이행한 독자라면 이제 자신의 모습을 어느 정도 이해했을 것이다. 이 과정에서 주목해야 할 것은 검사 결과 수치의 높고 낮음이 아니라 이런 과정을 통해 자신의 특징을 찾고 잠재력과 가능성을 확인하는 것이다. 나아가 누구도 대신해 줄 수 없는 자신만의 고유함과 위대함을 발견하는 것이다. 그것이 의미 있는 삶의 시작이요 행복의 출발점이기 때문이다.

다양한 검사를 통해 자기 자신에 대해 자세하고 객관적으로 알아보았다면, 이제 그 검사 결과를 바탕으로 자신의 모습을 적어보자(이 책 169쪽 참조). 자신을 잘 표현할 수 있는 단어 몇 가지를 찾아보고, 그 단어를 바탕으로 자신을 표현하는 하나의 문장을 완성해 보자. ♣

〈표 6-6〉 흥미 유형별 특성 : 현실형(R)

구분		구체적인 특성 내역
흥미 특성		분명하고 질서정연하며 체계적인 것을 좋아하고 연장이나 기계를 조작하는 활동 및 기술에 흥미가 있음
평가	자기	사교적 재능보다는 손 재능 및 기계적 소질이 있음
	타인	겸손하고 솔직하지만 독단적이고 고집이 있음
선호 활동		기계나 도구들의 조작을 선호함
회피 활동		타인과의 상호작용
적성		기계적 능력
성격		현실적이고 신중한 성격
가치		눈에 보이는 성취에 대한 물질적 보상
직업 유형		엔지니어, 소방관, 경찰관, 운동선수, 목수, 자동차 정비원, 군인, 운전기사 등

〈표 6-7〉 흥미 유형별 특성 : 탐구형(I)

구분		구체적인 특성 내역
흥미 특성		관찰적·상징적·체계적이며 물리적·생물학적·문화적 현상의 창조적인 탐구를 수반하는 활동에 흥미가 있음
평가	자기	대인관계능력보다는 학술적 재능이 있음
	타인	지적이고 현학적이며 독립적이지만 내성적임
선호 활동		자연 및 사회 현상의 탐구, 이해, 예측 및 통제를 선호함
회피 활동		설득 및 영업 활동
적성		학구적 능력
성격		분석적이고 지적인 성격
가치		지식의 개발과 습득
직업 유형		언어학자, 심리학자, 물리학자, 생물학자, 시장조사 분석가 등

〈 표 6-8〉 **흥미 유형별 특성 : 예술형(A)**

<table>
<tr><th colspan="2">구분</th><th>구체적인 특성 내역</th></tr>
<tr><td colspan="2">흥미 특성</td><td>예술적 창조와 표현, 변화와 다양성을 선호하고 틀에 박힌 것을 싫어하며 모호하고, 자유롭고, 상징적인 활동에 흥미가 있음</td></tr>
<tr><td rowspan="2">평가</td><td>자기</td><td>사무적 재능보다는 혁신적이고 지적인 재능이 있음</td></tr>
<tr><td>타인</td><td>유별나고 혼란스러워 보이며 예민하지만 창조적임</td></tr>
<tr><td colspan="2">선호 활동</td><td>문학, 음악, 미술 활동을 선호함</td></tr>
<tr><td colspan="2">회피 활동</td><td>틀에 박힌 일이나 규칙</td></tr>
<tr><td colspan="2">적성</td><td>예술적 능력</td></tr>
<tr><td colspan="2">성격</td><td>경험에 대해 개방적인 성격</td></tr>
<tr><td colspan="2">가치</td><td>아이디어, 정서, 감정의 창조적 표현</td></tr>
<tr><td colspan="2">직업 유형</td><td>음악가, 화가, 시인, 카피라이터, 디자이너, 배우, 헤어디자이너 등</td></tr>
</table>

〈 표 6-9〉 **흥미 유형별 특성 : 사회형(S)**

<table>
<tr><th colspan="2">구분</th><th>구체적인 특성 내역</th></tr>
<tr><td colspan="2">흥미 특성</td><td>타인의 문제를 듣고, 이해하고, 도와주고, 치료해주고, 봉사하는 활동에 흥미가 있음</td></tr>
<tr><td rowspan="2">평가</td><td>자기</td><td>기계적 능력보다는 대인관계를 맺는 데 소질이 있음</td></tr>
<tr><td>타인</td><td>이해심 많고, 사교적이고, 동정적이며 이타적임</td></tr>
<tr><td colspan="2">선호 활동</td><td>상담, 교육, 봉사 활동을 선호함</td></tr>
<tr><td colspan="2">회피 활동</td><td>기계·기술적 활동</td></tr>
<tr><td colspan="2">적성</td><td>대인지향적 능력</td></tr>
<tr><td colspan="2">성격</td><td>동정심과 참을성이 있는 성격</td></tr>
<tr><td colspan="2">가치</td><td>타인의 복지와 사회적 서비스의 제공</td></tr>
<tr><td colspan="2">직업 유형</td><td>상담가, 간호사, 교사, 성직자 등</td></tr>
</table>

〈표 6-10〉 **흥미 유형별 특성 : 진취형(E)**

구분		구체적인 특성 내역
흥미 특성		조직의 목적과 경제적인 이익을 얻기 위해 타인을 지도, 계획, 통제, 관리하는 일과 그 결과로 얻어지는 명예, 인정, 권위에 흥미가 있음
평가	자기	과학적 능력보다는 설득력 및 영업 능력이 있음
	타인	열정적이고 외향적이며 모험적이고 야심이 있음
선호 활동		설득, 지시, 지도 활동을 선호함
회피 활동		틀에 박힌 일이나 규칙
적성		경영 및 영업 능력
성격		경제적 성취와 사회적 지위
가치		과학적 · 지적 · 추상적 주제
직업 유형		최고경영자, 정치가, 변호사, 영업사원, 언론인 등

〈표 6-11〉 **흥미 유형별 특성 : 관습형(C)**

구분		구체적인 특성 내역
흥미 특성		정해진 원칙과 계획에 따라 자료를 기록, 정리, 조직하는 일을 좋아하고, 체계적인 작업환경에서 사무적 · 계산적 능력을 발휘하는 활동에 흥미가 있음
평가	자기	예술적 재능보다는 비즈니스 실무 능력이 있음
	타인	안정을 추구하고 규율을 잘 지키며 유능한 사람
선호 활동		규칙을 만들거나 따르는 활동을 선호함
회피 활동		명확하지 않은 모호한 과제
적성		사무적 능력
성격		현실적이고 성실한 능력
가치		금전적 성취와 사회 · 사업 · 정치영역에서의 권력
직업 유형		회계사, 경리사무원, 비서, 금융사무원 등

절 취 선

생각하기

'나를 찾아가는 3일 여행' 일지(1일차)

구분	생각난 것들
나의 유년시절 (좋았던 경험, 슬펐던 경험)	
나의 고교시절 (진로/학업에 대한 고민과 극복한 경험)	
지금까지 성취한 경험 (자신의 능력을 발휘했던 일)	
현재의 내 모습	
현재 나의 꿈과 목표	
10년 후의 나의 모습	
30년 후의 나의 모습	

• 수업시간 : 20______년 ______월 ______일 ______요일 ______교시

• 소속 : __________________ • 학번 : __________ • 성명 : ____________

Memo

절취선

생각하기

'나를 찾아가는 3일 여행' 일지(2일차)

구분	생각난 것들
나의 유년시절 (좋았던 경험, 슬펐던 경험)	
나의 고교시절 (진로/학업에 대한 고민과 극복한 경험)	
지금까지 성취한 경험 (자신의 능력을 발휘했던 일)	
현재의 내 모습	
현재 나의 꿈과 목표	
10년 후의 나의 모습	
30년 후의 나의 모습	

• 수업시간 : 20______년 ______월 ______일 ______요일 ______교시

• 소속 : ____________________ • 학번 : __________ • 성명 : __________

Memo

절
취
선

생각하기

'나를 찾아가는 3일 여행' 일지(3일차)

구분	생각난 것들
나의 유년시절 (좋았던 경험, 슬펐던 경험)	
나의 고교시절 (진로/학업에 대한 고민과 극복한 경험)	
지금까지 성취한 경험 (자신의 능력을 발휘했던 일)	
현재의 내 모습	
현재 나의 꿈과 목표	
10년 후의 나의 모습	
30년 후의 나의 모습	

• 수업시간 : 20______년 ______월 ______일 ______요일 ______교시

• 소속 : ______________________________ • 학번 : _____________ • 성명 : ________________

Memo

생각하기

'나를 찾아가는 3일 여행' 일지(총괄)

구분		내역
1일차	계 획	
	한 일	
	느낀 점	
2일차	계 획	
	한 일	
	느낀 점	
3일차	계 획	
	한 일	
	느낀 점	

• 수업시간 : 20______년 ______월 ______일 ______요일 ______교시

• 소속 : ________________________ • 학번 : __________ • 성명 : ____________

절취선

Memo

절 취 선

생각하고 정리하기

나의 모습 표현하기

검사 종류	단어	문장으로 나 표현하기(예)
성격유형검사 (MBTI)	명확한 목표	나는 명확한 목표를 가지고 있는 사람이다. 왜냐하면, 중고교시절부터 목표를 정해 성적관리를 잘해왔기 때문이다.
직업적성검사	수리력	나는 수리력이 뛰어난 사람이다. 왜냐하면, 학급비 관리와 아르바이트할 때 아무리 바빠도 단 한 번도 계산에서 실수를 한 적이 없기 때문이다.

검사 종류	단어	문장으로 나 표현하기
성격유형검사 (MBTI)		
직업적성검사		
직업선호도검사		
직업가치관검사		

• 수업시간 : 20______년 ______월 ______일 ______요일 ______교시

• 소속 : ______________________ • 학번 : ____________ • 성명 : ______________

Memo

Memo

제 7 장 강점과 역량 발견

학습목표

1. 강점의 중요성과 활용방법을 이해할 수 있다.
2. 역량의 중요성과 진단방법을 이해할 수 있다.
3. 자신감을 높이는 방법을 이해하고 활용할 수 있다.

학습할 주요내용

1. 강점의 특성
2. 강점의 발견과 활용
3. 역량의 진단
4. 자신감 향상방법

성공하는 사람은 자신의 타고난 강점을 계발하고, 그것을 학습과 경험을 통해 더욱 단련시킴으로써 강점을 강화한다. 다시 말하면, 자신의 강점을 완벽하게 계발한다면, 그것은 자신의 약점이나 험난한 세상살이를 이겨낼 수 있는 힘이 된다. 한 사람의 강점과 미덕은 불행과 심리적 장애의 고통을 완화시킬 수 있기 때문에 생활의 활력을 찾는 데 핵심적인 역할을 한다. 따라서 자신의 약점과 단점을 고치려고 시간과 노력을 투자하는 것은 바람직하지 않다. 단점을 아무리 보완한다 해도 그것은 아주 나쁘지 않은 단점밖에는 될 수 없다. 오히려 자신의 강점에 초점을 맞추는 것이 훨씬 더 생산적이다. 이런 차원에서 누구든지 자신의 강점을 탐색하여 발견하고, 그것을 자신이 하는 일에 활용하는 것은 정말 의미 있는 일이다.

1. 나를 이해하는 새로운 흐름

가. 행복을 찾는 새로운 흐름

지난 수세기 동안 인류는 선과 악이 서로 반대라는 믿음하에 약점과 실패에 집착해 왔다. 예컨대, 의사들은 건강에 대해 알기 위해 질병을 연구했다. 심리학자들은 기쁨에 대해 배우기 위해 슬픔을 연구했고, 행복한 결혼의 비결을 알기 위해 이혼의 원인을 조사했다.[1] 구체적으로 심리학을 살펴보면 그런 사실을 더 실감나게 확인할 수 있다. 심리학은 지난 50년 동안 정신질환이라는 한 가지 주제에만 매진해 왔으며 큰 성과도 거두었다. 그 결과 심리학자들은 이제 우울증, 조현증, 알코올 중독과 같은 애매모호했던 증상들을 아주 정확히 진단하게 되었다. 아울러 정신질환의 발병과정, 유전적 특성, 생화학적 작용, 심리적 원인들에 대해서도 제법 방대한 지식을 축적하게 되었다.[2]

그래서 오늘날 세계 도처의 학교와 직장에서는 유능한 사람이 되려면 자신의 약점을 발견하여 이를 분석하고 보완하기 위한 노력을 기울여야 한다고 가르치고 있다. 그 속에서 자라고 살아가는 우리도 자연스럽게 자신의 약점을 찾고 그것을 보완하려고 갖가지 노력을 기울여 왔다. 이에 비해 삶의 긍정적 가치를 부각시키려는 노력은 상대적으로 소원해질 수밖에 없었다. 대개의 사람들이 궁극적으로 바라는 것은 살아가는 동안 정말 행복한 삶을 사는 것임에도 불구하고 오히려 불행의 원인을 찾고 있었던 것이다.

이런 것에 대한 반성을 바탕으로 사람들은 행복을 지속적으로 향상시킬 수 있는 방법을 연구하기 시작했고, 긍정심리학(Positive Psychology)이 태동되었다. 긍정적 정서, 긍정적인 특성 및 긍정적인 제도에 대해 주로 연구하고 있는 긍정심리학은 이미 설정된 사람의 행복 범위 내에서 최고의 행복을 누리며 살 수 있는 방법을 알려준다. 그리고 진정한 행복은 개인의 강점을 파악하고 계발하고, 그것을 일, 사랑, 자녀 양육, 여가 활동이라는 삶의 현장에서 활용함으로써 실현된다고 주장한다. 긍정심리학은 덧없이 사라질 쾌락을 맛보고 최소한의 만족을 느끼는 것 이외의 어떠한 의미도 찾을 수 없는 삶에서 벗어날 수 있는 길이 있다는 밝은 희망의 메시지를 전해준다.[3]

사람들은 저마다 자신 속에 있는 긍정적이고 새로운 나를 찾고 강점을 발견함으로써 진정한 행복을 추구할 수 있다. 사람들이 각자 선택한 분야에서 성공을 거두고 나아가 그 과정에서 만족감을 얻고자 한다면 자신이 가진 강점의 독특한 점을 이해할 필요가 있다. 즉, 스스로 강점을 발견하고 기술하며 적용하고, 또한 실제로 사용하면서 늘 새롭게 다듬는 데 전문가가 되어야 한다. 이제는 그동안 약점을 보완하는 데 집중되었던 모든 관심을 자신의 진정한 강점을 찾아내고 발전시키는 데 쏟아부어야 한다.[4)]

나. 성격보다 품성이다

현대 성격이론의 아버지로 불리는 고든 올포트(Gordon Allport)에게 품성과 미덕이라는 말은 마치 오래된 유물처럼 느껴져 거부감이 생겼다. 그에게는 현대 과학에 더 적합하고 가치가 배제된 용어가 필요했고, 그런 면에서 성격이라는 말이 더욱 과학적이고 가치중립적인 용어로 적합했다. 그래서 성격에 더 치중했고, 품성에 대해서는 그리 관심을 두지 않았다. 이처럼 20세기 심리학자들이 심리학에서 품성이라는 말을 몰아내려고 애썼지만, 법률, 정치학, 교육학 등 인간 행동의 이유에 대해 무언가를 이야기하고 생각하는 곳마다 품성은 굳게 뿌리를 내리고 있었다.[5)]

이런 흐름에 대해 마틴 셀리그먼(Martin E. P. Seligman)은 이렇게 얘기하고 있다. "기본적으로 품성을 전제로 하지 않은 학문은 결코 인간 행동을 제대로 설명하는 이론으로 인정받지 못할 것이다. 나는 바야흐로 인간 행동을 연구하는 학문의 핵심 개념으로서 품성을 부활시킬 때가 되었다고 믿는다." 그러면서 그는 세계 도처에서 공통적으로 중요하게 생각하는 다양한 미덕, 즉 지혜와 지식, 용기, 사랑과 인간애, 정의감, 절제력, 영성과 초월성을 제시하기도 했다. 이 여섯 가지 미덕은 대부분의 종교나 철학에서 핵심 덕목으로 간주하고 있을 뿐만 아니라 선한 품성이라는 개념을 함께 포함하고 있다.[6)]

최근 들어 우리나라에서 불고 있는 '인성교육의 바람'도 이와 결코 무관하지 않다고 생각한다. 우리의 경우, 과학기술의 발달로 인한 급속한 사회 변화, 압축 성장의 폐해 발생, 신자유주의체제로 인한 양극화, 초(超)고령화 사회로의 진입, 개인주의의 팽배 등 다양한 현상들이 복합적으로 작용하여 예전에 경험하지 못했던 일들과 범죄들이 자주 생기곤 한다. 이런 일들이 사회 문제로 대두되고, 그럴 때마다 인성이라는 단어가 사람들의 입에 오르내리며, 학교 현장에서의 인성교육의 부재와 중요성이 함께 거론되고 있다.

기업에서도 인성을 갖춘 인재를 채용하려는 경향이 점점 증가하고 있다. 개인의 인성을 함양하기 위한 가장 실천적인 활동 중의 하나가 봉사 활동이라는 인식하에 다양한 재원과 제도를 통해 그것을 장려하고 있는 실정이다. 왜냐하면 대개 봉사 활동은 이기주의에서 벗어나 이웃을 사랑하고 자신이 가진 것을 다른 사람과 함께 나눈다는 취지를 근본 배경으로 하는 활동이기 때문이다. 그래서 기업들도 직접 자원봉사센터를 운영하거나 구성원들이 봉사 활동에 참여하는 것을 적극 독려하며 지원하고 있다.[7)]

2. 강점의 이해와 발견

가. 강점의 정의와 특성

(1) 강점의 정의와 특성

사람은 누구나 다른 사람과 비교하여 특별히 잘 하는 일이 있기 마련이다. 문제는 그것을 얼마나 잘 발견하느냐에 달려 있다. 그러나 안타깝게도 대부분의 사람들은 자신이 가지고 있는 독특한 장점을 발견하지 못하고 생을 마치는 경우가 많다. 따라서 한 사람에게 있어 가지고 있는 독특한 장점, 즉 강점을 발견하는 일은 정말 중요한 일이고, 그것을 위해 적절한 시간과 노력을 투자해야 한다.

강점(strength)이란 한 가지 일을 완벽에 가까울 만큼 일관되게 처리하는 능력으로 재능과 지식과 기술의 총합체이다.[8)] 예컨대, 골프 천재 타이거 우즈(Tiger Woods)의 강점은 비범한 롱 게임(long-game, 우드와 아이언을 가지고 만들어 내는 긴 거리)이고, 빌 게이츠(Bill Gates)의 강점은 혁신적인 발상을 하고 소비자의 관점에서 사용성이 뛰어난 소프트웨어를 개발하는 것이다.

한편, 마틴 셀리그먼에 따르면, 대표 강점(signature strength)은 한 사람을 잘 나타내고 그의 독특함과 개성을 보여 주는 긍정적인 성격 특징을 말한다. 사람들은 자신이 가지고 있는 가장 특징적인 강점을 잘 활용할 때, 더 활기찬 열정을 느끼고 '진정한 자기'가 표현되고 있다는 느낌을 갖게 된다.[9] 강점의 기준은 다음과 같다.[10]

첫째, 강점은 시간과 환경에 상관없이 계속 나타나는 심리적 특성이다. 딱 한 번 어디에선가 친절을 베풀었다고 해서 인간애라는 강점을 가졌다고 하지 않는다. 둘째, 강점은 그 자체로서 가치가 있는 것이다. 어떤 사람이 자신의 강점인 리더십을 발휘하면 주위 사람들에게 신망을 얻고 승진을 하게 된다. 그러나 그의 장점이 바람직한 결과를 낳지 못하거나 확실한 이익을 보장해 주지 못했다고 해서 그의 강점이 소중하지 않은 것은 아니다. 대개 강점은 좋은 결과를 낳지만, 어떤 일을 하고 만족하거나 긍정적인 정서를 위해 반드시 강점을 활용해야 하는 것은 아니다.

(2) 강점의 특성

강점은 다음과 같은 특징이 있다.[11] 특히, 재능과 비교하면 그 특징이 잘 드러난다.

첫째, 강점은 자율의지에 따라 결정된다. 재능은 기계적으로 습득하는 경우가 많지만, 강점은 대개 자율 의지에 따라 결정되기 때문에 선택의 문제와 연결된다. 예컨대, 대형할인매장의 직원이 잘못 계산하여 7,000원을 더 거슬러주었을 때 그것을 사실대로 말하는 데는 개인의 의지가 필요하다. 그 직원에게 7,000원을 되돌려주면서 뿌듯함을 느끼는 것은 정직이라는 자신의 재능을 칭찬받았기 때문이 아니라 올바른 일을 한 것에 대해 자부심을 느끼기 때문이다. 누구나 쉽게 할 수 있는 선택을 자신도 했기 때문에 뿌듯한 것이 아니라 쉬운 선택이 아님에도 그렇게 한 자신의 자율적인 의지에 대한 자부심이 그를 뿌듯하게 하는 것이다. 이처럼 강점은 본인의 의지에 따라 결정되는 것이다.

둘째, 강점은 낭비할 수 없다. "○○군은 아주 총명한 데 좋은 머리를 썩히고 있다."라는 표현은 그가 높은 지능지수를 선택한 것은 아니지만 우수한 두뇌를 활용하지 않고 잘못 선택함으로써 자신의 재능을 낭비하고 있다는 뜻이다. 이처럼 강점은 낭비할 수 있는 것이 아니고, 언제 발휘하고 어떻게 지속적으로 계발하느냐와 관련된 문제이다. 그래서 강점은 결단을 내리고 꾸준히 노력한다면 평범한 사람들도 얼마든지 습득할 수 있다. 그러나 재능은 의지에 따라 습득할 수 있는 것이 아니다.

셋째, 한 사람이 강점을 발휘한다고 해서 주위 사람들이 자신의 강점을 발휘할 기회가 줄어드는 것이 아니다. 도리어 강점과 미덕을 베푸는 것을 보면 감동과 용기를 얻는다. 지켜보는 사람들의 마음에 질투가 아닌 부러움이 가득 차오른다. 강점을 발휘하는 사람은 긍정적인 정서, 즉 자부심, 만족감, 기쁨 및 성취감 등을 느끼게 된다. 강점과 미덕에 따라 행동할 때 우리는 모두 승자가 될 수 있다.

마지막으로, 강점은 시간과 환경에 관계없이 계속 나타나는 심리적인 특성이다. 어떤 사람이 딱 한 번 누군가에게 친절과 사랑을 베풀었다고 해서 그가 인간애라는 강점을 발휘하는 것은 아니다. 강점은 반복해서 만족해하며 성공적으로 수행할 수 있어야 한다. 예컨대, 빌 게이츠가 마이크로소프트의 사업 전략을 세우는 데 매우 유능하지만, 스스로 인정한 것처럼 전략 수립에 너무 많은 에너지를 소비하고 싶어 하지 않으므로 그의 이런 능력은 강점이라고 할 수 없다.

나. 강점의 발견

성공하는 사람은 자신의 타고난 강점을 계발하고 그것을 학습과 경험을 통해 더욱 단련시킴으로써 강점을 강화한다. 다시 말하면, 자신의 강점을 완벽하게 계발한다면 그것은 자신의 약점이나 험난한 세상살이를 이겨낼 수 있는 힘이 된다. 한 사람의 강점과 미덕은 불행과 고통을 완화시킬 수 있기 때문에 생활의 활력을 찾는 데 핵심적인 역할을 한다. 따라서 자신의 약점과 단점을 고치려고 시간과 노력을 투자하는 것은 바람직하지 않다. 단점을 아무리 보완한다 해도 그것은 아주 나쁘지 않은 단점밖에는 될 수 없다. 오히려 자신의 강점에 초점을 맞추는 것이 훨씬 더 생산적이다.[12)]

이런 차원에서 누구든지 자신의 강점을 탐색하여 발견하고 그것을 자신이 하는 일에 활용하는 것은 정말 의미 있는 일이다. 강점이 될 만한 재능을 발견하는 한 가지 확실한 방법은 뒤로 한 발 물러나서 자신을 바라보는 것이다.[13)] 어떤 활동을 시작했을 때 그것을 얼마나 빨리 습득하는지, 어떤 학습단계를 얼마나 빨리 뛰어넘는지, 어떤 일을 하면서 배우지도 않은 것을 스스로 새롭게 바꾸고 추가한 것은 무엇인지 등을 생각해 보라. 이런 것에 대해 두세 달 동안 자신을 꾸준히 관찰하고 시간이 지나면 자신의 두드러진 재능이 나타난다. 그런 다음 이 과정에서 발견한 재능을 자신의 강점이 될 수 있도록 다듬어야 한다.

다음에 소개하는 사이트에 접속하면 자신의 강점을 발견하는 데 도움을 받을 수 있다. 그곳에서 진행하는 검사를 받아보고, 그 결과를 별도의 종이에 기록해 보는 것은 의미 있는 일이다.

(1) 스트렝스파인더(www.StrengthFinder.com)[14)]

스트렝스파인더는 인터넷을 기반으로 이루어지는 정상적인 인성을 측정하는 도구로서 긍정심리학을 기초로 하고 있다. 참가자에게는 180개의 쌍으로 된 항목이 제시되는데, 이것들은 갤럽(The Gallup Organization)에서 지난 30년 동안 각 분야에서 뛰어난 성과를 나타낸 사람들을 체계적이고 구조적인 방법으로 연구한 결과를 반영하고 있다. 각 항목은 "나는 시작하기 전에 사용법을 읽는다."와 "나는 바로 일에 뛰어드는 것을 선호한다."와 같이 자신을 설명할 수 있는 한 쌍의 진술(statement)들로 이루어진다. 이 진술들은 마치 연속선상의 양극단을 나타내는 것처럼 표시된다. 참가자들은 어느 진술이 자신을 더 잘 설명하는지를 선택하면 된다.

한 항목에서 다음 항목으로 옮겨가기 전에 응답자에게 20초의 응답시간이 주어지고, 20초가 지나면 자동적으로 다음 항목으로 넘어간다. 이런 과정을 거쳐 모든 진술에 대해 대답하면 최종적으로 1~34위까지 순위가 매겨진 강점 결과가 제공된다. 특히, 그중에서 가장 높은 순위에 있는 다섯 가지의 강점(theme), 즉 학습자(Learner), 책임(Responsibility), 개별화(Individualization), 절친(Relator), 전략(Strategic)과 같은 것들을 알 수 있기 때문에 자신이 여러 가지 강점 가운데 상대적으로 어떤 탁월한 강점을 가지고 있는지를 파악하는 데도 도움이 된다. 이 방법을 통해 자신의 강점을 알아보려면 약간의 비용을 지불할 필요가 있다.

(2) 행동가치(Values-in-Action) 강점 검사(www.authentichapiness.org)

이 검사는 마틴 셀리그먼과 크리스토퍼 피터슨(Christopher Peterson)이 주도하여 제작한 것이다. 이 검사에는 24가지 강점들이 설명되어 있는데, 질문하는 문항에 달린 빈칸에 스스로 매긴 점수를 써놓으면 된다. 검사를 끝내면 자신의 강점에 대한 상세한 피드백을 받을 수 있다. 그리고 검사 결과를 1~24위까지 순위를 매겨보고, 다른 사람의 것과 비교해 보는 것도 자신의 강점을 이해하는 데 도움이 될 것이다. 검사에 활용되는 문항을 소개하면 〈표 7-1〉과 같다.[15)]

검사 결과를 통해 도출된 강점 중에서 상위 다섯 가지를 눈여겨보면 자신의 모습을 이해하는 데 도움이 된다. 사람은 저마다 서너 가지의 대표 강점을 가지고 있는데, 자신의 상위 강점들 중에서 아래 조건에 부합되는 한두 개 정도가 바로 자신의 대표 강점들이다. 이러한 대표 강점은 본인이 스스로 인정하고, 자부심을 느끼며, 일상생활에서 날마다 발휘하는 탁월한 특성이다. 이 강점들을 되도록 많이 사용하는 것이 바람직하다. 만일 자신의 상위 강점들 중에서 이 조건을 충족시키는 것이 하나도 없다면 일상생활에서 활용한다고 해도 큰 효과를 얻기 힘들 것이다.

- 진짜 나다운 것이라는 자신감이 생긴다.
- 발휘하는 순간 흥분의 도가니에 휩싸인다.
- 처음 습득한 이후부터 급속하게 발전한다.
- 꾸준히 계발하기 위해 새로운 방법을 계속 익히고 싶다.
- 그 강점을 활용할 수 있는 방법을 이모저모로 궁리한다.
- 그 강점을 활용할 때 자신을 제어하기 힘들다.
- 그 강점을 발휘하는 동안 피곤하기는커녕 의욕이 솟는다.
- 그 강점을 밑천 삼아 창업이나 개인 사업을 하고 싶다.
- 그 강점을 활용할 때 황홀경에 빠지기까지 한다.

〈표 7-1〉 24가지 강점

구분		대표강점	점수	구분		대표강점	점수
지혜와 지식	1	호 기 심		정의감	12	시민정신	
	2	학 구 열			13	공정성	
	3	판 단 력			14	지도력	
	4	창 의 성		절제력	15	자기통제력	
	5	사회적 지능			16	신중함	
	6	예 견 력			17	겸손	
용기	7	호연지기		영성과 초월성	18	감상력	
	8	끈기			19	감사	
	9	지조			20	희망	
사랑과 인간애	10	친절			21	영성	
	11	사랑			22	용서	
※ 9～10점 : 최고 강점 ※ 4～6점 : 약점(낮은 점수)					23	유머감각	
					24	열정	

출처 : 마틴 셀리그만(김인자, 2009). **마틴 셀리그만의 긍정심리학**. 도서출판 물푸레. 213~243쪽에서 재구성, 정리한 것임

(3) 강점의 발견과 진로[16)]

앞서 말했듯이 성공하는 사람은 자신의 타고난 강점을 계발하고 그것을 학습과 경험을 통해 더욱 단련시킴으로써 강점을 강화한다. 바꾸어 말하면, 자신의 강점을 제대로 파악하고 그것을 완벽하게 계발한다면 험난한 세상살이를 이겨낼 수 있는 힘이 생기고 원하는 것들을 이룰 수 있다. 뿐만 아니라 자신의 강점과 미덕을 제대로 알고 있는 사람은 불행과 고통을 완화시킬 수 있기 때문에 생활의 활력을 찾을 수 있다. 따라서 어떤 사람이든지 자신의 약점과 단점을 고치는 데 시간과 노력을 투자하는 것은 바람직하지 않다. 자신의 단점을 아무리 보완한다 해도 그것은 아주 나쁘지 않은 단점밖에는 될 수 없기 때문이다. 설사 자신의 어떤 한 가지 약점을 고쳤다고 생각하는 순간 또 다른 약점이 눈에 보이기 시작하고, 이런 과정은 계속해서 반복적으로 일어날 수 있다. 그렇기 때문에 어떤 분야든 성

공하길 원하는 자신의 강점에 초점을 맞추는 것이 훨씬 더 생산적이다.

이런 차원에서 자신의 미래 설계를 해야 하는 소중한 시점에 있는 대학생들이 자신의 강점을 탐색하고 발견하는 것은 상당히 의미 있는 일이다. 특히, 자신의 진로를 탐색하고 설계하고 싶은 대학생이라면 자신의 강점을 발견하는 데 많은 시간과 노력을 투자하길 권한다. 이런 일은 다른 어떤 일보다 우선순위에 두어야 하는 일임에 틀림없다.

다. 강점의 활용

(1) 강점을 활용하는 삶의 원칙

한 가지 일에서 계속해서 완벽하게 행동하는 것을 강점이라고 정의한다면, 자신의 강점을 활용하여 성공적인 삶을 살기 위해서는 다음 몇 가지 사항을 염두에 두어야 한다.[17)]

첫째, 강점이 되는 행동은 계속해서 그런 행동을 할 수 있고 그것에 대해 스스로 만족감을 느낄 수 있어야 한다. 그래야만 성과를 예상할 수 있다. 어떤 사람이 타이거 우즈만큼 뛰어난 샷을 치거나 크리스티아누 호날두(Cristiano Ronaldo)처럼 멋진 슛을 날릴 수 있다. 하지만 매번 그런 샷을 치거나 슛을 날릴 수 없다면 그것을 그 사람의 강점이라고 할 수는 없다. 어떤 능력을 강점이라고 할 수 있으려면 반복해서 만족해하며 성공적으로 수행할 수 있어야 한다.

둘째, 남보다 뛰어나기 위해서 자신이 맡은 모든 역할에서 강점을 지닐 필요는 없다. 어느 누구도 모든 면에서 뛰어난 팔방미인(八方美人)처럼 완벽한 재능을 부여받지는 못했다. 뛰어난 사람이라고 해서 반드시 팔방미인은 아니다. 누구나 약점을 가지고 있기 마련이다.

셋째, 약점을 고치는 것이 아닌 강점을 극대화하는 것만으로도 뛰어난 사람이 될 수 있다. 이 말은 약점을 전혀 무시하라는 뜻이 아니다. 오히려 약점을 알기 때문에 강점을 더욱 날카롭게 다듬을 수 있는 여유를 갖게 된다. 빌 게이츠는 스티브 발머(Steve Ballmer)를 경영 파트너로 선택함으로써 자신의 강점인 소프트웨어 개발 분야에 몰두할 수 있었다.

마지막으로, 진정한 강점을 구축하기 위해서는 자신의 가장 뛰어난 재능을 발견하고 지식과 기술을 통해 그것을 다듬어 나가야 한다. 많은 사람들이 자신이 가진 재능이 무엇인지조차 모른 채 연습만 충분히 한다면 어떤 능력이든 학습할 수 있다고 믿는다. 대부분의 사람들은 재능을 향상시키기 위해서 지식과 기술을 연마하기보다는 약점을 극복하기 위해 모든 업무 기술과 지식을 익히려 든다. 약점을 극복해야 출세할 수 있다고 생각하기 때문이다. 강점을 개발하기 위해서는 이런 함정에 빠지지 말아야 한다. 리더십, 남의 말을 잘 들어주는 기술, 다른 사람의 마음을 읽는 기술 또는 프레젠테이션 능력 등을 기르는 강좌에 등록하고 일정한 시간이 지나면 극적인 향상이 있으리라고 기대하는 것은 금물이다. 애초부터 당신에게 재능이 없는 분야였다면 그런 것들이 눈에 띄게 향상되지 않을 것이다. 자신을 꾸준하고 깊숙하게 관찰하고 자신의 가장 뛰어난 재능이 무엇인지 알아내고 그것을 진정한 강점으로 변화시킬 수 있는 지식과 기술을 익히는 것이 중요하다.

> 행복한 삶은 일상생활에서 자신의 대표 강점을 날마다 발휘해서 행복을 만들어 가는 것이다. - 헤르만 헤세

> 인생의 진정한 비극은 충분한 강점을 가지고 있지 않다는 데 있지 않고, 오히려 자신이 가지고 있는 강점을 충분히 발휘하고 활용하지 못하는 데 있다. - 벤저민 프랭클린

> 당신이 자신 있다고 생각하는 일에 80%의 시간을 투자하라. - 피커 드러커

> 개인의 강점과 미덕을 발휘하지 않은 채 손쉽게 만족을 얻을 수 있다고 믿는 것은 어리석은 일이다. - 마틴 셀리그먼

(2) 강점을 활용하는 조직과 관리자

대부분의 조직은 구성원들의 약점을 최소화하는 데 모든 노력을 기울인다. 그들은 어떤 구성원이 어떤 업무 분야에서 고전을 면치 못하는지 훤히 꿰뚫고 있고, 교육시간 및 비용의 대부분을 구성원들 간의 능력 차이를 좁히는 데 쓰고 있다. 즉, 구성원들이 능력을 충분히 발휘하지 못하는 분야에 대해서는 각종 교육 프로그램을 마련하여 학습할 기회를 주고 비용을 쏟아 붓고 있다. 따라서 구성원 개개인의 능력을 향상시키기 위한 목적으로 수립되는 각종 육성계획은 그들의 약점을 근거로 세워진다.

그러나 어떤 조직이든 구성원들에 대해 갖는 잘못된 가정을 버리지 않으면 안 된다. 세계적으로 뛰어난 관리자들은 다음과 같은 올바른 가정에서 출발해서 성공을 거두고 있다.[18]

- 모든 사람은 자신만의 독특한 재능을 가지고 있으며 그것은 결코 변하지 않는다.
- 모든 사람의 가장 큰 성장 가능성은 그들이 가진 강점에 있다.

새로운 조직, 더욱 성공하는 조직, 그리고 구성원들의 강점을 찾아내 더욱 강화하는 조직으로 만들기 원한다면 위의 가정들을 충실하게 따라야 한다. 그렇다면 뛰어난 관리자가 되려면 어떻게 해야 할까?[19] 구성원들의 재능을 생산적이고 강력한 강점으로 승화시킬 수 있는 능력, 이것이야말로 진정한 관리자의 덕목이다. 이 능력이 부족하다면 아무리 목표를 명확하게 세우고, 업무 목적을 잘 설명하며, 실수를 지적해주고, 칭찬에 능하다 할지라도 뛰어난 관리자가 될 수 없다.

그러면 관리자는 구체적으로 무엇을 해야 하는가? 구성원 한 사람 한 사람에게 관심을 가지고 계속 관찰해야 한다. 구성원 개개인의 재능을 알아내고 그것이 강점이 되도록 가능한 모든 지원을 아끼지 말아야 한다. 구성원들의 의미 있는 성취를 돕는 것이 관리자의 중요한 역할이라면, 관리자는 구성원 개개인들이 얼마나 독특한지를 인식하고 이런 독특함을 강점으로 최대한 이용할 수 있는 방법을 알아내야 한다. 그리고 구성원 개개인에게 맞는 방법과 언어를 사용해야 한다. 구성원마다 기대치도 조금씩 다르게 설정해야 한다. 일을 맡기는 방식, 회사 업무에 대하여 말하는 방식, 실수를 지적하는 방식, 강점을 개발하는 방식, 칭찬하는 방식, 칭찬하는 내용, 칭찬하는 이유 등이 모두 달라야 한다.

여기서 얘기하는 내용들은 대학생의 입장에서 보면 바로 경험할 수 있거나 당장 시급한 과제가 아닐 수도 있다. 그럼에도 불구하고 여기서 강점을 잘 살리는 조직과 관리자에 대해 굳이 말하는 이유는 자신이 택할 진로와 직장, 그리고 미래를 설계하는 데 있어 어떤 조직과 인연을 맺는지, 그리고 그 속에서 어떤 관리자를 만나는지가 중요한 영향을 미칠 수도 있기 때문이다. 따라서 자신의 진로와 미래를 설계할 시점에 있는 대학생들이 어떤 조직과 관리자가 구성원들의 강점을 잘 살릴 수 있는 역량을 가지고 있는지를 파악하는 데 관심을 가지는 것은 당연하다.

(3) 생업, 전문직, 천직의 차이[20)]

학자들은 직업을 생업, 전문직 그리고 천직으로 구분한다.

먼저 생업은 사는 데 필요한 돈을 벌기 위한 직업이다. 때문에 그 직업을 통해 다른 보상을 얻으려 하지 않는다. 생업은 여가 활동이나 가족 부양 등을 위한 수단일 뿐이며, 따라서 급여를 받지 못하면 당연히 일을 그만둔다.

전문직은 직업에 따라 개인적 투자를 많이 한다. 이것을 돈으로 성공을 평가하기도 하지만 출세도 중요하게 여긴다. 승진하면 승급은 물론 명예와 권력이 함께 따른다. 교수는 조교수에서 부교수로 승진하기를, 법률회사에 근무하는 변호사는 동업자를 만나 개업하기를, 중간관리자는 부사장으로 출세하기를 꿈꾼다. 하지만 더 이상 올라갈 자리가 없을 때 상실감과 소외감이 밀려들기 시작하고, 그때부터 만족과 의미를 얻을 수 있는 일자리를 찾아 나선다.

천직은 일 자체에 모든 정열을 쏟는 직업이다. 자기 직업을 천직으로 여기는 사람은 더 많은 사람의 행복과 더 중요하고 큰 것을 추구하기 때문에 종교적인 의미가 함축되어 있다. 천직은 부와 명예를 얻지 않아도 그 일을 하는 것만으로도 자기를 실현하는 것이다. 그런 만큼 물질적 보상이나 명예가 보장되지 않아도 일을 계속한다. 전통적인 의미로서의 천직은 성직자, 법관, 의사, 과학자 등 전문성이 뛰어나고 사회적으로 인정받은 일에 속하는 것이었다.

그런데 생업은 항상 생업이고, 천직은 언제나 천직인 것일까? 어떤 생업이든 천직이 될 수 있고, 아무리 존귀한 직업이라도 생업에 지나지 않는 경우도 있다. 자신이 하는 일을 생업으로 여기며 소득에만 관심을 기울이는 의사의 직업은 천직이 아니며, 쓰레기를 치우는 청소부일지라도 자신은 세상을 한결 깨끗하고 위생적인 곳으로 만드는 사람이고 자부하면 그의 직업은 천직인 것이다. 생업과 천직의 차이는 자신의 직업을 어떻게 바라보고 노력하는가에 달려 있다. 자신의 대표 강점을 발휘할 수 있는 것이어야 비로소 천직으로 삼을 수 있다. 천직이란 열정 이외에 더 많은 사람들의 행복에 기여하는 것이다.

3. 역량 이해와 진단[21)]

가. 역량의 이해

최근 들어 많은 사람들이 역량(competency)에 대해 관심을 가지고 있다. 어떤 사람이 아무리 동기부여가 잘 되어 있고 성실하더라도 목표 달성에 필요한 역량을 갖추지 못했다면 원하는 것을 달성하기가 어렵기 때문이다. 따라서 어떤 조직이든 경영자들과 인적자원 관리 담당자들은 맡겨진 업무를 훌륭하게 수행해낼 역량을 갖춘 사람을 선발하기 위해 최선의 노력을 경주하고 있다.

역량은 능력(ability)과 기능(skill)을 합한 개념으로서 한 사람이 전문적이고 관리적인 위치에서 효과적으로 기능하기 위해서 요구되는 능력, 행위, 태도와 지식들의 묶음이며,[22)] 어떤 일을 남보다 잘해낼 수 있는 경쟁력을 말한다.

〈표 7-2〉 **슬로컴과 헬리걸의 7가지 핵심 역량**

핵심 역량	설명
자기이해 역량	자신의 강점과 약점을 알고, 지신의 공적·사적 목표를 설정하고 추구하며, 자신의 삶과 일의 균형을 이루고, 새로운 학습을 일상화하는 역량
의사소통 역량	아이디어와 생각, 느낌을 전달, 이해, 수신하는 모든 수단을 활용할 수 있는 역량
다양성 관리 역량	개인과 집단의 독특함의 가치를 인정하고, 그러한 독특함을 조직의 강점으로 승화시킬 수 있으며, 개인의 독특함을 있는 그대로 인정할 수 있는 역량
윤리 역량	의사결정과정에서 옳고 그름을 판정하는 가치와 원칙을 관철하는 역량
다문화 관리 역량	국가와 문화 사이의 차이점을 인식하고 열린 자세로 조직과 전략적 이유에 접근하는 역량
팀 역량	조직의 목표를 달성하기 위해서 집단을 개발, 지원, 촉진, 선도하는 역량
변화관리 역량	사람이나 과업, 전략 또는 기술 측면에서 필요한 적응이나 완전한 변혁의 필요성을 인식하고 그것을 실행에 옮기는 역량

출처 : 김주엽·송계충·정범구·박상언(2012). **조직행위론**(제3판), 경문사. 145쪽.

역량이 어떤 요소들로 구성되어 있는지에 대해서는 학자들 간에 의견이 다양하고, 글로벌 경쟁력을 갖추고 있는 기업들도 각자 중요시하는 역량들이 다르기 때문에 여기에서 모든 역량을 소개하기는 어렵다. 따라서 여기에서는 〈표 7-2〉에서 보는 바와 같이 개인과 팀 및 조직의 유효성을 높이는 데 필수적인 일곱 가지 핵심 역량만을 간단히 소개하고자 한다.[23] 다만, 많은 기업들은 원하는 역량을 갖춘 인재를 선발함과 동시에 훈련을 통해 구성원들의 역량을 강화하기 위해 노력하고 있기 때문에 대학생들은 자신이 입사하고자 하는 기업에서 어떤 역량을 중요시하고 있는지 미리 점검할 필요가 있다. 이런 차원에서 자신이 가지고 있는 역량을 진단해 보는 일은 의미 있는 일이다.

나. 역량 진단

역량 진단은 대상에 따라 다양하게 진행할 수 있지만 여기에서는 대학생에 국한하여 설명하기로 하겠다. 대학생 스스로 어떤 역량을 가지고 있고 상대적으로 어떤 역량이 높고 낮은지를 알 수 있으며, 어떤 역량을 집중적으로 강화해야 할지에 대한 객관적인 정보를 안다는 것은 매우 의미 있는 일이다.

여기에서는 교육부와 한국직업능력개발원(www.krivet.re.kr)이 주도하여 개발한 진단검사인 '대학생 핵심 역량 진단시스템(Korea Collegiate Essential Skills Assessment: K-CESA)'에 대해 간단하게 소개하고자 한다. 이것은 직업 세계에서 요구되고 대학교육을 통해 길러진 역량 수준을 진단하는 대학생 대상의 온라인 진단 시스템으로서 자신이 어떤 역량을 얼마나 가진 사람인지 점검해 볼 수 있는 진단 도구이다. 이 시스템에서는 〈표 7-3〉과 같이 역량을 모두 여섯 가지로 세분화하고, 각 역량의 하위요소들과 관련된 능력과 기능을 포함하고 있으며, 이것들을 측정할 수 있는 문항으로 구성되어 있다. 따라서 해당 사이트에 들어가 자신의 역량을 진단해보면 자신의 진면목을 다시 한 번 확인하거나 자신의 새로운 모습을 발견하는 데 도움을 얻을 것이다.

대학생들이 자신이 가진 역량을 확인하고, 나아가 자신이 입사하고 싶은 기업에서 어떤 역량을 요구하는지를 아는 것은 매우 중요한 일이다. 그런 차원에서 앞서 소개한 '대학생 핵심 역량 진단시스템'에서 정한 절차에 따라 자신의 역량을 진단해 보고 그 결과를 음미해 보자.

다만, 검사 결과를 해석하는 데 있어 주의할 점이 있다. 다른 검사와 마찬가지로 높은 점수를 얻었다고 해서 자만할 필요가 없고, 낮은 점수를 얻었다고 해서 실망할 필요가 없다는 점이다. 진단 결과는 어디까지나 자신의 현재 모습이 그렇다는 것일 뿐이다. 자신의 현재 모습을 있는 그대로 인정하는 것은 지혜롭고 현명한 사람이 가지는 가장 기본적인 태도이다. 따라서 자신의 현재 모습이 미래에 원하는 그것과 차이가 있다면, 노력을 통해 그 차이를 보완하거나 극복할 수 있다는 점을 명심할 필요가 있다.

〈표 7-3〉 **대학생 핵심 역량 진단시스템의 구성**

구분	구성요인	문항 수
의사소통 역량	듣기, 읽기, 쓰기, 말하기, 토론과 조정	32
자원 · 정보 · 기술 활용 역량	자원, 정보 및 기술을 수집 · 분석 · 활용하는 능력	30
대인관계 역량	정서적 유대, 협력, 중재, 리더십, 조직에 대한 이해	50
글로벌 역량	외국어 능력, 글로벌 환경에 대한 노출, 다문화 이해 및 수용 능력	48
종합적 사고력	평가적 사고력, 대안적 사고력, 추론적 사고력, 분석적 사고력	8
자기관리 역량	자기주도적 학습 능력, 목표지향적 계획 수립 및 실행 능력, 정서적 자기조절 능력, 직업의식	60

출처 : 한국직업능력개발원(2017). 대학생핵심역량진단시스템 소개 매뉴얼. 1~22쪽.

4. 자신감 향상 : 칭찬과 감사

가. 자신감이 중요한 이유

자신감이 중요한 이유는 그것이 우리의 삶을 더욱 당당하게 만들어주는 에너지이고 사람들에게 용기를 주며 한계를 극복하게 해주기 때문이다. 자신감은 큰 위험을 극복하게 하여 스스로 가능하다고 생각했던 것 이상의 효과를 낼 수 있도록 해주고, 또한 사람들에게 기회를 제공한다. 또한 자신감은 불가능할 것이라고 단정하고 실행시키지 못했던 일들에 도전하여 성공과 미래의 행복을 가져오게 한다. 따라서 누구에게나 자신감을 가지고 또 그것을 향상시키는 것은 상당히 의미 있는 일이다.

이처럼 한 사람의 인생에 있어 매우 중요한 자신감은 자신의 노력에 의해 달라질 수 있다. 즉, 자신의 노력에 의해 자신감을 가질 수도 있고, 자신감 없이 인생을 그럭저럭 살아갈 수도 있다. 어떤 것을 선택할지는 결국 본인의 선택에 달려 있다.

나. 자신감을 향상시키는 방법

(1) 자신의 장점을 칭찬하기

세상의 모든 사람은 단 하나뿐인 존재이기 때문에 매우 소중하다. 다른 사람의 시선과 평가에 관계없이 고유하고 독특함을 가진 유일한 존재이다. 대개 사람들은 자신의 고유함을 모른 채 다른 사람과 비교하고, 그에 비해 가지지 못한 자신을 탓하며 단점에 짓눌려 살곤 한다. 자신만의 고유한 장점을 찾지 못하고 자신을 부정적으로만 생각하며 살아가니 얼마나 슬프겠는가? 따라서 자신의 장점을 찾고, 그런 고유한 장점을 가진 자신이 귀중하고 소중한 존재임을 발견하는 것은 매우 중요하고 의미 있는 일이다.

앞의 과정을 통해 자신의 장점을 찾았다면 이제 남은 일은 단 한 가지이다. 자신의 장점을 스스로 칭찬하는 것이다. 스스로 자신을 칭찬하지 않는데, 누가 자신을 칭찬해주겠는가? 자신을 칭찬하려니 왠지 쑥스럽고 창피하게 느껴질 것이다. 그것은 시도해 보지 않아서 익숙하지 않을 뿐이다. 당장 지금부터 거울을 보며 자신을 칭찬하자. 세상에 단 하나밖에 없는 유일한 존재인 자신을 칭찬하고, 자신이 가지고 있는 장점을 당당하게 칭찬하자. 자신감을 향상시키는 가장 좋은 방법 중의 하나는 이와 같이 자신의 장점을 진심으로 칭찬하는 것이다.

그리고 조금의 여유가 생긴다면 다른 사람의 장점도 진심으로 칭찬해 주자. 그 사람 역시 세상에서 단 하나밖에 없는 고유하고 유일한 존재가 아니던가? 좋은 사람을 많이 사귈 수 있는 가장 좋은 방법은 다른 사람의 장점을 진심으로 칭찬하는 것이다. 이것은 내가 관대하고 솔직하며 따뜻하고 다른 사람의 장점을 기분 좋게 인정할 줄 아는 사람이라는 것을 말해주는 것이다.

(2) 학습된 무기력 극복하기

'학습된 무기력(learned helplessness)'이란 피할 수 없거나 극복할 수 없는 환경에 반복적으로 노출된 경험으로 인해 실제로 자신의 능력으로 피할 수 있거나 극복할 수 있음에도 불구하고 스스로 그런 상황에서 포기하는 것을 말한다. 다시 말하면, 노력해도 안 되는 일을 반복적으로 경험하면 실패에 익숙해지거나 좋지 않은 결과를 당연하게 받아들이며, 자발적으로 좌절을 선택하는 일이 나타나게 된다.[24)]

아프리카 초원에서 여유롭게 살아가던 코끼리 가족이 있었다. 어느 날, 사냥꾼을 만났고 빨리 움직이지 못했던 아기 코끼리는 마취 총에 맞아 쓰러지게 되었다. 몇 시간이 지나 눈을 뜬 아기 코끼리는 온몸에 쇠사슬이 감겨져 있음을 알게 되었고, 울면서 몸부림을 치기 시작했다. 그러나 몸부림을 칠 때마다 쇠사슬은 온몸을 더욱 옭아맸고 깊은 상처를 만들었다. 그러던 중, 아기 코끼리는 서커스단에 팔려왔고, 아무리 몸부림쳐도 몸에 묶인 쇠사슬이 풀어지지 않자 더 이상 어찌할 수 없으리라 생각하고 체념했다. 아기 코끼리의 몸부림은 점점 약해졌고, 사육사가 채찍으로 때리며 조종하는 대로 움직이기 시작했다. 그러다 어느 순간엔 목에 감긴 쇠사슬이 굵지 않아도 아기 코끼리는 가만히 묶여져 있게 되었고, 한참 후엔 얇은 새끼줄로 감아두어도 꼼짝하지 않고 가만히 묶여 있게 되었다. 이젠 완전히 체념하여 새끼줄을 풀거나 도망갈 생각을 아예 하지 않았던 것이다.

이처럼 학습된 무기력은 도움이 필요할 때 도움을 요청하지 않고, 성공에 대한 자부심도 느끼지 않는다. 또한 쉽게 좌절을 경험하고, 일상생활이 지루하고 재미를 느끼지 못하게 된다. 자신이 살아온 과정에서 이런 경험을 하지 않았는지 되돌아보자. 이런 경험으로 인해 충분히 할 수 있는 간단한 일조차 하지 못하겠다고 포기하거나 좌절한 적은 없는지 돌이켜보자. 만약 이런 학습된 무기력을 경험한 적이 있다면 그것을 극복해야 떨어진 자신감을 회복할 수 있다. 학습된 무기력을 극복하는 방법은 다음과 같다.

첫째, 접근할 수 있는 목표를 설정하고 그것을 달성할 수 있도록 노력할 필요가 있다. 어떤 목표를 정하고 최선을 다해 그것을 달성하려는 습관이 없기 때문에 과제 수행에 대한 기대가 비현실적으로 높거나 낮은 경우가 많다. 따라서 자신이 도달할 수 있는 적당한 수준의 목표를 세우고 그것을 달성하면 그것을 통해 느낄 수 있는 성취감이 생기며, 이런 경험이 어느 정도 쌓이면 학습된 무기력을 극복할 수 있다.

둘째, 실패의 원인을 자신의 능력 부족 때문이라고 생각하지 말고, 과거의 계속된 실패를 걱정하지 않는 노력이 필요하다. 그동안 자신이 경험했던 실패의 원인이 자신의 능력 부족 때문이 아니라 노력 부족이나 정보 부족일 수도 있다. 그렇게 생각할 시간에 오히려 눈앞의 과제에 집중하는 것이 더 낫다.

마지막으로, 어떤 일이든 자기 스스로 잘 할 수 있다고 생각하는 자세가 필요하다. 이것을 자기효능감이라고 하는데, 스스로 자신을 믿고 어떤 일이든 지속적으로 참여하고 과제를 완성하는 경험을 할 필요가 있다. 이런 과정을 통해 학습된 무기력이 극복되고 자신감이 향상된다.

(3) 성공 경험 나누기

누구나 살아가면서 힘든 일을 겪었고 또 겪을 것이다. 그러나 이런 일들만 생각하고 떠올리는 데 그치는 것이 아니라 그것을 어떻게 이겨내고 극복했는지에 대한 기억도 함께 떠올리는 것이 더 중요하다. 지금까지 살아오면서 경험한 작은 성공들을 기억해내는 것은 정말 의미 있는 일이다. 조금이라도 성적이 향상되었던 일, 열심히 운동을 해서 좋은 성적을 거두었던 일, 그런 일들로 상을 받았던 추억, 다른 사람을 도와주면서 기쁨을 느꼈던 일, 봉사 활동을 하느라 힘은 들었지만 보람을 느꼈던 일, 친구들과의 어려운 관계를 지혜롭게 극복했던 일들을 생각해 보자. 그런 성공 경험들은 지금 닥친 어려움을 극복하는 데 큰 도움을 줄 수 있다. 그리고 필요하다면 자신의 그런 성공 경험을 다른 사람들에게 나누어주면 어느새 자신감으로 충만해진 자신을 발견할 것이다.

(4) 감사하기

성공과 행복의 요인은 멀리 있는 것이 아니다. 바로 내 주위에 있고 내 안에 있다. 자신이 가지고 있지 않은 것에 초점을 맞출 것이 아니라 자신이 이미 가지고 있는 것에 감사하는 것이 성공과 행복의 비결이다. 눈으로 자신의 장점을 보고, 입으로는 자신의 강점을 말하며, 감사하는 마음을 가지는 것이 매우 중요하다. 나에게 기적이 일어나서 감사한 것이 아니라 감사하는 것이 기적을 만든다. 그러니 사소한 일에도 감사하고, 자신이 가지고 있는 것에 감사하며, 다른 사람의 도움과 협력에 기꺼이 감사하는 것이 바람직하다.

> 감사하는 마음은 가장 위대한 미덕일 뿐 아니라 다른 모든 미덕의 근원이 된다.
> - 키케로

> 감사는 위대한 교양의 결실이다. 야비한 사람은 그것을 결코 발견할 수 없다.
> - 사무엘 존슨

> 우리는 불편을 가짐으로 불평을 말하게 되는데, 모든 것을 참고 감사하면 불평은 사라진다.
> - 헬렌 켈러

당신은 오늘 하루 얼마나 감사하며 보냈는가? 감사는 다른 사람에게 보내는 고마운 마음인 동시에 자신에게 건네는 따뜻한 위로이다. 감사는 엄청나게 큰일에 대해서만 하는 것이 아니라 소소한 일생생활에서도 얼마든지 찾을 수 있다. 오히려 작은 감사가 큰 감사를 낳는다. 또한 감사는 연습이자 습관이다. 따라서 매일매일 감사하는 연습을 하는 것은 참 좋은 습관이다. 다음과 같은 구체적인 방법을 활용하고, '감사일지'를 써보는 것도 바람직하다.

- 오늘 날짜를 쓰고 하루를 돌아본다.
- 하루 동안 감사했던 일을 세 가지만 적어본다.
- 감사한 일이 생각나지 않으면 감사의 말과 명언 등을 옮겨 적는다.
- 옮겨 적은 후에는 그 글귀를 다시 한 번 읽으며 한 자 한 자 마음에 새겨본다.
- 그런 다음 오늘 채우지 못했던 감사함을 자신의 마음에 채워 넣는다.
- 감사함을 잘 표현하고 새긴 자신을 칭찬한다.

감사를 기록하고 표현하는 일은 어떤 일이 있어도 다음으로 미루지 말자. 감사를 매일 실천하면 마음이 바뀌고 삶이 바뀐다. '자살'이 '살자'가 되고, 'No'가 'On'이 되며, '수고(愁苦)'가 '고수(高手)'가 되고, '내 힘들다'가 '다들 힘내'가 된다. ♣

Memo

실습하기

나의 대표강점 발견하기

구분		대표강점	점수	구분		대표강점	점수
지혜와 지식	1	호기심		정의감	12	시민정신	
	2	학구열			13	공정성	
	3	판단력			14	지도력	
	4	창의성		절제력	15	자기통제력	
	5	사회적 지능			16	신중함	
	6	예견력			17	겸손	
용기	7	호연지기		영성과 초월성	18	감상력	
	8	끈기			19	감사	
	9	지조			20	희망	
사랑과 인간애	10	친절			21	영성	
	11	사랑			22	용서	
대표 강점을 발휘한 사건은 무엇인가?					23	유머감각	
					24	열정	

대표강점	대표 강점을 발휘한 사건 기술하기

• 수업시간 : 20______년 ______월 ______일 ______요일 ______교시

• 소속 : ______________________ • 학번 : __________ • 성명 : ____________

절취선

Memo

생각하고 토의하기

▣ 주위에서 자신의 강점을 잘 살려서 멋진 삶을 살고 있는 사람들을 조사해 보고, 그 비결은 무엇인지 팀원들과 함께 의견을 나누어 보자.

이름	이 사람은 어떤 강점을 잘 살렸는가?	그 비결은 무엇인가?
활동 후 새롭게 알게 된 사실이나 느낀 점		
지금 바로 내가 실천해야 할 일		

• 수업시간 : 20______년 ______월 ______일 ______요일 ______교시

• 소속 : __________________ • 학번 : __________ • 성명 : __________

절 취 선

Memo

자신의 강점을 잘 알고 있다고요?

런던 비즈니스 스쿨 줄리안 버킨쇼(Julian Birkinshaw) 교수는 직장인 59명에게 설문조사를 통해 자신의 강점이 무엇인지 스스로 평가하게 했다. 그런 다음 이들 50명의 상사들을 대상으로 역시 같은 조사를 했다. 상사들이 생각하는 부하 직원의 강점을 평가하게 한 것이다.

두 그룹의 평가 내용을 비교한 결과 놀라운 사실이 발견되었다. 부하 직원들이 스스로 평가한 자신의 강점과 이들의 상사가 평가한 강점은 매우 달랐으며, 이들 사이에는 아무런 상관관계도 없었다. 결론적으로 부하 직원들은 자신들의 강점이 무엇인지 객관적으로 평가하지 못하고 있었던 것이다.

이렇듯 우리는 자신의 강점을 잘 알고 있다고 생각하지만 실제로는 그렇지 못하다. 그 이유가 무엇일까? 전문가들은 그 이유를 사람들은 자신이 하고 싶은 일에 스스로가 강점이 있다고 착각하기 때문이라고 설명한다. 예컨대, 마케팅 업무를 하고 싶은 김 대리는 자신이 마케팅에 강점이 있다고 생각하는 것이고, 기획 업무를 하고 싶은 이 대리는 자신이 기획에 강점이 있다고 생각하는 것이다. 그들의 상사가 볼 때는 김 대리는 기획 업무에 강점이 있고, 이 대리는 마케팅에 강점이 있는데도 말이다.

흔히 성공하려면 약점을 보완하려고 애쓰지 말고 강점에 집중하라고 말한다. 잘 하지 못하는 일에 시간과 노력을 들이기에는 우리 인생이 너무 짧기 때문이다. 그렇다면 어떻게 하는 것이 자신의 강점을 찾을 수 있을까? 가장 좋은 방법은 다양한 일을 시도해 보는 것이다. 백화점에서 여러 가지 옷을 입어보며 자신에게 가장 잘 어울리는 옷을 찾는 것처럼 말이다.

– 〈곽숙철의 혁신이야기〉 중에서 재인용, 일부 내용을 수정

칭찬 한마디가 바꾼 인생

제2차 세계대전이 끝난 뒤, 먹고 잘 곳도 없는 한 청년이 파리 교외의 한 의상실 앞에서 비를 피하고 있었다. 청년은 이탈리아 베니스의 유복한 사업가 집안에서 태어났지만, 제1차 세계대전으로 인해 부친의 사업이 망하면서 가족 모두 프랑스로 이주했고, 적십자에서 아르바이트를 하며 가족의 생계를 책임지고 있었다.

끼니를 잇기에도 빠듯한 수입이었기 때문에 옷 한 벌 살 여유조차 없었다. 어쩔 수 없이 청년은 스스로 옷을 만들어 입었지만, 다행스럽게도 재단하는 것을 좋아했고 제법 솜씨도 있었다. 끝이 보이지 않는 생활고로 절망감이 밀려올 때면 이상하게도 그의 발걸음은 꼭 의상실 앞에 머물러 있었다.

그날도 비를 피하며 의상실 안을 들여다보고 있는데, 마침 문을 나서던 한 부인이 그를 바라보며 물었다.
"어머, 그 옷 참 멋지네요. 어디서 맞춘 거죠?"
"예? 제가 만든 건데요."
"정말 근사하군요. 당신에겐 옷을 만드는 특별한 재주가 있네요."
이름 모를 부인이 던진 한 마디 칭찬에 청년은 눈이 번쩍 뜨였다.

1950년, 마침내 청년은 그 칭찬 한마디에 용기를 내어 파리 변두리에 의상실을 열었다. 그리고 바로 그 해에 영화 〈미녀와 야수〉의 의상을 담당한 것을 시작으로 한 발 한 발 목표를 향해 매진했다. 그 결과, 1974년엔 시사 잡지 〈타임〉의 표지를 장식하며 '유럽에서 성공한 금세기 최고의 디자이너'라는 찬사까지 듣게 되었다. 세계적인 디자이너 피에르 가르뎅(Pierre Cardin)의 이야기이다.

칭찬합시다. 마음에서 우러난 칭찬 한 마디가 사람의 인생을 바꾼다. 본인뿐만 아니라 다른 사람의 인생도 바꿀 수 있다. 칭찬은 고래도 춤추게 한다지 않는가?

– 〈곽숙철의 혁신이야기〉 중에서 재인용, 일부 내용을 수정

Memo

제 8 장 목표 관리

학습 목표

1. 성공과 행복이 목표와 어떤 관련이 있는지 이해할 수 있다.
2. 목표를 세우는 것의 중요성을 이해할 수 있다.
3. 목표 설정과 그 달성방법을 익힐 수 있다.

학습할 주요 내용

1. 성공과 행복의 정의
2. 목표의 정의와 역할
3. 목표 설정의 5원칙
4. SMART 규칙
5. 목표 설정방법
6. 목표 달성을 위한 12단계 시스템

성공한 사람들은 자신만의 확실한 꿈과 목표를 가지고 있다. 배가 캄캄한 바다를 항해할 때 등대를 바라보고 항해하듯이 성공한 사람들은 자신이 가야 할 곳과 이루고자 하는 것을 분명하게 알고 있다. 가고자 하는 곳이 없다면 걸어갈 이유가 없고, 이루고자 하는 것이 없다면 움직일 이유가 없다. 대부분의 평범한 사람들이 가지고 있는 꿈과 목표는 원하는 삶을 멋지게 살기보다는 하루하루를 근근이 살아가면서 그저 고지서를 처리할 수 있는 비용을 버는 정도이다. 이런 평범한 꿈과 목표는 자신의 내부에 숨어 있는 무한한 가능성과 잠재력을 활용하도록 결코 동기부여하지 않는다.

1. 성공과 행복, 그리고 꿈[1)]

가. 성공이란 무엇인가

(1) 성공의 정의

누구나 성공하기를 원하고 그러기 위해 많은 노력과 투자를 한다. 그런데 성공이 무엇이냐고 물어보면 속 시원하게 대답하는 사람은 그리 많지 않다. 그럼에도 불구하고 세상의 수많은 사람들이 자신이 생각하는 성공의 모습을 그리며 성공을 향해 달려가고 있다.

그렇다면 과연 성공이란 무엇일까? 성공을 어떻게 정의해야 할까? 누구나 다양한 정의를 내릴 수 있겠지만 많은 사람들이 성공을 부(富)와 연결시키곤 한다. 물론 자본주의 사회에서 성공을 부와 결부시키는 것은 어쩌면 당연하다. 그러나 부를 쌓는 것만이 성공이고 그것이 인생의 유일한 목적이라면 정말 씁쓸하지 않는가?

사람마다 각자 생각하는 성공의 모습은 다르겠지만 나름대로 성공에 대해 자신만의 얘기를 할 수 있을 것이다. 어떤 사람은 직업적으로 부를 축적한 것을 성공이라고 생각하고, 또 다른 사람은 권력을 가진 것을 성공이라고 말할 수도 있다. 부와 권력은 포기하더라도 명예를 지킨 것을 성공이라고 말하는 사람도 있고, 평범함 삶을 사는 것을 성공이라고 생각하는 사람도 있을 것이다. 이처럼 어떤 것이 성공이고, 그래서 성공을 어떻게 정의하는지에 대한 사람들의 생각은 정말 다양할 것이다. 누군가 내게 "성공이란 무엇이라고 생각하는가?"라고 물어본다면 이렇게 말하고 싶다. 성공은 자신이 강렬하게 원하고 소중하게 생각하는 일을 하면서 가족이나 이웃과 더불어 행복하게 사는 것이라고 말이다.

(2) 인생 성공 방정식

세계적인 비즈니스 컨설턴트이자 동기부여 전문가 브라이언 트레이시(Brian Tracy)는 그의 저서 『성취 심리(Maximum Achievement)』에서 다음과 같은 방정식을 소개하고 있다.[2)]

> 개인적인 성과 = (선천적 특성 + 후천적 특성) × 태도
> IHP = (IA + AA) × A

여기서 선천적 특성(IA, inborn attributes)이란 부모로부터 물려받은 성향과 성격, 타고난 정신 능력이라고 할 수 있다. 이것은 대부분 태어나면서부터 정해지고 물려받은 유전적인 유산이기 때문에 거의 바꿀 수 없다. 후천적 특성(AA, acquired attributes)은 사람이 성장하는 과정에서 습득하고 계발한 지식, 기술, 재능, 경험, 능력들을 말한다. 이것들은 시간을 갖고 연구와 훈련을 통해 계발하는 것들로 얼마든지 변화시킬 수 있는 것이다. 물론 긴 기간 동안 진행되며, 인내와 규율이 필요하고 지속적인 노력을 요구한다. 그리고 태도(A, attitude)는 한 사람의 선천적 특성과 후천적 특성의 조합에 가해지는 정신적 에너지를 말한다. 결국 개인적인 성과(IHP, individual human performance)는 선천적 특성에 후천적으로 습득한 특성을 더한 다음에 태도를 곱하면 나오게 된다는 것이다.

이 공식에서 사람이 자유롭게 활용할 수 있는 유일한 것은 태도이다. 이것은 어떤 사람이 세상에 접근하는 방식이고, 문제에 다가가는 각도이다. 또한 전반적인 정신적 톤(tone)이고, 생각과 느낌의 외적 표현이다. 사람은 의지를 조절함으로써 언제든지 태도를 결정할 수 있고, 태도의 질은 거의 무제한적으로 향상될 수 있다. 그래서 보통 수준의 선천적 특성과 후천적 특성을 가진 사람이라도 긍정적인 태도를 갖기만 하면 높은 성과를 달성할 수 있다. 그래서 태도는 적성 못지않게 성과에 큰 영향을 미친다.

태도는 한 사람의 내적 상태를 가장 잘 나타내는 것 중의 하나이다. 그래서 자신의 태도를 알아보려면 일이 잘 안 풀릴 때 자신이 어떻게 반응하는지 관찰하면 된다. 아름다울 수도 있고 추할 수도 있지만 진정한 내면은 그때 드러난다. 이때 중요한 것은 삶에 대한 긍정적 태도이다. 긍정적 태도란 하루하루를 살아가면서 부딪치는 문제, 사람 및 사건들을 낙관적이고 밝게 대하는 것이다. 이런 긍정적 태도를 계발하는 것은 자신의 잠재력을 발휘하는 첫 번째 단계이다.

그렇다면 태도를 결정하는 것은 무엇일까? 태도는 기대가 결정한다. 자신과 삶에 대한 기대는 대단히 큰 힘을 가지고 있다. 만일 좋은 일이 생길 것이라고 기대한다면 사람들과 상황을 대하는 데 있어 긍정적이고 낙관적일 수 있다. 다른 사람들에게서 좋은 점을 찾는다면 그것을 발견하게 될 것이다. 바로 오늘 자신에게 정말 멋진 일이 일어날 것이라고 기대한다면 정말 그렇게 될 것이다.

기대를 결정하는 것은 자신과 세상에 대한 믿음이다. 세상은 좋은 곳이고 자신도 좋은 사람이라고 믿는 긍정적인 세계관을 가지고 있으면, 자신과 다른 사람 그리고 부딪치는 모든 상황에서 좋은 것을 기대할 것이다. 이런 긍정적인 기대는 긍정적으로 표현되고, 상응의 법칙에 따라 사람들은 그들에 대한 자신의 태도에 반응한다.

나. 행복이란 무엇인가

직업적으로 큰 성공을 거두어 부를 축적한 사람이 행복하고, 세상의 모든 권력을 한꺼번에 쥐고 있는 사람도 행복할 것이다. 하지만 부와 권력은 없어도 일정한 분야에서 명예를 획득한 사람이 행복할 수도 있다. 그러나 행복을 부와 권력, 그리고 명예만으로 설명할 수는 없다. 다른 무엇이 더 있다. 하지만 여전히 분명한 것은 성공과 행복은 일정한 관계가 있다는 점이다.

행복에 대한 주장은 대개 두 가지 입장으로 구분된다. 쾌락주의적 입장에서 행복은 개인이 주관적으로 경험하는 유쾌한 상태를 말한다. 즉, 행복은 어떤 사람이 자신의 삶에 대해서 만족스럽게 느끼는 주관적인 상태라는 것이다. 이 입장에서 행복을 탐구하는 심리학자들은 긍정적이고 주관적인 경험들, 즉 주관적 안녕, 삶의 만족도, 몰입 경험, 긍정 정서 등에 초점을 맞추고 있다. 이에 비해 자기실현적 입장에서 보면 행복은 사람의 잠재적 가능성을 발현하는 것이다. 다시 말하면, 성격적인 측면에서 강점과 덕목을 충분히 계발하고 발휘함으로써 인생의 중요한 영역에서 의미 있는 삶을 구현하는 것이 행복이라는 것이다. 이 입장을 중시하는 심리학자들은 지혜, 용기, 창의성, 관용, 절제, 영성 등에 초점을 맞추고 있다.

다. 성공하고 행복하기를 꿈꾸자

성공과 행복에 대해 자세하게 논의하는 것이 이 책의 주된 목적은 아니다. 다만, 성공과 행복을 어떻게 생각하고 무엇이라 정의하든 모두 물질적인 것과 연결시키지 않길 바랄 뿐이다. 언젠가 어느 신문에서 "당신은 행복한가?"라는 질문에 대한 세계 여러 나라 사람들의 대답을 정리한 기사를 본 적이 있다. 우리가 일반적으로 생각하는 가난한 나라 사람들의 행복지수가 훨씬 더 높았다. 당시 사진에 나온 그들의 미소를 보고 그들이야말로 진정한 행복을 누리고 있다는 생각을 한 적이 있다. 물질만능주의에 사로잡힌 우리에게 많은 것을 시사해주는 사진이었다.

만약 지금 이 책을 읽는 독자가 젊은이라면 살아온 날보다 앞으로 살아갈 날이 더 많을 것이다. 당연히 매일 매일의 삶이 활기차고 역동적이겠지만 매일 똑같이 반복되는 일상생활에 대해 별로 흥미를 느끼지 못할 수도 있을 것이다. 어느 누구든 행복하게 살 권리가 있다. 그렇다면 진정한 행복이 무엇인지 짬을 내어 진지하게 생각해 보길 권한다. 성공과 행복을 어떻게 생각하든 관계없이 사람이 성공하고 행복하기를 꿈꾸는 것은 정말 의미 있는 일이라 생각한다. 그런 차원에서 젊은 시절에 자신만의 꿈을 찾는 것은 그 시기에 반드시 해야 할 여러 가지 일 중 가장 핵심적인 것이라 아니할 수 없다.

그렇다면 이제 나만의 꿈을 찾는 일을 시작해야 한다. 꿈이 무엇인지 모르는 사람은 없다. 그런데 막상 누군가가 "당신의 꿈은 무엇입니까?"하고 물으면 기다렸다는 듯이 대답할 수 있는 사람이 과연 몇 명이나 될까? 그리 많지 않을 것이다. 자신의 꿈에 대해 진지하게 생각해 보지 않았기 때문에 질문에 대해 쉽게 대답하지 못하는 경우일 것이다. 사람은 무언가 이루고자 하는 것이 있어야 행동으로 옮기기 쉽다.[3)]

사전에서는 꿈을 이렇게 정의하고 있다. 꿈은 잠자는 동안에 깨어 있을 때와 마찬가지로 여러 가지 사물을 보고 듣는 현상, 실현될 가능성이 아주 적거나 전혀 없는 헛된 기대나 생각, 실현하고 싶은 희망이나 이상을 말한다. 이 책에서 말하는 꿈은 맨 마지막에 소개된 정의로서, 어떤 한 사람이 이루고 싶은 희망이나 이상 또는 강렬히 원하는 것을 말한다.

누구나 성공과 실패와 관계없이 과거엔 꿈이 있었고, 지금도 자신만의 멋진 꿈을 가지고 있을 것이다. 사람의 꿈은 자라면서 변하기도 하고 전혀 새로운 꿈이 생기기도 한다. 이 세상에 꿈이 없는 사람은 없다. 하지만 대부분의 사람은 여러 가지 이유로 인해 꿈을 잊고 산다. 따라서 삶의 원동력이 되는 꿈을 다시 찾는 것이 다른 무엇보다 중요한 일이다.

> 우리가 지금 하고 있는 일과 삶의 위치는 먼저 그것을 상상했기 때문에 이루어진 것이다.
>
> \- 도널드 커티스

꿈을 꾸어야 목표가 생긴다. 누구나 자신이 원하는 의미 있는 삶을 살려면 꿈과 목표가 있어야 한다. 그리고 꿈이 있어야 그것을 언제까지 이룰 것인가에 대한 목표도 세울 수 있다. 그런데 문제는 사람들이 자신만의 꿈을 갖는 데 시간을 투자하지 않는다는 것이다. 그래서 자신의 꿈이 무엇인지 생각해 보는 것은 여러 측면에서 의미 있는 일이다. 그리고 자신의 꿈들이 얼마나 간절한 것인지를 아는 것 또한 정말 중요한 일이다.

라. 성공하는 사람들의 특징[4)]

어떤 분야에서 성공한 사람들을 조사해 보면 몇 가지 특징을 발견할 수 있다. 대개 그들은 명확한 비전을 가지고 있고, 열정적이며, 좋은 습관을 가지고 있다. 구체적으로 살펴보면 다음과 같다.

먼저, 성공한 사람들은 자신만의 확실한 꿈(dream)과 목표(gaol)를 가지고 있다. 배가 캄캄한 바다를 항해할 때 등대를 바라보고 항해하듯이 성공한 사람들은 자신이 가야 할 곳과 이루고자 하는 것을 분명하게 알고 있다. 가고자 하는 곳이 없다면 걸어갈 이유가 없고, 이루고자 하는 것이 없다면 움직일 이유가 없다. 대부분의 평범한 사람들이 가지고 있는 꿈과 목표는 원하는 삶을 멋지게 살기보다는 하루하루를 근근이 살아가면서 그저 고지서를 처리할 수 있는 비용을 버는 정도이다. 이런 평범한 꿈과 목표는 자신의 내부에 숨어 있는 무한한 가능성과 잠재력을 활용하는 데 전혀 도움을 주지 못한다.

두 번째, 성공한 사람들은 열정적이다. 열정은 한 사람의 삶을 그 이전보다 훨씬 빠른 속도로 나아가게 하는 에너지이다.[5)] 열정은 어떤 일에나 활력을 더해주며 어떤 어려움도 대단한 기회로 바꾸어 주는 힘을 가지고 있다. 그래서 열정적인 사람은 그의 꿈과 목표를 포기하지 않고, 그것을 이루기 위해 온갖 노력과 정성을 다한다. 목표를 이룰 때까지 필요한 행동을 끊임없이 연습하며, 쉬지 않고 반복한다. 가만히 앉아 골똘히 생각만 하거나 책상 앞에 붙어 앉아 한숨만 쉬고 있다면 열정을 품어 볼 기회가 없을 것이다.

마지막으로, 성공한 사람들은 좋은 습관(habits)을 가지고 있다. 습관은 지식(knowledge), 기술(skill)과 욕구(desire)의 혼합체이다.[6)] 습관은 한 사람이 무엇을 왜 하는지를 알고, 그 방법을 알며, 무언가를 하고 싶은 동기를 가지고 있다는 것을 말한다. 따라서 어떤 사람이 무엇인가를 습관화하기 위해서는 이 세 가지가 있어야 한다. 좋은 습관은 한 사람의 인생에 엄청난 영향을 끼치고 성공적인 삶을 살 수 있는지를 결정짓는다. 그래서 성공한 사람들은 독서, 시간관리, 운동, 자신에게 하루에 한 가지씩 좋은 말하기, 자신과 타인을 칭찬하기, 긍정적인 것을 생각하기, 편지를 자주 쓰거나 일기 쓰기, 미래를 생각하고 계획하기, 사람들과 좋은 관계 맺기 등과 같은 좋은 습관을 꾸준히 실천하고 있다.

Sow a thought, and you reap an act;
Sow an act, and you reap a habit;
Sow a habit, and you reap a character;
Sow a character, and you reap a destiny.
– Samuel Smiles

그렇다면 성공적인 대학생활과 멋진 인생을 설계할 시점에 와 있는 대학생들이 해야 할 일은 무엇일까? 자신만의 분명한 꿈과 목표를 가지고, 그것을 이루는 데 도움이 되는 좋은 습관을 가지며, 원하는 것을 이룰 때까지 열정적으로 행동하고 도전하는 것이라 생각한다. 성공한 사람들과 실패한 사람들의 차이는 그리 크지 않다. 성공한 사람들은 실패한 사람들이 행하기 싫어하는 일을 다만 했을 뿐이다. 그러니 성공한 사람들이 실천했던 행동과 습관들을 직접 실행해 보는 것도 좋은 방법이다.

성공에는 비결이 없다. 해야 할 일을 하는 것이고, 해서는 안 될 일을 하지 않는 것이다.
- 탈무드

2. 목표 설정 원칙과 방법[7)]

가. 목표란 무엇인가

(1) 목표의 정의와 역할

나폴리언 힐(Napoleon Hill)이 여러 분야에서 성공한 사람들을 조사해서 그들의 공통점을 찾아낸 적이 있었는데, 그중 하나가 그들은 확실한 목표를 가지고 있다는 것이다. 이것은 그들이 가지고 있는 천재성이나 다른 어떤 특성보다 우선하는 것이었다.

목표란 미래에 대한 표상이고, 우리의 행동을 촉진하는 견인차 역할을 하는 것이며, 자신이 하는 일이나 업무 수행의 정도를 파악하기 위한 척도이다.[8)] 간단히 말하면, 목표는 기간이 있는 꿈이다. 목표는 우리가 가야 할 방향을 알려주고 집중하도록 도와주는 역할을 한다. 어떤 사람이 가야 할 곳을 정해놓지 않으면 결코 거기에 도달할 수 없듯이 목표가 없으면 원하는 성공을 이룰 수 없다. 도착하려는 항구가 있어야 배가 출항할 수 있는 것처럼 목적지가 있어야 길을 떠날 수 있다. 구체적으로 목표는 다음과 같은 역할을 한다.[9)]

첫째, 목표는 선택에 대한 확실한 지침을 제공해 준다. 우리는 한정된 시간 속에서 수많은 일을 선택해야 하는 부담을 안고 살고 있다. 어떤 때는 무엇을 선택해야 좋을지 고민하다가 다른 일을 전혀 진행하지 못하는 경우도 있다. 이럴 때 목표는 우리가 달성하길 원하는 활동에만 집중할 수 있도록 함으로써 상대적으로 덜 가치 있는 일에 소비하는 시간을 줄이는 데 도움을 준다. 이번 학기에 시험을 잘 보고 좋은 학점을 받는 것이 목표라면 게임을 하거나 술 마시는 데 드는 시간을 줄이고 공부하는 데 시간을 많이 투자해야 한다.

둘째, 목표는 역경과 어려움 속에서도 쉽게 포기하지 않게 한다. 누구나 살다 보면 많은 어려움과 난관에 부딪히는데, 그때마다 그만두고 싶다는 생각을 한 적이 있었을 것이다. "내가 도대체 이 일을 왜 하지?", "이렇게 한다고 무엇이 바뀌겠는가?", "언제까지 이런 일을 계속해야 하는가?" 등의 생각이 들었을 것이다. 이럴 때 목표는 내가 그 일을 계속하고 살아남아야 하는 이유를 깨닫게 한다. 꼭 이루어야 하는 분명한 목표가 있다는 것은 강한 의욕과 삶의 원동력을 자극하는 아주 좋은 촉진제이다.

셋째, 목표는 효과적인 해결방법을 찾게 해준다. 목표를 정하면 자신의 주변 사물과 일들을 목표와 관련지어 새롭게 인식하게 된다. 또한 필요한 정보들이 예전보다 눈에 잘 띄고, 새로운 아이디어가 떠오른다. 배가 고프면 다른 곳보다 식당이 눈에 먼저 보이고, 평소에 타고 싶었던 자동차가 지나가면 그것이 먼저 눈에 띄는 것과 마찬가지 이치이다.

마지막으로, 목표는 지겨움을 줄여주고 성취감을 갖게 한다. 목표 없이 하는 일은 달성 여부를 확인할 수 없기 때문에 쉽게 지겨워진다. 책상을 정리하는 일이나 방을 청소하는 일과 같은 사소한 일도 목표를 정하면 지겨움이 훨씬 줄어든다. 식탁에 수저를 놓는 일이라도 집에서 하는 것과 아르바이트를 하는 레스토랑에서 하는 것이 다른 것은 분명한 목표가 있느냐 없느냐의 차이이다. 그래서 목표가 있으면 그것을 이루었다는 성취감을 함께 느낄 수 있고, 그러니 지겨울 리도 없는 것이다.

(2) 목표 설정의 의의

한 개인에게 목표가 없다는 것은 마치 축구장에 골대가 없는 것과 같다. 골대가 없는데, 어떻게 골인이 있을 수 있겠는가? 누구나 자신이 원하는 바가 무엇이고, 그것을 달성하면 어떻게 되는지 알고 있기 마련이다. 사람이 의식적으로 어떤 목표를 갖게 되면 그것은 그 사람의 행동이나 동기에 영향을 미친다. 그리고 그의 에너지도 그가 가고자 하는 목표 쪽으로 흐르게 마련이다. 그래서 분명한 목표가 있으면 그것에 에너지를 집중할 수 있게 된다. 누구나 목표를 설정해야 비로소 길을 떠날 수 있고, 원하는 여정을 시작할 수 있다.

목표 설정이란 미래를 예견하여 대비한다는 의미를 지닐 뿐만 아니라 마땅히 이루고자 하는 바를 향해 자신의 힘과 에너지 및 활동 방향을 정하고 집중하는 것을 말한다. 다시 말해, 목표를 설정한다는 것은 미래 지향적으로 생각한다는 것이고, 자신의 행동을 의식적으로 어떤 특정한 기준에 맞추어 그 쪽으로 조정한다는 것이다. 로타르 자이베르트(Rothar J. Seiwert)도 "목표 설정이란 우리가 현재 가지고 있거나 우리의 내면에 잠재된 욕구, 관심, 소망, 과제가 지닌 의도를 명확하게 파악하여 간명하게 표현하고, 이러한 목표의 실현에 초점을 맞추어 우리의 행동 방향을 설정하는 것"이라고 말했다.[10] 그는 목표 설정의 의의를 다음과 같이 설명하고 있다.

첫째, 목표를 설정한다는 것은 미래 지향적으로 생각한다는 것이다. 개별 과제에만 관심을 쏟으면 세밀함에 치중하다가 본질에서 벗어날 우려가 있지만, 이와 반대로 목표에 관심을 쏟으면 개별적인 것은 커다란 전체 안에서 파악하도록 만들어 준다. 즉, 목표를 설정하면 미래의 어느 시점에 최종적으로 달성해야 하는 상태가 무엇인지를 잘 알 수 있기 마련이다.

둘째, 목표를 설정한다는 것은 특정한 원칙과 기준에 따라 자신의 행동 방향을 의식적으로 설정한다는 것을 의미한다. 우리가 의식적으로 어떤 행동을 하고자 할 때, 다른 사람의 결정에 끌려 다니지 않으려면 자신이 원하는 방향을 제대로 알고 있어야 한다. 그것을 알려주는 것이 바로 목표이다.

마지막으로, 목표를 설정한다는 것은 중요한 일을 하는 데 전력할 수 있다는 것을 의미한다. 자신이 원하는 목표를 정확하게 인식한다면 자신의 에너지와 행동도 그쪽으로 향하게 되고, 목표를 달성하는 데 중요하지 않은 일 때문에 에너지를 낭비하지 않게 된다.

(3) 효과적인 목표의 특성[11)]

효과적인 목표는 다음 네 가지 중요한 특성을 잘 반영하고 있어야 한다.

첫째, 목표는 서로 상충하지 않고 조화로워야 한다. 자신이 세운 목표들은 상호 지원하며 서로를 강화하는 것이어야 한다. 경제적으로 성공하거나 사업에서 성공하겠다는 목표를 세워놓고 하루 종일 시간을 골프장이나 해변에서 보낸다는 목표를 세울 수는 없다.

둘째, 목표는 도전적이어야 한다. 자신이 세운 목표에 압도당할 정도가 되어서도 안 되지만, 동시에 너무 쉽게 달성할 수 있어서는 안 된다. 목표는 힘들여 달성할 수 있는 정도는 되어야 한다. 처음 목표를 세울 때는 성공 가능성이 약 50% 정도 되는 것이 좋다. 이 정도 수준이면 이상적으로 동기를 부여할 수 있으면서도 쉽게 좌절하지 않을 수 있다. 목표 설정 기술이 능숙해지면 큰 어려움 없이 40%, 또는 30%나 20%의 성공 가능성밖에 없는 목표도 자신 있게 세울 수 있고, 동시에 열정과 동기를 유지하면서도 목표 달성을 추구해 갈 수 있다.

셋째, 유형적인 목표와 무형적인 목표, 동시에 양적인 목표와 질적인 목표를 동시에 가져야 한다. 객관적으로 측정할 수 있는 양적 목표를 세움과 동시에 내적인 삶과 인간관계에 대한 질적인 목표도 가져야 한다. 가족을 위해 더 큰 집을 구입하겠다는 양적 목표를 세움과 동시에 가족구성원으로서 더욱 사랑스러운 사람이 되겠다는 질적 목표를 세울 수도 있다.

넷째, 단기적인 목표와 장기적인 목표가 동시에 필요하다. 현재에 대한 목표와 함께 5년, 10년, 20년 후의 목표도 필요하다. 비즈니스, 직업 그리고 개인적인 목표에 있어 이상적인 단기 목표 기간은 90일 정도다. 같은 영역에서 이상적인 장기 목표 기간은 2~3년이다. 이 정도의 기간이 지속적으로 동기를 부여하는 데 이상적이다. 주된 목표(major purpose) 또는 포괄적인 목표는 2~3년 정도 되는 것으로 양적이고 도전적인 것이 가장 좋다. 다음에는 그 기간을 다시 90일 정도의 작은 단위로 나누고, 다시 월간, 주간, 일간 목표로 세분해야 한다.

나. 목표를 세우지 않는 이유

목표를 세우는 것이 이렇게 중요한 일임에도 불구하고 사람들은 무슨 이유로 목표를 세우지 않는 것일까? 어떤 사람은 "글쎄, 지금 하신 얘기가 그럴 듯하게 들리긴 하지만 목표를 세운다고 해서 그 일이 모두 현실로 되는 것은 아니잖습니까?"라고 말할 것이다.

목표는 현재 상태와의 계획된 갈등이다. 다시 말하면, 목표를 세운다는 것은 현재 상태와 한 판 붙자며 갈등을 일으키는 것이다. 사람들은 대개 편한 상태에서 벗어나고 싶어 하지 않는다. 익숙하고 편안한 것을 버리는 것이야말로 인생에서 제일 어려운 일 가운데 하나이다. 그런 차원에서 목표에 도달한다는 것은 새로운 것을 하는 것, 편안하고 익숙한 것과 결별하고 새로운 미개척지를 탐색하는 것을 의미한다. 지금까지 전혀 가보지 않은 새로운 영역을 탐색하는 일은 위험하고 고통스러우며 힘든 경험일 수 있다. 이처럼 목표의 중요성을 인정하면서도 그것을 가지고 있지 않다면, 거기에는 분명한 이유가 있을 것이다. 사람들은 대개 다음과 같은 몇 가지 이유 때문에 목표를 잘 세우지 않는다.[12)]

첫째, 대부분의 사람은 자기 자신에 대해 실망할까 두려워서 무의식적으로 목표를 세우지 않는다. 어떤 목표든 항상 실패할 위험을 수반하다. 체중을 줄이는 것이든, 학점을 올리는 것이든, 아니면 아침운동을 매일 하는 것이든 일단 목표를 잡으면 실패할 가능성은 얼마든지 있다. 누구든지 과거에 몇 번쯤 목표를 세웠지만 그것을 달성하지 못한 경험을 가지고 있을 것이다. 그럴 때마다 자신에 대해 가지고 있던 기대가 무너지고 자신에 대해 실망했을 것이다. 그래서 어떤 목표를 달성하는 것이 불가능하다고 생각되면 사람들은 아예 목표를 갖지 않는 것으로 위안을 삼는다. 왜냐하면 목표가 없으면 좌절감이나 실망감을 느끼지 않아도 되기 때문이다. 실패할지도 모르는 위험한 상황에 서지 않는 것으로 스스로 실패를 피하고 싶은 것이다. 그래서 결국 사람들은 과거의 경험을 바탕으로 자신에게 실망할까 두려워서 아예 목표를 세우지 않는다.

둘째, 사람들은 지금 만족감을 주는 유혹에 휘둘리거나 자신이 감당해야 할 부담이 싫어서 목표를 가지려 하지 않는다. 예컨대, 외국어 공부를 꾸준히 하거나 일정액을 매달 저축하는 것이 장기적으로 더 큰 만족감을 가져다준다는 것을 알고 있다. 하지만 지금 당장 재미있고 즐거운 텔레비전 시청, 인터넷 채팅, 스마트 폰 게임, 수다 떨기, 쇼핑 등에 몰입한다. 또한 매일 아침 일찍 일어나 조깅을 하거나 수영을 하겠다는 목표를 세우면, 아침잠을 좀 더 줄이거나 땀을 흘리며 뛰는 노력을 해야 한다는 부담을 안게 되는 것이 싫어서 목표를 가지길 꺼려한다.

마지막으로, 많은 사람들이 실제로 목표를 세우는 방법을 잘 알지 못한다. 몇십 년의 정규교육과정을 마친 대학생들도 지금까지 목표를 세우는 방법에 대해 배우지 못했거나 목표를 세우는 방법에 대해 알아보려 하지도 않는 경우가 많다. 자신이 원하는 것을 꼭 이루는 삶을 살고 싶다면 목표를 세우는 방법을 배워야 하고, 목표를 세우기 위해 그에 필요한 노력도 병행해야 한다.

다. 목표 설정에 필요한 5가지 기본 원칙

올바른 목표 설정은 한 사람의 인생을 확실하게 바꿔줄 수 있다. 하지만 자신의 목표를 설정했다는 사람들을 만나 대화를 해보면 의외로 그 목표들이 막연한 경우가 많다. 따라서 목표 설정에도 분명한 기술이 필요하다. 여기에서는 최대의 성취를 이루기 위해 필요한 다섯 가지 기본적인 목표 설정 원칙을 소개하고자 한다.[13)]

(1) 적합성의 원칙

최고의 성과를 내려면 자신이 지향하는 가치와 목표가 서로 잘 맞아야 한다. 가치는 무엇이 옳고 그른지, 무엇이 좋고 나쁜지, 무엇이 중요하고 의미 있는지에 대한 자신의 확신을 말한다. 자신이 세운 목표와 가치가 서로 완벽한 조화를 이룰 때 높은 성과를 낼 수 있고 자부심을 느낄 수 있는데, 이를 적합성(congruency)이라 한다. 이것은 장갑과 손이 서로 잘 맞아야 하는 것과 같은 이치이다.

(2) 우수영역의 원칙

사람은 모두 최소한 어느 한 가지 부분에서는 우수한 능력을 가지고 있다. 물론 사람에 따라서는 몇 개의 영역에서 우수한 능력을 가지고 있는 경우도 있다. 우수영역(area of excellence)이란 특별한 능력을 가지고 있어서 뛰어나게 잘 할 수 있는 독특한 영역으로서 자신이 가장 좋아하면서 동시에 잘 하는 일을 말한다. 자신의 우수영역을 찾아내고 그 영역에서 재능을 계발하는 데 전념하면 자신의 잠재력을 최대로 발휘할 수 있다. 이 우수영역 가운데서 목표를 찾는다면 의미 있는 결과를 도출할 수 있다. 우수영역은 직업이 바뀌면서 변할 수도 있다.

(3) 다이아몬드 밭의 원칙

자신의 발밑에 다이아몬드 밭(Acres of Diamonds)이 있을지도 모른다. 그 다이아몬드 밭은 아마도 자신의 재능, 흥미, 교육, 배경과 경험, 자신이 일하고 있는 분야, 자신이 살고 있는 도시, 자신이 아는 사람들 안에 있을 것이다. 이것들은 대개 노력이 필요한 무엇인가로 변장하고 있다. 사람들이 해야 할 일은 시간을 들여서 그것을 찾아보고 거기에 노력을 쏟는 것이다. 이처럼 우리가 찾는 것은 대부분 우리 곁에 아주 가까이 놓여 있다. 그러나 겉으로 보기에는 그것들이 기회로 보이지 않기 때문에 단지 힘든 일로 생각될 소지가 높다. 따라서 목표를 멀리서 찾는 것보다 자신과 가까운 데서 찾는 것이 훨씬 수월하다.

(4) 균형의 원칙

이것은 최대한의 성공을 거두기 위해서는 인생의 여섯 가지 핵심영역, 즉 가정과 개인 생활, 건강, 정신적이고 지적인 생활(공부와 개인 성장), 직장과 일, 경제적이고 물질적인 부분 및 내적인 성장과 영적 생활에서 다양한 목표를 설정할 필요가 있다. 자동차가 제대로 가려면 바퀴가 균형을 잘 잡아야 하는 것처럼 인생을 원만하고 만족스럽게 살아가려면 자신이 세운 목표들끼리 서로 균형(balance)을 이루어야 한다.

(5) 주된 목표 결정의 원칙

주된 목표(major purpose)란 그 시점에서 다른 어떤 목표보다 더 중요한 목표를 의미한다. 이것은 미션(mission)이 되고 다른 모든 활동을 엮어주는 원칙이 된다. 누구나 자신의 삶을 영위하는 데 있어 다양한 목표를 세울 수 있지만 주된 중심 목표는 오직 하나다. 포괄적이고 주된 목표를 선택하는 데 실패하는 것은 자신의 노력을 분산시키고, 시간을 낭비하며, 성장하지 못하게 하는 1차적인 원인이다. 주된 목표를 선정한다는 것은 모든 위대한 성공과 성취의 출발점이다. 열정을 갖고 주된 목표를 달성하고자 노력하면 온갖 장애물과 제약이 있어도 신속하게 앞으로 나아갈 수 있다. 따라서 자신이 세운 목표 중에서 주된 목표를 잘 선택하는 것은 아주 중요한 일이다.

라. 목표 설정 규칙 : 'SMART 규칙'[14)]

학자들은 달성할 가능성이 높은 목표를 세우기 위해서는 'SMART 규칙'에 따르라고 조언한다. 즉, 목표는 구체적이고, 측정할 수 있으며, 행동 지향적이고, 현실적으로 세우되, 적절한 시간 개념이 포함되어야 한다는 것이다. 좀 더 구체적으로 살펴보자.[15)]

(1) 목표는 구체적이고 명확해야 한다(Specific)

목표는 구체적이고 분명할수록 달성할 가능성이 높아진다. 예컨대, '언젠가는 외국어 실력을 높일 거야', '이 분야에서 당대 최고가 될 거야', '언젠가는 부자가 될 거야'라는 식의 막연한 기대에 근거한 목표는 달성되기 어렵다. 이런 것보다는 '매일 1시간씩 운동을 할 거야', '매일 2시간씩 영어 공부를 할 거야', '10년 내에 컴퓨터 그래픽 디자인 분야에서 국내 최고의 전문가가 될 거야', '40세가 되는 해의 12월 31일까지 1억 원을 벌 거야'라는 식으로 구체적인 목표를 설정해야 달성하기가 쉬워진다. 그리고 진행과정을 구체적으로 확인할 수 있다면 목표를 달성할 가능성이 더욱 높아진다.

(2) 목표는 측정할 수 있어야 한다(Measurable)

목표는 반드시 구체적으로 명확한 숫자로 측정할 수 있어야 달성할 가능성이 높아진다. 예컨대, '단시간에 체중을 줄일 거야'라는 목표보다 '3개월 이내에 지금보다 10kg을 감량할 거야'라는 식으로 목표를 세우는 것이 좋다. 또한 '영어 실력을 향상시킨다'라는 목표보다 '매일 영어 단어 10개 암기, 30일 동안 단어 300개 외우기'라고 목표를 세우는 것이 달성하기 훨씬 쉽다. 왜냐하면 구체적인 숫자로 표시된 목표에 대해 피드백을 받을 수 있다면, 자신의 성취 정도를 쉽게 파악할 수 있기 때문이다.

(3) 목표는 행동 지향적이어야 한다(Action-oriented)

목표는 사고 중심적인 것이 아니라 행동 지향적인 형태로 세워야 달성하기 쉽다. '열심히 공부하는 대학생이 될 것이다', '상냥하고 친절한 사람이 되겠다'는 식의 목표를 갖는다면 달성하기가 쉽지 않다. 왜냐하면 이런 목표들은 실천해야 할 행동이 구체적으로 명시되어 있지 않기 때문이다. 예컨대, 열심히 공부하는 대학생이 되고 싶다면, '매일 30분 예습과 수업 종료 후 2시간 복습한다'는 식으로 바꾸는 것이 바람직하다. 또한 상냥하고 친절한 사람이 되겠다는 사람의 목표는 '지금까지 인사하지 않았던 사람들에게 먼저 달려가 매일 한 번 이상 인사를 한다'와 같이 행동 지향적인 형태로 바꾸는 것이 좋다.

(4) 목표는 현실적이고 실현할 수 있어야 한다(Realistic)

스스로 세운 목표를 달성하려면 구체적이면서도 실현할 수 있어야 한다. 예컨대, 1년 안에 백만장자가 되겠다거나 6개월 내에 공인회계사가 되겠다는 목표는 실현하기 어려운 목표들이다. 또한 하루에 두 갑의 담배를 피우던 사람이 당장 오늘부터 금연하겠다는 목표를 세운다면 과연 얼마나 실천할 수 있을까? 모든 계단은 하나씩 올라가야 하듯이, 큰 목표를 이루려면 실현할 수 있는 수준으로 단계를 나누고 하나씩 실천해야 한다. 이것이 목표를 이룰 수 있는 현실적인 방법이다.

(5) 시간배정을 적절히 하고, 당장 실천해야 한다(Time-based)

목표를 잘 성취하려면 그것에 필요한 시간을 적절하게 배분하고 즉각적으로 실천하는 것이 중요하다. 목표를 이루지 못한 사람들의 특징 중의 하나는 목표를 달성하는 데 걸리는 시간을 적절하게 배분하지 못하거나 목표 달성에 필요한 실질적인 행동을 하지 않고 우물쭈물한다는 것이다. 예컨대, 목표 달성에 필요한 행동을 바로 실천하는 것이 아니라 '언젠가는 해야지', '내일부터 시작하면 된다'는 식으로 뒤로 미루는 습관이 있다. 40세까지 1억 원을 모으는 것이 목표라면, 지금 바로 단 돈 1,000원이라도 들고 가까운 은행으로 달려가야 한다. 또한 이번 학기에 열심히 공부해서 장학금을 받아 부모님을 기쁘게 해드리는 것이 목표라면, 지금 당장 책상 앞에 앉아 책을 펴고 공부를 시작해야 한다.

마. 실현할 수 있는 바람직한 목표 세우기

위와 같은 과정을 거쳐 세워진 목표는 다음과 같은 조건을 추가로 충족시키면 실현할 수 있는 바람직한 목표가 된다.

(1) 긍정적인 문장으로 표현한다

목표는 부정적인 표현보다는 가능한 긍정적인 표현을 사용하여 작성하는 것이 좋다. 예컨대, '게으른 사람이 되지 말아야겠다', '낭비가 심한 사람이 되지 말아야겠다', '올해는 다른 사람과의 관계를 악화시키지 말아야겠다'라는 표현을 사용한 목표보다는 '부지런한 사람이 되어야겠다', '매월 5만 원씩 용돈을 절약하겠다', '다른 사람과 좋은 관계를 유지하기 위해 내가 먼저 인사하고 칭찬하는 사람이 되겠다'는 식으로 긍정적인 표현을 사용하여 목표를 세우는 것이 에너지를 끌어올리는 데 도움이 된다.

(2) 목표 실현을 위한 자원이 필요하다

자신이 세운 목표를 실현하기 위해서는 다양한 자원이 필요하다. 즉, 시간, 재정, 도구, 인맥 등 다양한 자원을 효율적으로 투입, 관리할 때 목표를 달성할 수 있다. 따라서 어떤 목표를 달성하기 위해서는 그것에 필요한 자원들이 무엇인지 파악하고 그것들을 꼼꼼하게 준비해야 한다. 예컨대, 영어 실력을 향상시키기 위해서는 공부시간, 영어 참고서, 사전, 인터넷 강의 수강을 위한 수강료, 학원 등록비 등이 필요하다. 또한 영어 회화 실력을 향상시키기 위해서는 교내 외국인 친구나 원어민 강사의 도움을 받을 필요도 있다. 따라서 자신이 세운 목표를 실현하기 위해 어떤 자원들이 필요한지 철저하게 파악하는 것은 목표를 이루기 위한 필요조건이다.

(3) 다른 사람의 목표 실현이나 바람직한 상태를 방해해서는 안 된다

아무리 좋은 목표를 세웠다 하더라도 그것이 다른 사람의 성취나 행복을 방해해서는 안 된다. 내 목표를 실현하기 위해 다른 사람이 가지고 있는 자원을 가로채거나 부정한 방법으로 다른 사람을 방해하는 것은 옳지 못하다. 또한 내 목표를 실현하기 위해 가족이나 친구, 동료 등 특정인의 무리한 헌신을 강요해서는 안 된다. 나와 다른 사람이 서로 승승(win-win)할 수 있는 좋은 방법이 얼마든지 있고, 그럴 때 목표 달성 후의 성취감과 만족감이 배가될 것이며, 대인관계도 원만해질 것이다. 따라서 자신이 원하는 목표를 세울 때는 그것이 다른 사람에게 어떤 도움과 이익이 되는지를 함께 살피는 것이 바람직하다.

3. 목표 설정의 실제[16)]

가. 목표 설정방법(Ⅰ) : 욕구 탐색하기

목표를 세우는 첫 번째 방법은 자신의 마음속에 웅크리고 있는 욕구를 끄집어내는 것이다. 그동안 잊고 지냈거나 잠재의식 속에 숨겨져 있는 욕구를 끄집어내고, 그것들을 구체화하는 방법으로 목표를 세우는 것이다. 그 순서는 다음과 같다.

(1) 1단계 : 나만의 꿈 목록 정하기(list-up)

갑자기 그동안 잊고 지냈던 자신의 꿈을 찾고 그것을 바탕으로 구체적인 목표를 설정하는 것은 생각만큼 쉬운 것이 아니다. 꿈을 찾기 위해서는 마중물과 같은 역할을 하는 어떤 것이 필요하다. 마중물은 물을 퍼 올릴 수 있는 펌프에 먼저 붓는 한 바가지 정도의 물을 말한다. 예전에 수돗물이 대중화되기 전에는 펌프로 물을 품어 올려 식수로 사용하던 때가 있었다. 이때 펌프질을 하기 전에 한 바가지 정도의 물을 펌프에 붓고 펌프질을 하면 쉽게 새물을 퍼 올릴 수 있었는데, 이 물을 마중물이라 불렀다.

꿈을 찾기 위해 가장 먼저 해야 할 일은 자신의 가슴 속 깊은 곳에 숨어 있는 욕구들을 끄집어내는 것이다. 평소에 생각했던 것이나 지금 막 떠오르는 것들을 그냥 생각나는 대로 종이에 적어 보는 것이다. 자신이 하고 싶은 것, 가고 싶은 곳, 갖고 싶은 것과 되고 싶은 모습을 생각나는 대로 적어보자. 물론 지금 당장 할 일과 관련된 욕구를 끄집어내는 것도 좋다. 하지만 자신의 인생 전체를 놓고 볼 때, 어떤 일을 하고 싶고, 어디를 가고 싶으며, 어떤 것을 갖고 싶고, 미래에 어떤 모습을 지닌 사람이 되고 싶은지를 생각하고 그것들을 정리하는 것이 목표 설정에 더 큰 도움이 된다(233쪽 참조).

(2) 2단계 : 꿈의 구체화(specification)

앞선 단계의 활동을 통해 찾은 욕구들을 잘 살펴보면 그 가운데 자신이 그동안 잊고 지냈던 것들이 들어 있을 것이다. 이것을 바탕으로 자신이 이루길 원하는 목표를 세우는 구체적인 작업을 진행할 수 있다. 앞선 과정에서 찾은 욕구들 중에서 영역별로 자신이 가장 먼저 꼭 이루고 싶은 것 한 가지씩을 골라 그것에 대해 구체적으로 적어보는 것이다. 각각의 구체적인 내용이 무엇이고, 그것을 이루고 싶은 구체적인 이유가 무엇이며, 그것을 이루기 위해 구체적으로 일정을 어떻게 잡을 것인지를 기록해 보는 것이다(2235쪽 참조).

예컨대, 가족과 유럽여행을 하는 것이 꼭 하고 싶은 일이라고 가정해 보자. 그렇다면 구체적으로 독일, 프랑스, 스위스, 오스트리아, 크로아티아, 이탈리아와 체코를 경유하는 일정을 잡으면 된다. 나를 낳고 길러주신 부모님께 조금이나마 보답하고 감사하는 뜻으로 한 달 동안 여행을 가는 내용의 목표가 생긴 것이다. 그 여행에 소요되는 경비 1,000만 원을 마련하기 위해서 지금부터 3년 동안 매달 30만 원씩 저축하되, 아르바이트와 공모전 응모 및 장학금 등으로 조달한다는 목표를 세우면 되는 것이다.

일단 영역(하고 싶은 일, 가고 싶은 곳, 갖고 싶은 것, 되고 싶은 모습) 중에서 최우선 순위에 있는 것으로 한 가지씩만 선택하여 진행하지만, 시간의 여유가 있다면 자신이 찾은 개별 욕구들에 대해 같은 과정을 모두 거치면 거대한 꿈 리스트가 나오게 된다. 그리고 개별 목표들에 대해 각각 앞서 설명한 'SMART 규칙'에 따라 구체화시키는 과정을 반복하면 되는 것이다. 그런 다음 그것들을 하나씩 실행으로 옮기면 된다(〈표 8-1〉, 237쪽 참조).

〈표 8-1〉 SMART 규칙에 따른 목표 설정(예)

구분	내용	목표	외국어 실력 향상하기
S (구체적)	다른 사람도 알 수 있도록 구체적으로 작성함	미래영어학원에서 TOEIC 공부를 저녁 7~9시까지 한다.	
M (측정 가능)	목표 달성 여부, 진행 정도를 알 수 있도록 수치화함	TOEIC 점수를 33% 향상시킨다.	
A (행동 지향)	구체적으로 실행할 수 있는 행동 중심으로 작성함	TOEIC 점수 200점 향상을 위해서 통학시간에 영어 단어 5개씩 암기한다. 새벽 5시에 일어나 매일 1시간씩 TOEIC 공부를 한다. 학원 수강 후 밤 12시까지 복습을 한다. 잠자는 시간을 2시간 줄인다.	
R (현실적)	자신의 능력으로 현실적으로 달성할 수 있어야 함	TOEIC 점수를 현재 600점에서 800점으로 올린다.	
T (시간 설정)	목표 달성시간을 설정함	TOEIC 점수 800점에 도달하는 기간은 2015. 11. 01.~2016. 03. 31까지이다.	

(3) 3단계 : 시각화(visualization)

구체적인 목표가 설정되었으면 그 다음에 할 일은 그것이 이미 이루어진 자신의 미래 모습을 머릿속으로 명확히 그리는 것이다. 그리고 마음속 스크린에 그 모습을 반복해서

비춘다. 목표가 달성된 모습을 시각화하면 할수록 욕구를 증가시키고 목표를 달성할 수 있다는 믿음이 강해진다. 사람의 잠재의식은 이미지에 의해 작동한다. 따라서 마음속의 이미지는 정신력을 집중키는 데 도움을 준다.

자신의 목표와 관련된 이미지가 구체적으로 그려지지 않으면 주변에서 그것과 관련된 이미지를 찾아보는 것도 좋은 방법이다. 각각의 목표들과 관련된 이미지를 찾아보고, 그것을 자신이 잘 볼 수 있는 곳에 붙여 두는 것이 목표를 이룰 수 있는 확률을 높이는 데 큰 도움이 된다. 책, 신문, 전문 잡지, 달력, 화보, 각종 홍보물, 브로슈어, 팸플릿 등 인쇄물 속에 나온 그림 중에서 자신의 꿈이나 목표와 관련된 것이 있으면 확보해서 자신이 자주 오가는 모든 길목에 붙여두는 것이 좋다. 또한 가끔 쉬는 시간에 자신의 꿈과 목표와 관련된 동영상을 보며 성취 욕구를 자극하는 것도 좋은 방법이다. 자신이 이루고자 하는 것을 이미 이룬 사람이 자신의 역할 모델(role model)이라면, 그와 관련된 각종 자료와 데이터를 모으거나 직접 만나보고 그의 이미지를 자신의 머릿속에 넣어두는 것도 시각화하는 또 하나의 방법이다.

> 생생하게 상상하라. 간절하게 소망하라. 진정으로 믿으라. 그리고 열정적으로 실천하라. 그리하면 무엇이든지 반드시 이루어질 것이다. - 폴 마이어

나. 목표 설정방법(Ⅱ) : 질문에 대답하기

목표를 세우는 두 번째 방법은 다음에서 소개할 질문에 대한 자신만의 대답을 찾고 그것들과 관련된 일들을 구체화하는 방법으로 목표를 설정하는 방법이다.[17)]

(1) 1단계 : 질문에 대답하기(answer to questions)

이것은 우리가 반복해서 묻고 대답해야 할 다음 일곱 가지 질문에 대한 자신만의 대답을 써 보는 것이다. 대답은 단어로 쓰거나 문장으로 쓸 수도 있다.

- 질문 1 : “자신의 삶에서 가장 소중하게 생각하는 다섯 가지의 핵심 가치는 무엇인가?”

목표를 설정하기 전에 먼저 해야 할 일이 있다. 그것은 자신이 가장 소중하게 생각하는 핵심 가치를 정하고, 정의하며, 중요도를 정하는 것이다. 자신의 가치를 명확히 해야만 자신의 고유한 가치관에 일치하는 목표를 설정할 수 있다. 이 질문은 자신에게 무엇이 중요한지 그리고 무엇이 덜 중요하거나 전혀 중요하지 않은지를 명확히 하는 데 도움을 준다. 자신의 삶에서 가중 중요한 다섯 가지의 가치를 찾았으면 그것을 우선순위대로 가장 중요한 것을 1로 하여 5까지 순서를 매긴다.

- **질문 2** : "지금 나의 가장 중요한 인생목표 세 가지는 무엇인가?"
이 질문에 대해서는 30초 안에 답을 쓴다. 자신에게 가장 중요한 목표 세 개를 쓰는 데 30초밖에 없다고 생각하면 사람의 잠재의식은 자신이 가지고 있는 많은 목표들을 재빨리 분류한다. 그러면 가장 상위에 있는 세 가지 목표가 저절로 머리에 떠오를 것이다. 30초 안에 쓰더라도 30분 동안 쓰는 것 못지않게 정확한 답을 얻을 수 있다.

- **질문 3** : "앞으로 6개월밖에 살 수 없다면, 어떤 일을 하며 어떻게 시간을 보내겠는가?"
이것은 자신에게 진정으로 중요한 것이 무엇인지 알 수 있도록 도와주는 질문이다. 상상 속에서라도 자신이 살 수 있는 시간이 얼마 남아 있지 않다고 생각하면, 자신의 삶에서 누가 그리고 무엇이 진정으로 소중한지를 알 수 있다. 누군가 이런 말을 했다. "자신이 살 수 있는 시간이 1시간밖에 없는데도 무엇을 할지 모르는 사람은 아직 인생을 살아갈 준비가 되어 있지 않은 사람이다."

- **질문 4** : "복권에 당첨되어 갑자기 벼락부자가 되었다면, 어떻게 하겠는가?
대답을 쓰는 시간이 2분으로 제한되어 있고, 자신이 쓴 것만 할 수 있다고 가정하면, 여러분은 어떤 대답을 할 것인가? 이것은 시간과 돈을 무한정으로 가지고 있고, 아무런 두려움이 없는 상태에서 무엇을 할 수 있는지를 알아보기 위한 질문이다. 누군가 자신에게 선택권이 있다고 느낄 때 지금과 달리 얼마나 많은 일을 하고 싶어 하는가를 깨닫게 되면, 그는 자신의 마음속 깊은 곳을 들여다 볼 수 있다.

• 질문 5 : “오랫동안 해보고 싶었지만 두려움 때문에 시도해 보지 못했던 것은 무엇인가?”

사람들에겐 정말 하고 싶었지만 여러 가지 두려움 때문에 그동안 하지 못했던 일들의 목록이 있다. 이 질문은 자신이 정말 하고 싶으면서도 두려움 때문에 하지 못했던 것을 분명히 알 수 있게 해주는 질문이다.

• 질문 6 : “가장 좋아하는 일은 무엇인가? 자신에게 가장 커다란 자부심과 만족감을 주는 일은 무엇인가?”

이것은 자신의 가치를 파악하기 위한 또 다른 질문이다. 이 질문을 통해 자신이 진정으로 원하는 것을 어디에서 찾을 수 있는지 알 수 있다. 사람들은 자신이 가장 좋아하는 일을 할 때 가장 행복해진다. 가장 좋아하는 일은 사람들에게 가장 큰 활력과 충족감을 준다. 대개 성공한 사람들은 예외 없이 자신이 가장 좋아하는 일을 한 사람들이다.

• 질문 7 : “반드시 이루어진다는 가정하에 꼭 하고 싶은 일 한 가지는 무엇인가?”

이 질문이 일곱 가지 질문 중에서 가장 중요한 질문일 것이다. 만일 천사가 나타나서 딱 한 가지 소원을 들어준다고 상상해보자. 그 천사가 당신에게 크거나 작거나 단기간이거나 장기간이거나 관계없이 우리가 시도하는 한 가지 일에 대해 절대적인 성공을 보장해주겠다고 말했다고 가정해 보자. 어떤 일이든 꼭 성공한다는 보장이 있다면 어떤 목표를 세우겠는가?

(2) 2단계 : 주된 목표 선정하기(definite major purpose)

이 단계는 앞선 단계에서 적은 일곱 가지 질문에 대한 대답을 천천히 살펴보면서 그중 하나를 자신의 주된 절대적 목표로 선정하는 단계이다. 자신이 진정으로 원하는 것이 무엇인지를 결정해서 적는 이 간단한 활동이 곧 성공의 비결이다(〈표 8-1〉 참조).

(3) 3단계 : 시각화하기(visualization)

이 단계는 첫 번째 방법의 3단계와 동일하게 진행하면 된다(221-222쪽 참조).

다. 글로 쓴 목표의 위력[18)]

글로 옮겨놓지 않은 목표는 단지 바람일 뿐이라는 말이 있다.[19)] 목표를 글로 쓰다보면 그 목표가 구체적으로 기술된다. 그래서 목표를 머릿속에 기억하는 것과 글로 쓰는 것은 큰 차이가 있다. 다음의 두 가지 대표적인 사례가 글로 쓴 목표의 위력을 잘 보여 주고 있다. 1953년, 예일대학교의 한 연구팀이 그 해 졸업반 학생들을 대상으로 분명한 삶의 목표를 글로 써서 가지고 있는 학생들이 얼마나 되는지 조사했다. 그들 중 단 3%의 학생들만 글로 쓴 목표를 가지고 있었다. 20년이 지난 1973년, 이들을 대상으로 한 추적조사가 실시되었다. 글로 쓴 목표를 가지고 있었던 3%의 사람들이 소유한 부(wealth)는 나머지 97% 사람들 모두의 재산을 합친 것보다 더 많았다는 사실이 확인되었다. 하버드대학교의 연구 결과도 이와 유사했다. 80%의 학생들은 특별한 목표가 없었고, 15%는 단지 생각만으로 목표를 가지고 있었으며, 나머지 5%는 마감일을 적은 글로 표현한 뚜렷한 목표를 가지고 있었다. 5%에 속하는 학생 각자가 이룬 성과를 보았더니 그들 스스로 정한 목표를 능가했을 뿐만 아니라 그들이 이룬 것을 전체적으로 보았을 때 나머지 95%를 합한 것보다 더 큰 성과를 이룬 것으로 나타났다.

4. 목표 달성을 위한 12단계 시스템

누구나 목표를 세울 수 있고 또 많은 사람들이 그렇게 한다. 그러나 그것만으로는 충분하지 않다. 일단 목표를 세우면 그것을 성취하기 위한 실행계획을 수립하고 잘 관리하는 것이 필요하다. 이것은 자신이 세운 목표가 어떤 것이냐에 따라 각기 다른 모습으로 진행된다. 자신이 원하는 것이 무엇이든 어떤 상황에서도 그것을 달성하는 데 필요한 검증된 프로세스가 필요하다. 그것을 '목표 달성을 위한 12단계 시스템'이라고 부르고, 그것에 대해 살펴보기로 한다.[20]

(1) 1단계 : 강력한 바람(desire)을 갖는다

바람은 우리에게 동기를 부여해주는 힘이 되어 사람들이 갖기 쉬운 두려움과 타성을 극복할 수 있게 해준다. 목표를 설정하고 그것을 이루는 과정에서 가장 큰 장애물은 온갖 종류의 두려움이다. 이런 두려움은 스스로를 과소평가하고 자신이 가지고 있는 잠재력에도 훨씬 미치지 못하는 선에서 만족하도록 만든다. 따라서 이런 것을 없애는 것이 중요한데, 그것이 바로 강력한 바람이다. 이것은 다른 사람이 대신 해줄 수 있는 것이 아니라 오직 자신에게서만 나온다. 자신이 바라는 것을 생각하고 써보고 그것을 이루기 위한 계획을 세우면, 우리의 바람은 더욱 강력해져서 두려움을 누르게 된다. 다시 말하면, 특정한 목표에 대한 강력한 바람은 어떤 두려움과 장애물도 뚫고 앞으로 나아갈 수 있도록 해준다.

(2) 2단계 : 확고한 믿음(belief)을 갖는다

자신이 세운 목표를 달성하는 데 있어 중요한 것은 그것이 실제로 가능하다는 것을 절대적으로 믿어야 한다는 점이다. 자신은 목표를 성취할 자격이 있고, 준비만 되면 목표를 이룰 수 있을 것이라는 완전한 믿음을 갖는 것이 중요하다. 자신이 가지고 있는 믿음에 대한 완벽한 확신이 자신 내부 깊숙이 자리 잡도록 해야 한다. 나폴레온 힐은 "인간은 생각하고 믿을 수 있는 모든 것을 성취할 수 있다"고 말했다. 목표를 세운 사람이 해야 할 일은 올바른 일을 적절한 방식으로 인내심을 갖고 꾸준히 해나간다면 결국 자신의 목표를 제 시간 안에 달성하는 데 필요한 사람들과 필요한 자원들이 주변에 나타날 것이라는 믿음을 항상 마음속에 두는 것이다.

(3) 3단계 : 종이에 기록한다(Write it down)

기록하지 않은 목표는 한 마디로 말하면 목표가 아니다. 그것들은 단지 희망 또는 환상일 뿐이다. 희망이란 추진력 없는 목표일 뿐이다. 목표를 기록하지 않으면 그것을 달성할 가능성이 거의 없다고 해도 과언이 아니다. 자신이 세운 목표를 종이에 적어보면 목표가 구체화되고 형체를 갖게 된다. 그 결과 목표를 집어들 수 있고, 볼 수 있으며, 잡을 수 있고 만지고, 느낄 수 있는 것이 된다. 상상의 세계에서 빠져나온 목표만이 형체를 갖추게 된다. 한 사람의 잠재의식 속에 목표를 깊이 심어 넣는 가장 좋은 방법은 자신이 바라는 그대로 명확히, 생동감 있게, 상세히 목표를 기록하는 것이다. 목표를 기록할 때는 모든 면에서 완벽하고 이상적인 모습으로 기록해야 한다.

마음속에서 목표를 분명히 하는 것 외에 목표를 기록해야 하는 가장 중요한 이유는 기록하는 행위 자체가 바람을 더욱 강하게 만들고 그 목표들이 달성할 수 있다는 믿음을 깊게 해주기 때문이다.

(4) 4단계 : 목표 달성 후에 얻게 되는 유익을 모두 기록한다(Make a list)

목표를 성취하게 되면 누릴 수 있는 유형과 무형의 모든 유익한 것, 예컨대 돈, 큰 집, 멋진 자동차, 만족, 보상, 인정, 지위, 명성, 동경의 대상 등을 기록한 목록을 만드는 것이 목표를 성취하는 데 큰 힘이 된다. 그 목록이 길수록 동기가 더 많이 부여되고 목표가 더 확고해진다. 만일 목표를 이루고자 하는 이유가 한두 가지밖에 없다면 동기부여 수준은 높지 않을 것이다. 그러면 일이 잘 풀리지 않을 때 쉽게 좌절해버린다. 목표를 성취하고 싶은 이유가 20~30가지 정도 있으면 누구도 그 사람을 막지 못한다.

(5) 5단계 : 현재 나의 위치, 즉 출발점을 분석한다(Analyze your position)

어떤 목표를 세웠다면 가장 먼저 해야 할 일은 그것의 현재 상태나 위치를 확인하는 것이다. 예컨대, 체중을 줄이기로 목표를 세운 사람이 가장 먼저 해야 할 일은 현재 체중을 재는 것이다. 누군가 재산을 좀 더 모으기로 결심했다면 그가 가장 먼저 해야 할 일은 재산명세표를 만들어서 현재 재산이 얼마인지를 파악하는 것이다. 이처럼 출발점을 결정하는 것은 어떤 일이 어느 정도 진행되었는지를 파악하는 기준이 된다. 분명한 것은 출발지와 목적지가 분명할수록 자신이 목적하는 곳에 도착할 가능성이 더 높아진다는 점이다.

(6) 6단계 : 기한을 정한다(Set a dead line)

측정할 수 있는 모든 유형의 목표에 대해 기한을 정해야 한다. 예컨대, 수입이나 재산의 증가, 체중을 몇 킬로그램 줄이는 것, 매일 몇 킬로미터를 달리는 것 등을 언제까지 달성할 것인지를 정해야 한다. 이처럼 어떤 유형의 목표에 기한을 정하면 강제 시스템이 작동해서 아무리 늦어도 그 날짜까지는 반드시 목표를 성취하게 된다. 그런데 우리는 종종 기한을 정하지 않으려고 한다. 그것은 자신이 정한 날까지 목표를 달성하지 못하면 어떡하나 하는 두려움 때문이다. 기한을 정하지 않고 막연하게 두는 것도 혹시 나중에 느껴야 할지 모르는 실망감을 피하기 위한 노력의 일종이다.

(7) 7단계 : 극복해야 할 장애물의 목록을 만든다 (Make a list of all the obstacles).

위대한 성공에는 항상 커다란 장애물이 따른다. 동전에 비유하면, 성공과 성취는 동전의 앞면이고 장애물들은 동전의 뒷면이다. 만일 장애물이 없다면 그것은 이미 목표가 아니라 단순한 행위에 지나지 않을 것이다. 자신이 생각해낼 수 있는 모든 장애물들을 기록하고 난 후에는 그 정도에 따라 순위를 매긴다. 만일 가장 커다란 장애물 한 개를 골랐다면 그것은 자신이 제거해야 할 주요 걸림돌이다. 주된 장애물에는 목표를 달성하는 데 필요한 기술, 능력, 자질 부족과 같은 내적인 것들도 있고, 담당하는 업무, 근무하는 직장, 자신과 잘 맞지 않은 사람 등과 같은 외적인 것들도 있다.

어떤 사람이 무엇이든 가치 있는 일을 하려고 하면 온갖 장애물들이 그 앞을 가로막기 마련이다. 그중에는 예외 없이 주된 장애물이 하나 정도 꼭 있다. 작은 장애물, 작은 문제에 시간과 노력을 뺏기지 말고 주된 장애물을 제거하는 데 집중해야 한다. 그 다음에 할 일은 자신이 세운 목표를 달성하는 속도를 떨어뜨리는 감속요인(limiting step)을 찾는 것이다. 어떤 일이든 거의 감속요인이 있기 마련인데, 우리가 할 일은 그것을 최소화할 수 있는 모든 조치를 취하는 것이다.

(8) 8단계 : 목표 달성에 추가로 필요한 정보를 파악한다 (Identify the additional information)

목표를 세운 사람이 해야 할 일 중의 하나는 목표를 성취하려면 알아야 할 것이 무엇인지를 파악하는 것이다. 지식기반사회에서 가장 성공한 사람들은 다른 사람들보다 핵심적인 정보를 많이 가진 사람들이다. 자신의 목표를 달성하는 데 필요한 모든 지식, 재능, 기술, 능력, 경험 등에 관한 목록을 만들어서 그것을 빨리 배우고 사고 빌릴 계획을 세운다. 그리고 가장 중요한 정보 중에서 자신에게 부족한 것이 무엇인지 결정해야 한다. 필요한 지식과 정보를 가지고 있지 않다면, 그것을 어디에서 구하는지, 어떻게 그것을 갖출 것인지, 그것을 가진 다른 사람들을 고용할 것인지, 그 지식과 정보를 가지고 성공한 사람을 찾아가서 조언을 구할 것인지를 결정해야 한다.

(9) 9단계 : 앞으로 도움과 협력을 얻어야 할 사람들의 명단을 작성한다 (Make a list of all the people whose help and cooperation you will require)

가치 있는 일을 성취하려면 많은 사람들의 도움과 협력이 필요하다. 그래서 그런 사람들의 명단을 작성하는 것은 목표의 성취에 있어 대단히 중요한 일이다. 명단에는 가족, 직장 상사, 고객, 거래은행, 사업 파트너, 재력가, 심지어 친구까지도 포함시킬 수 있다. 명단을 작성한 다음에는 우선순위를 정한다. 누구의 도움이 중요한가? 그 다음으로 중요한 것은 누구의 도움과 협조인가? 여기에서 중요한 것 두 가지는 다른 사람들이 자신을 돕기 위해서는 그들에게 어떤 식으로든 보상할 것이라고 느껴야 한다는 점(보상의 법칙, Law of compensation)과 다른 사람들에게 공헌한 만큼 보상받는다는 점(보답의 법칙, Law of reciprocity)이다. 보상의 질과 양을 늘리고 싶으면 자신이 다른 사람에게 주는 서비스의 양과 질을 높이면 된다. 항상 받는 것보다 더 주면 언젠가는 지금 받는 것보다 더 많이 받을 것이다. 더 많은 양을 투입하면 더 많은 양을 얻는다. 받는 것보다 많이 줌으로써 결국 주는 것보다 더 많이 받는다.

(10) 10단계 : 계획을 세운다(Make a plan)

앞의 단계를 거치면서 자신이 원하는 것이 무엇인지, 언제 원하는지, 왜 원하는지 그리고 현재 위치는 어디인지를 상세히 적는다. 또한 자신이 극복해야 할 장애물들, 필요한 정보들, 도움을 받아야 할 사람들의 목록도 적는다. 이처럼 1~9단계에 걸친 답을 모두 찾았다면 이제 목표를 이루는 데 필요한 완벽한 요소를 모두 갖춘 것이다. 그 다음에 할 일은 계획을 세우는 것이다. 계획이란 시간과 우선순위에 따라 조직된 일련의 활동이다. 시간에 따라 세워진 계획은 목표가 달성될 때까지 모든 활동을 순서대로 기록하는 것이다. 동시에 할 수 있는 일도 많지만 순서대로 진행되어야만 하는 활동도 있다. 또 어떤 활동은 처음부터 끝까지 연속적으로 이루어져야 한다. 일단 상세한 활동계획을 세웠으면 즉시 실행하는 것이 좋다. 그런 다음에 실행과정에서 발견된 문제점을 수정, 보완하면서 잘 다음어진 전체 계획을 갖는 것이 바람직하다.

(11) 11단계 : 시각화를 활용한다(Use visualization)

이것은 목표가 이미 이루어졌다고 생각하고 그 모습을 머릿속으로 명확히 그리는 것을 말한다. 마음속 스크린에 이 그림을 반복해서 비춘다. 목표가 달성된 모습을 시각화하면 할수록 욕구를 증가시키고 목표를 달성할 수 있다는 믿음이 강해진다. 우리의 잠재의식은 이처럼 그림에 의해 작동한다. 지금까지 해온 목표 설정과 계획 세우기를 통해 우리는 잠재의식 속에 반복해서 보여줄 수 있는 명확한 그림을 그리는 데 필요한 모든 자료를 가지게 되었다. 마음의 그림을 명확하게 하면 정신력을 집중시키는 데 큰 도움을 준다.

(12) 12단계 : 어떤 일이 있더라도 결코 포기하지 않겠다는 결심을 한다 (Make the decision, in advance, that you will never, never give up)

자신이 세운 목표와 계획을 끈기와 결단으로 뒷받침하는 것이 중요하다. 그리고 실패의 가능성에 대해서는 절대로 생각하지 말라. 중도에 포기한다는 생각 대신에 계속해서 추진해나가겠다는 결심으로 대체한다. 중도에 포기하지 않으면 언젠가는 성공한다. 장애물과 어려움에 직면하면서 견뎌내는 능력을 기른다. 가끔 정말 어려운 장애물을 극복하기 위해 무한한 끈기가 필요할 때가 있다. 목표 설정은 바람(desire)으로 시작하여 끈기로 완성된다. 오랜 견디면 견딜수록 확신과 결단은 그만큼 강해진다.

많은 사람들이 처음에는 목표를 향해 힘차게 뛰쳐나갔다가도 곧 속도를 늦추거나 중지해버린다. 그러나 일단 중지하면 다시 시작하는 것이 너무 힘이 든다. 그러니 일단 시작했으면 추진력을 유지하는 것이 위대한 성공과 성취에 필수적이다. ♣

Memo

절취선

실습하기

내 꿈을 찾기 위한 욕구 목록 정하기

구분	내역(가능한 구체적으로 기입)	
하고 싶은 것	1. 2. 3. 4. 5.	6. 7. 8. 9. 10.
가고 싶은 곳	1. 2. 3. 4. 5.	6. 7. 8. 9. 10
갖고 싶은 것	1. 2. 3. 4. 5.	6. 7. 8. 9. 10
되고 싶은 모습	1. 2. 3. 4. 5.	6. 7. 8. 9. 10

• 수업시간 : 20______년 ______월 ______일 ______요일 ______교시

• 소속 : ____________________ • 학번 : __________ • 성명 : ____________

Memo

절취선

실습하기

목표를 찾기 위한 꿈 구체화하기

구분		내역(가능한 구체적으로 기입)
하고 싶은 것	구체적 내용	
	해야만 하는 이유	
	추진 일정	
가고 싶은 곳	구체적 내용	
	해야만 하는 이유	
	추진 일정	
갖고 싶은 것	구체적 내용	
	해야만 하는 이유	
	추진 일정	
되고 싶은 모습	구체적 내용	
	해야만 하는 이유	
	추진 일정	

• 수업시간 : 20______년 ______월 ______일 ______요일 ______교시

• 소속 : ______________________ • 학번 : ____________ • 성명 : ______________

Memo

실습하기

'SMART 규칙'을 활용하여 목표 구체화하기

구분	내용	목표
S (구체적)	다른 사람도 알 수 있도록 구체적으로 작성함	
M (측정 가능)	목표 달성 여부, 진행 정도를 알 수 있도록 수치화함	
A (행동 지향)	구체적으로 실행할 수 있는 행동 중심으로 작성함	
R (현실적)	자신의 능력으로 현실적으로 달성할 수 있어야 함	
T (시간 설정)	목표 달성 시간을 설정함	

• 수업시간 : 20_______년 _______월 _______일 _______요일 _______교시

• 소속 : ______________________________ • 학번 : _____________ • 성명 : ________________

절취선

Memo

세일즈 퀸을 꿈꾼 신입사원

젊은 여성 한 명이 어느 화장품 방문 판매 회사 영업사원으로 입사한 후 2주쯤 지나 최우수 판매사원을 뽑는 사내 행사에 참석했다. 다른 어떤 한 여성이 최우수 판매사원으로 뽑혀 박수를 받으며 단상으로 올라가 왕관을 쓰고는 CEO로부터 명품 핸드백을 선물로 받는 모습을 보았다. 그 신입 여성 사원은 그 순간 분명한 꿈을 갖게 되었다.
'나도 내년에는 꼭 최우수 판매사원이 될 거야.'

그녀는 입사한 지 얼마 되지 않았고, 아직 제품을 하나도 팔아본 경험이 없었다. 그래서 그녀는 꿈을 이루기 위해 그해의 세일즈 퀸을 열성적으로 쫓아다니면서 판매에 관한 모든 것을 배웠다. 머뭇거리는 고객을 뜨겁게 설득하고, 거절하는 고객을 친구로 만들었으며, 어떤 고객이든 존중하고 사랑해서 자신의 고객으로 만들었다. 결국 그녀는 1년 후 세일즈 퀸이 되었고, 나중에는 회사까지 설립하여 CEO가 되었다. 세계적인 화장품 회사인 '메리 케이(Mary Kay)'의 창업자 메리 케이 애시(Mary Kay Ash)의 얘기이다.

이처럼 위대한 사람은 위대한 꿈을 갖고 있었다. 원대한 꿈은 큰 과업을 이루게 하지만 소박한 목표는 하루하루를 살아가게 할 뿐이다. 석유왕 록펠러는 아들에게 보낸 편지에 이런 말을 남겼다고 한다. "성공은 키나 몸무게, 학력이나 집안 배경에 따라 가름되는 것이 아니다. 성공은 생각의 크기에 따라 결정된다."

그렇다. 꿈을 가져야 한다. 꿈을 가지되, 이왕이면 큰 꿈을 가져야 한다. 사람은 자신이 가진 꿈의 크기만큼 자라는 법이기 때문이다.

– 〈곽숙철의 혁신이야기〉 중에서 재인용, 일부 내용을 수정

제 9 장 시간 관리

학습 목표

1. 시간의 특성을 이해할 수 있다.
2. 시간 관리의 필요성을 이해할 수 있다.
3. 시간 관리방법을 익히고 실천할 수 있다.

학습할 주요 내용

1. 시간의 정의와 특성
2. 시간 관리방법
3. 우선순위 결정
4. 시간 관리의 방해요인

시간 관리는 좁은 의미에서 시간 활용에 있어 비효율적인 면을 제거하는 것이라고 볼 수 있지만, 넓은 의미에서 자기관리와 생활관리 차원을 넘어 인생관리라고 볼 수 있다. 따라서 한 사람이 시간 관리를 잘 하려면, 자신의 전반적인 인생 계획을 수립한 후에 무슨 일을 하든지 먼저 뚜렷한 목표를 설정하고, 그것에 맞추어 시간 활용계획을 수립하며, 자신과 주변의 자원을 효율적으로 활용하여 목표를 달성하기 위해 자신에게 주어진 한정된 시간을 잘 활용해야 한다. 결국 시간 관리를 잘 한다는 것은 자신의 인생을 의식적으로 조절하되, 다른 사람의 의견이나 생활환경의 영향을 덜 받는 것을 말한다. 달리 말하면, 타인에 의한 통제를 덜 받는 것이 시간 관리를 잘 하는 것이다. 또한 시간 관리를 잘 한다는 것은 불어오는 바람에 의해 영향을 받는 것이 아니라 오히려 내가 돛을 활용하여 바람을 조절하는 것과 같은 이치이다.

1. 시간 관리 필요성과 정의

가. 시간 관리, 왜 필요한가

"아니, 왜 나만 이렇게 정신없이 바쁜 거지?" 과도한 일과 스트레스로 고통받고 있는 현대인이라면 누구나 이렇게 생각했던 적이 많을 것이다. 많은 현대인들이 시간이 없거나 부족하다며 어려움을 호소하고 있다. 주어진 시간은 한정되어 있는데, 할 일은 너무 많다는 것이다. 그런가 하면 또 어떤 사람들은 상당히 많은 일을 하고 있다고 생각하기 때문에 시간이 없다는 것을 마치 신분의 상징으로 여기는 경향도 있다. 여하튼 시간이 없다는 사람들이 많고, 실제로 시간 관리를 잘 하고 싶다는 고민을 제기하는 사람들도 적지 않다. 시간이 없거나 부족하다는 고민은 대학생들도 예외는 아닌 것 같다.

그런데 여기서 잠시 생각해 볼 것이 있다. 과연 시간이 없는 것일까? 아니면 시간은 넉넉한데 관리를 잘못 하는 것일까? 엄밀히 생각해 보면, 시간이 없는 것이 아니라 시간 관리를 잘못하는 경우가 많다. 실제로 "시간이 정말 없다"는 사람을 만나 보면 주어진 시간을 잘못 관리하거나 낭비하는 시간이 많아 정작 해야 할 일을 하지 못하는 경우가 많다.

일반적으로 시간 관리란 자신을 계발하고 자기의 인생을 의식적으로 조절하되(자율성), 다른 사람의 직업환경이나 생활환경의 영향을 덜 받는 것을 말한다. 달리 말하면, 시간을 자기 주도적으로(self-direct) 활용함으로써 다른 사람의 통제를 받지 않는 것을 말한다. '바람이 어떻게 부는가는 중요하지 않다. 오히려 내가 돛을 어떻게 올리는가가 중요하다'라는 말이 있다. 이 말은 자신의 삶을 주도적으로 살라는 의미로도 이해할 수 있다. 그럼에도 불구하고 대부분의 사람들은 자신의 일과 업무가 일목요연하게 체계화되어 있지 않거나 일과 업무를 수행하는 데 있어 다른 사람의 영향을 많이 받는 것을 볼 수 있다. 여러 가지 일과 업무가 동시에 주어지거나 다양한 문의나 요청을 받게 되어 많은 시간을 일에만 파묻히게 되는 경우도 흔하다. 우선 이런 상황에서 벗어나 일과 업무를 목표 지향적이며 체계적으로 계획하고 처리할 수 있는 상황으로 바꾸는 것이 당장 해야 할 일이라 하겠다.[1)]

> 당신은 인생을 사랑하십니까? 그렇다면 시간을 낭비하지 마십시오. 인생이라는 것은 바로 시간으로 이루어져 있습니다.
> \- 벤저민 프랭클린

위 말이 진실이라면 인생을 통제(control)한다는 것은 시간을 통제하는 것이고, 시간을 통제하는 것은 인생에서 벌어지는 갖가지 사건들을 통제한다는 것이다. 살아가면서 사건을 더 많이 통제할 수 있으면 생산성이 향상되고, 일을 조직적으로 처리할 수 있으며, 가치 있는 활동에 더 많은 시간을 투자할 수 있다. 물론 자연스럽게 자신에 대한 만족감도 올라가고, 자신이 더욱 자랑스러워진다.[2] 결국 의미 있는 인생을 살려면, 누구든지 매일 자신의 주변에서 벌어지는 일, 즉 사건들에 들어가는 시간을 잘 통제해야 한다. 그래서 시간 관리는 결국 인생 관리인 셈이다.

시간 관리를 잘 할 경우에 가장 좋은 점은 항상 빠듯하기만 했던 시간을 절약해서 자신이 원하는 것에 잘 활용할 수 있다는 것이다. 누구에게나 그렇지만 젊은 대학생들에게도 시간은 정말 중요한 자원이고, 그것을 어떻게 활용하느냐에 따라 자신의 현재와 미래의 모습이 달라진다. 시간 관리를 잘 하면 다음과 같은 열 가지 장점을 내 것으로 만들 수 있다.[3]

- 시간을 낭비하지 않고 업무를 처리할 수 있다.
- 일(업무)에 대한 계획과 준비를 더 잘 할 수 있다.
- 작업 결과가 좋아진다.
- 정신없이 서두르지 않아도 되고, 스트레스도 덜 받게 된다.
- 일에 대한 만족도가 더 커진다.
- 일을 하고자 하는 동기 유발이 더 잘 된다.
- 좀 더 어려운 업무도 처리할 수 있는 능력이 생긴다.
- 업무와 업적에 대한 압박감이 줄어든다.
- 업무상의 실수가 줄어든다.
- 일에 대한 목표 달성뿐만 아니라 인생의 목표 달성도 더 쉬워진다.

나. 시간 관리의 정의[4]

웹스터사전에서는 시간을 '과거로부터 현재를 거쳐 미래로 이어지며 일어나는 사건들의 연속체'라고 정의하고 있다. 이 정의에서 알 수 있듯이 시간의 기본적인 요소는 크고 작은 사건들이다. 다시 말하면, 크고 작은 사건들이 이어진 것이 결국 시간인 것이다.

시간 관리란 자신과 일상생활을 관리하는 데 주어진 시간을 극대화하여 의미 있게 사용하는 것으로서, 자신의 목표 달성을 위해 일상생활에서 유용한 업무처리기법을 철저하게 적용하는 것을 말한다.[5] 시간 관리는 좁은 의미에서 보면 시간 활용에 있어 비효율적인 면을 제거하는 것이라고 볼 수 있지만, 넓은 의미에서 보면 자기관리와 생활 관리 차원을 넘어 인생 관리라고 볼 수 있다. 따라서 한 사람이 시간 관리를 잘 하려면 자신의 전반적인 인생계획을 세운 후에 무슨 일을 하든지 먼저 뚜렷한 목표를 설정해야 한다. 그리고 그것에 맞추어 시간 활용계획을 세우고, 자신과 주변의 자원을 효율적으로 활용하여 목표를 달성하기 위해 자신에게 주어진 한정된 시간을 잘 활용해야 한다.[6] 우리는 이미 앞에서 그런 점을 계속해서 상기시켜 왔다.

결국 시간 관리를 잘 한다는 것은 자신의 인생을 의식적으로 조절하되, 다른 사람의 의견이나 생활환경의 영향을 덜 받는 것을 말한다.[7] 달리 말하면, 다른 사람에 의한 통제를 덜 받는 것이 시간 관리를 잘 하는 것이다. 또한 시간 관리를 잘 한다는 것은 불어오는 바람에 의해 영향을 받는 것이 아니라 오히려 내가 돛을 활용하여 바람을 조절하는 것과 같은 이치이다.

2. 시간의 특징과 시간도둑

가. 시간의 특징

사람들은 "시간은 돈이다"라는 말을 자주 사용한다. 그러나 시간은 단순한 돈이 아니라 그보다 월등한 가치를 가지고 있는 것이다. 나아가 시간은 한 사람의 인생 자체와도 같은 것이다. 이런 시간은 다음과 같은 특징을 지니고 있다.[8]

(1) 시간은 변경할 수 없다

시간은 변경할 수 없이 있는 그대로 사용할 수밖에 없는 것이다. 세계를 제패한 알렉산더대왕이나 칭기즈칸과 같은 무소불위의 권력을 가진 자들도 함부로 수정하거나 고쳐 쓸 수 없는 것이 시간이다. 한 번 지나간 시간을 탈탈 털어 재활용하거나 다른 모양으로 바꾸어 쓸 수 없기 때문에 소중하게 생각하고 사용해야 한다.

(2) 시간은 저장할 수 없다

시간은 자신도 모르게 흘러가는 것이다. 그래서 저장해 놓고 두고두고 쓸 수 있는 장독 안의 된장이나 고추장과 같은 것이 아니다. 따라서 시간이 어디에서 어떻게 낭비되는 줄도 모르고 하루하루를 헛되이 흘려보내면 다시 주워 담을 수 없다. 그런 차원에서 시간이 흘러가는 대로 그냥 내버려 두는 사람은 자기 인생도 흘러가도록 내버려 두는 사람이라고 볼 수 있다.

(3) 시간은 늘릴 수 없다

시간은 누구에게나 똑같이 주어지는 것이기 때문에 짜장면 면발처럼 잡아 당겨서 쭉쭉 늘릴 수 없다. 아주 바쁜 사람에게는 조금 더 긴 시간이 주어지고, 할 일 없는 사람에게는 상대적으로 짧은 시간이 주어지는 것이 아니다. 시간은 남녀노소와 빈부귀천과 관계없이 모든 사람들에게 똑같은 길이와 분량으로 주어지는 공평한 것이다.

(4) 시간은 양도할 수 없다

시간은 융통성이 없고 누구의 사정도 고려해 주지 않아서 다른 사람에게 꾸거나 빌려올 수가 없다. 따라서 지나가버린 시간을 메꾸기 위해 다른 사람에게 시간을 꾸어올 수도 없고, 마찬가지로 한 번 지나가버린 내 시간을 다른 사람에게 다시 내어줄 수도 없다. 내게 주어진 시간은 오로지 내 몫이고, 다른 사람에게 주어진 시간은 오로지 그의 몫인 것이다.

(5) 시간은 끊임없이 한결 같은 속도로 지나가며, 취소할 수도 없다.

시간은 잠시도 멈추지 않고 꾸준히 흘러 지나간다. 독자가 지금 이 내용을 읽고 있는 동안에도 또 얼마만큼의 시간이 흘러가 버렸다. 이렇게 한 번 지나간 시간은 영원히 돌이

킬 수 없다. '시간은 거꾸로 매달아놓아도 간다'는 말은 어떤 상황을 무사히 넘기고 싶은 사람의 마음을 표현할 것일 뿐, 화살처럼 빠르게 지나가서 안타까운 것이 시간이다. 항상 누군가 훔쳐가기라도 한 듯이 순식간에 사라지는 것이 시간이다.

> 인생에서 가장 중요한 것은 바로 당신의 시간이다. 시간이 흘러가는 대로 내버려두는 사람은 자기 인생도 그저 흘러가도록 내버려두는 사람이다. 시간을 조정할 수 있는 사람은 자기 인생도 마음대로 조정할 수 있다. - 알란 라카인

> 시간이야말로 가장 간단한 문제다. 그러므로 시간을 관리할 수 없는 사람은 그 어떤 다른 것도 관리할 수 없다. - 피터 드러커

> 시간을 제대로 사용할 수 있다는 것은 통솔력이나 다른 사람들을 감화시키는 솜씨와 마찬가지로 당신의 성공이나 실패를 규정짓는 요소이다. - 울리히 지버트

나. 시간에 대한 착각과 오해

(1) 시간에 대한 2가지 착각

앞서 인생을 통제하는 것은 시간을 통제하는 것이고, 시간을 통제하는 것은 매일 발생하는 사건을 잘 통제하는 것이라는 점을 확인한 바 있다. 그럼에도 불구하고 사람들은 다음에 설명하는 두 가지 착각에 빠져서 인생의 사건들을 잘 처리하지 못하고 있다.[9)]

첫 번째 착각은 '지금보다는 미래의 어느 때에 더 많은 시간을 가지게 될 것이다'라고 생각하는 것이다. "그래, 내일 하지 뭐, 내일 못하면 다음 주에 하면 되지 뭐", "다음 달 아니면 내년도 좋고, 지금 못하면 졸업한 다음에 하지 뭐" 이렇게 생각하면서 지금 당장 어떤 일을 행하기보다 자꾸 뒤로 미룬다. 그러나 막상 그날이 다가오면 그때 또 다시 뒤로 미루다가 결국 그 일을 하지 못한다. 여러분도 그런 경우를 많이 경험했을 것이다.

두 번째 착각은 '어쨌거나 시간은 저축할 수 있을 것이다'라고 생각하는 것이다. 앞서 시간의 특징에서 언급했듯이, 시간은 저축할 수 없어서 지금 바로 사용할 수 있을 뿐이다. 하루는 24시간, 더도 덜도 아닌 8만 6,400초. 지금 저축해둔 다음 나중에 꺼내어 두고두고 쓸 수 있는 것이 아니다. 시간은 항상 누군가 훔쳐가기라도 한 듯이 순식간에 사라지고 마는

것이다.

그럼에도 불구하고 사람들은 지금보다 미래의 어느 때에 더 많은 시간을 가지게 될 것이고, 어쨌거나 시간을 저축할 수 있다는 착각에 빠져 시간을 소홀히 대하곤 한다. 시간에 대한 착각을 가지는 것은 대학생들도 예외는 아닌 것 같다. 이런 착각은 시간 관리에 있어 가장 경계해야 할 태도가 아닐 수 없다.

(2) "시간이 없다"는 말의 의미[10)]

사람들은 "시간이 없다"는 말을 자주 사용하곤 한다. A가 B에게 전화를 걸어 "B씨, 오늘 저녁이나 같이 합시다"라고 했을 때 B가 "저녁을 함께 하고 싶지만 시간이 없어서, … 미안합니다"라고 말했다고 가정해 보자. 사실 이 말은 거짓말이다. B의 대답의 진정한 의미는 "당신과 같이 저녁을 먹는 것보다 더 중요한 일이 있습니다"는 뜻이다. 그런데 대개의 경우 "시간이 없다"라고 말하면 문화적으로 너그럽게 용서되기 때문에 그렇게 말할 뿐이다.

이처럼 다른 사람에게 시간이 없다고 말할 때, 자신이 한 말의 의미를 잘 모르고 말하는 경우가 많다. 물론 이 말을 듣는 사람들 역시 그렇게 이해하고 듣는다. 이것은 자신의 시간 관리에 대해 스스로 거짓말을 하는 것이다. 우리는 아무런 생각 없이 '시간이 없다'고 말하고선 얼마나 많은 일을 뒤로 미루고 있는지 곰곰이 생각해 보아야 한다.

다. 시간도둑[11)]

사람들은 살면서 전혀 예상하지 못했던 사건이 갑자기 생겨 그 일에 관심을 돌리다보면 정말 중요한 일에 시간을 활용하지 못하는 경우를 많이 경험하곤 한다. 해야 할 일이 많은데, 텔레비전을 보거나 게임을 하느라 바로 해야 할 일을 미루는 경우도 적지 않다. 직장생활을 하는 사람이라면 상사에게 중요한 일에 관한 결재를 올려놓고 하염없이 기다리는 경우도 경험한다. 이런 사건들로 인해 생산성이 떨어지고 자부심도 없어지는 것이다. 이것은 그 사건들이 내 인생에 침입해 들어와 내 시간을 도둑질한 것과 같다. 다시 말해, '시간도둑'이 들어와 내 인생을 통제해버린 것이다.

만일 누군가 당신의 은행 구좌에 들어와서 돈을 빼앗아간다면 엄청나게 화가 날 것이다. 그런데 온갖 도둑들이 자신의 인생에 침입해 들어와서 시간을 도둑질해 가는 데도 아무렇지도 않게 생각하는 사람이 너무나 많다. 〈표 9-1〉은 그런 시간도둑들을 열거한 것이다. 한쪽은 주로 직장생활과 관련된 것이고(A그룹), 다른 한쪽은 대개 당신이 스스로 만들어낸 것들(B그룹)이다.

이런 시간도둑들의 기회비용은 엄청나게 높다. 특히, 매일 발생하는 사건들에 대한 통제, 개인의 생산성과 자부심이라는 측면에서 보면, 그 기회비용은 이루 말할 수 없을 정도로 높다. 물론 이 중에는 회의나 권위 부족과 같이 자신이 통제할 수 없는 것들도 있다. 그러나 어쨌든 시간도둑들은 우리의 인생 속에 살며시 들어와 우리의 시간을 훔쳐가고 있다. 우리는 평소 그런 사실조차 의식하지 못하고 있다가 어느새 자신에게 주어진 시간이 모두 없어져 버렸음을 알고는 후회한다.

그렇다면 이들 시간도둑들 중에서 가장 많이 거론되는 것은 어떤 것일까? 한 통계에 따르면, 일상생활에서 다음과 같은 시간도둑들이 가장 많이 발생한다고 한다. 이런 흔한 시간도둑들을 없애기 위한 방법은 뒤에서 다시 다루기로 하고, 여기선 이런 것들이 대부분의 사람들에게 습관화되어 있다는 사실만 꼭 기억하자.

〈표 9-1〉 시간도둑들

남들이 부과한 것(A그룹)		스스로 부과한 것(B그룹)	
방해에 의한 중단	우선순위의 충돌	위임 실패	정리되지 않은 서류
대답 기다리기	직장 내 사기 저하	무기력한 태도	뒤로 미루기
불분명한 직무 정의	훈련되지 않은 직원	개인적인 혼란	외부 활동
불필요한 회의	동료/직원의 부탁	건망증	어지러운 작업 공간
과도한 업무	권위 부족	남의 말을 못 알아듣는 것	불분명한 목표
의사소통 부족	직장 내 유희	우유부단함	완벽주의
우선순위의 변경	다른 사람의 실수	사교/접대	엉성한 계획
장비 고장	마감시간 변경	피로	괜한 걱정
무계획적인 상사	너무 잦은 회의	실천력 부족	과도한 의욕
관료주의		완수하지 않은 일을 방치	

출처 : 하이럼 스미스(김경섭 · 이경재 역, 1998). **성공하는 시간 관리와 인생 관리를 위한 10가지 자연법칙**. 김영사. 51쪽.

- 1. 방해에 의한 중단
- 2. 뒤로 미루기
- 3. 우선순위의 변경
- 4. 엉성한 계획
- 5. 대답 기다리기

3. 시간 관리방법[12)]

가. 시간 관리의 핵심 포인트

사람들이 시간 관리를 잘 하고 싶은 이유는 대개 어떻게 시간 관리를 하느냐에 따라 자신의 인생이 달라진다는 것을 잘 알고 있기 때문이다. 그런데 우리나라 사람들에게 시간 관리를 잘 하고 싶은 이유를 물어보면 대개 "지금보다 일을 더 많이 하고 싶다"는 대답이 돌아온다. 이 대답은 어떤 측면에서 생각하면 모순이 아닐까? 진정한 의미에서 시간 관리는 지금보다 일을 더 많이 하려고 하는 것이 아니라 자신이 정말 간절히 원하는 일을 수행하기 위해 필요한 데도 말이다.

시간은 모든 사람에게 공평하게 주어지지만 사용하는 사람에 따라서 전혀 다르게 사용되는 자원이다. 따라서 시간을 어떻게 생각하느냐에 따라 시간을 관리하는 방법이 달라지고 결과도 달라진다. 시간 관리를 잘 하려면 다음과 같은 몇 가지 점에 비추어 자신이 시간을 어떻게 바라보는지에 대해 살펴볼 필요가 있다.

첫째, '현재' 내게 주어진 시간을 잘 활용해야 한다. 앞서 시간은 과거, 현재와 미래의 연속체라고 정의했다. 그런데 여기서 가장 중요한 것은 현재이다. 하지만 많은 사람들이 자신의 과거에 얽매여 현재를 소홀하게 대하고 있는 경우가 많다. 다시 말하면, 좋은 것이든 나쁜 것이든 자신의 과거 기억을 되살려 거기에만 매달려서 현재 시간을 잘 관리하지 못하는 경우가 많다. 이처럼 과거에 매달리는 사이에 미래의 과거인 현재가 헛되이 흘러간다는 것을 잊지 말아야 한다. 현재를 잘 활용하는 것이 시간 관리의 핵심 포인트 중의 하나이다.

둘째, 자신의 삶의 우선순위를 잘 파악해야 한다. 사람은 살아가는 동안 매일 자신이 해야 할 행동을 결정하고 또한 의사결정을 한다. 그런데 이때 반드시 우선순위가 있어야 한다. 그렇지 않으면 당장 눈앞에 닥친 일들을 해결하느라 허덕이면서 정작 자신에게 가장 소중한 일은 점점 뒤로 밀리게 되는 경우가 많다. 물론 사람마다 처한 상황과 위치가 다르기 때문에 똑같은 일이라도 생각하는 우선순위도 각자 다를 수밖에 없지만, 여하튼 시간 관리를 잘 하려면 우선순위를 먼저 정하는 것이 중요하다.

셋째, 자신에게 있어 가장 좋은 시간이 언제인지를 잘 파악해야 한다. 시간 관리 핵심 포인트 중의 하나는 좋은 시간과 나쁜 시간을 잘 파악하여 가능하면 좋은 시간대에 가장 중요하고 의미 있는 일을 하는 것이다. 여기서 좋은 시간이란 그 시간을 사용하는 사람의 에너지가 충만하여 최고의 집중력을 발휘하는 시간이고, 나쁜 시간이란 에너지가 고갈되어 피곤하고 지루하여 어떤 일에 집중하지 못하여 정신이 분산되는 상태를 말한다.[13)]

마지막으로, 자신이 통제할 수 있는 시간과 그렇지 못한 시간을 잘 구별해야 한다. 수업시간, 회의시간, 약속시간 등 어떤 계획이나 일정에 따라 사전에 계획된 시간은 자신이 통제할 수 없는 시간이다. 이에 비해 자유시간이나 휴일 등은 내가 통제할 수 있는 자유로운 시간이다. 이것들을 얼마나 균형 있게 잘 사용하느냐에 따라 시간 관리의 질과 삶의 질이 달라진다.

이런 생각은 시간을 사용하는 모든 사람에게 적용되어야 할 것이지만, 특히 진로를 설계해야 할 시점에 있는 대학생들에게 있어 더욱 중요하다. 따라서 시간 관리를 잘 함으로써 자신이 원하는 바를 이루고 싶은 대학생이라면 시간 관리의 핵심 포인트들을 항상 명심하고 몸에 익숙하도록 연습하고 실천할 필요가 있다(263쪽 참조).

나. 시간 관리방법과 우선순위

시간 관리를 잘 하고 싶은 사람이 가장 먼저 해야 할 일은 삶의 우선순위를 결정하는 것이다. 달리 표현하면, 시간 관리의 기본은 자신의 삶 속에서 어떤 것을 우선순위에 놓을지를 먼저 결정하는 일이다. 사람마다 처한 상황과 위치가 다르지만 자신에게 가장 적합한 순서를 정해서 집중해야만 원하는 결과를 얻을 수 있다. 어떤 상황과 환경하에서 어떤 일을 우선순위에 놓을지는 자신의 사명, 가치관 및 자신이 지금 하고 있는 일에 따라 달라질 수 있다.

우선순위를 정할 때 가장 많이 사용되는 기준이 '긴급성'과 '중요성'이다.[14] 즉, 시간 관리를 잘 하기 위해서는 긴급한 일과 중요한 일을 잘 구분하여 우선순위를 정하는 것이 필요하다. 긴급한 일은 즉각적인 행동이 필요해서 지금 당장 처리해야 하는 일을 말한다. 보통 눈앞에 보이는 일들이어서 당장 처리하도록 우리를 압박하거나 재미있고 즐거운 일들이 많지만 대부분 중요하지 않은 일인 경우가 많다. 이에 비해 중요한 일은 자신의 사명, 가치관, 그리고 자신이 정한 우선순위가 높은 일과 관련된 일들로써 주로 결과와 관련된 일이고, 개인의 자발성과 주도성을 요구하는 일들이 많이 포함된다.

그런데 사람들은 대개 긴급하지도 않고 중요하지도 않은 일들에 대해 반응하는 경향이 많아서 시간 관리가 안 되고 결국 자신이 원하는 결과도 얻지 못하는 경우가 많다. 따라서 시간 관리를 잘 하려면 자신이 하고 있는 일들을 '긴급성'과 '중요성'을 기준으로 잘 분류하여 관리하는 것이 바람직하다. [그림 9-1]은 그 기준에 따라 대표적인 활동 내역을 구분하여 정리한 '시간 관리 매트릭스'이다.

Ⅰ상한에 속하는 일들은 긴급하고 중요한 일이다. 이 영역에 속하는 일은 반드시 해야 할 뿐만 아니라 지금 당장 하지 않으면 안 되는 일이다. 지금 들이닥친 위기, 눈앞에 벌어진 동료의 사고, 당장 준비해야 할 발표, 마감이 임박한 과제, 내일 치러야 할 시험 등과 같은 일은 지금 당장 해결하지 않으면 안 되는 긴급하고 중요한 일이다. 주로 이 영역에 속하는 일들은 많은 시간을 빼앗고 피로를 가중시키며 스트레스의 원인이 되는 것들이다. 어떤 사람은 이 영역에 속하는 일들을 '위기' 또는 '문제'라고 부르기도 한다. 그래서 이 영역에 속한 일들에만 관심을 둔다면 이런 활동들은 점점 늘어나게 되고 우리를 지배하게 되며 결국 사람을 쓰러뜨리게 된다.

다음, Ⅱ상한에 속하는 일들은 긴급하지 않지만 중요한 일이다. 이 영역에 속하는 일은 당장 급하게 처리해야 하는 일들은 아니지만 시간이 흐른 다음에는 매우 중요한 일이 되는 것들이 많다. 인간관계 구축, 가족과의 대화, 자기계발, 건강관리, 어학 공부, 목표 설정, 진로설계, 새로운 기회의 발굴 등이 이에 속한다. 이런 일들은 반드시 해야 하는 일이긴 하지만 당장 해야 할 긴급한 일이 아니기 때문에 행하지 않거나 뒤로 미루는 경우가 많다. 예컨대, 지금 건강에 자신이 있다고 해서 건강관리를 소홀히 한다면 언젠가 건강에 이상이 생기면 그때는 매우 긴급하고 중요한 일이 된다. 또한 지금 당장 외국어 공부를 하지 않는다고 해서 시험이나 취업에 별다른 영향을 주지 않지만, 평소에 외국어 공부를 조금씩이라도 꾸준히 해 두지 않으면 정작 진로나 취업을 결정할 시기에 외국어에 발목을 잡히는 경우가 발생한다. 대개 뒤로 미루기를 좋아하는 사람들은 이 영역에서 여유 있게 처리할 수 있는 것들을 급하게 처리하는 경우가 많다. 대학생의 진로 탐색과 설계 관련 일들이 대표적이다. 대학생들에게 있어 현 시점에서 자신의 진로를 탐색하고 설계하는 것만큼 중요한 일은 없으니 뒤로 미루지 않도록 주의해야 한다.

	긴급함	긴급하지 않음
중요함	• 위기 • 급박한 일 • 기간이 정해진 업무(프로젝트) • 내일 치러야 할 시험 등 Ⅰ	• 중·장기 목표나 계획 • 인간관계 구축 • 자기계발, 건강관리 • 예방, 새로운 기회 발굴 Ⅱ
중요하지 않음	Ⅲ • 일부 전화, 잠깐의 급한 질문 • 일부 보고서나 우편물(메일) • 눈앞에 보이는 급한 상황 • 일부 회의 • 인기 있는 활동 등	Ⅳ • 바쁘거나 하찮은 일 • 일부 전화 • 일부 우편물 • 시간을 낭비하는 일 • 대개의 즐거운 활동

출처 : 스티븐 코비(김경섭·김원석 역, 1994). **성공하는 사람들의 7가지 습관**. 김영사. 211쪽에서 발췌, 정리.

[그림 9-1] **시간 관리 매트릭스**

Ⅲ상한에 속하는 일들은 긴급하지만 상대적으로 덜 중요한 일이다. 하지만 대개 사람들은 이 영역에 속하는 일이 중요하다고 착각하고 이런 일들에 시간을 뺏기기 쉽다. 일부 전

화 호출, 일부 메일이나 보고서, 일부 잦은 회의, 친구나 동료의 사소한 부탁, 술자리 등이 여기에 속하는 일들인데, 대개 사람들은 이런 일들을 거절하지 못하고 끌려 다니다 시간을 뺏기는 경우가 많다.

Ⅳ상한에 속하는 일들은 긴급하지도 않고 중요하지고 않은 일이다. 새벽까지 이어지는 컴퓨터 게임, 과도한 인터넷 검색과 TV 시청, 지나친 술자리와 도박 등 대개 즐거운 유흥 활동이 이 영역에 속하는 전형적인 일이다. 대부분의 사람들이 쌓인 스트레스를 풀어준다는 차원에서 이런 일들을 많이 즐기고 있지만, 이런 일들을 하는 데 계속해서 많은 시간을 뺏기다 보면 정작 지치고 쇠약해져 가는 자신을 발견할 수밖에 없을 것이다.

시간 관리를 잘 함으로써 성공적인 삶을 살고 있는 사람들은 Ⅲ상한과 Ⅳ상한에 속하는 일에 들이는 시간을 삼간다. 그 이유는 여기에 속하는 일들은 중요하지 않기 때문이다. 그 대신에 Ⅱ상한에 속하는 일들을 하는 데 더 많은 시간을 들이고, Ⅰ상한에 속하는 일들에 들이는 시간을 점점 줄여간다. 결국 시간 관리를 잘 하는 비결은 Ⅱ상한에 속하는 일들을 수행하고 처리하는 데 들이는 시간을 늘리는 것이다. 사람마다 Ⅱ상한에 속하는 일은 각기 다를 수 있다. 그래서 개인적으로 자신의 삶 속에서 어떤 일들이 Ⅱ상한에 속하는 일인지를 스스로 결정해야 한다. 대학생들의 경우를 예로 들면, 자신의 진로 탐색과 설계, 꾸준히 진행하는 외국어 공부, 원만한 인간관계의 구축, 가족과의 대화, 건강관리, 자기계발 등과 같은 일들이 이 영역에 속한다. 따라서 대학생들이 시간 관리를 잘 함으로써 자신이 원하는 삶을 살려면 Ⅱ상한에 속하는 이런 일들에 더 많은 시간을 들여야 할 것이다.

다. 우선순위 설정과 유지

삶의 우선순위를 정했으면 일상생활에서도 그것에 맞추어 사는 것이 바람직하다. 특히, 대학생들에게 있어 자신의 삶에서 가장 중요한 일이 무엇인지를 스스로 가려내고, 그것을 이루기 위한 목표를 세우며 실천하는 습관을 들이는 것은 매우 중요한 일이다. 그러려면 일상생활에서 발생하는 모든 일을 대상으로 우선순위를 정하고, 정해진 순서대로 실천하는 연습을 해야 한다.

일상생활에서 우선순위를 정할 때는 'ABC 우선순위 시스템'을 적용하면 많은 도움이 된다. 다음과 같은 세 단계로 구분하여 자신이 날마다 행하는 모든 일들의 순위를 정하면 된다.

첫 번째, 자신이 원하는 것을 이루기 위해 매일 해야 할 일들의 목록을 정하고, 이것들을 대상으로 항목 간에 서로 비교하여 각각 A, B, C로 구분한다. 가장 중요하거나 가치가 있는 것이라서 꼭 해야 할 일이나 항목은 A, 대체로 중요한 일이나 항목은 B, 하면 좋고 안 해도 크게 문제가 되지 않는 일이나 항목은 C로 구분하는 것이다.

그런데 어떤 일을 C로 구분하는 것에 대해 의문을 갖는 사람이 있을 수도 있다. 즉, 안 해도 크게 문제가 되지 않는 일을 굳이 생각해 내고 그것을 C로 구분하는 것이 무슨 의미가 있는지 질문할 수 있다. 좋은 질문이다. 당장 처리하지 않아도 되는 일이지만 언젠가 해야 하는 일이기 때문에 잊지 말고 꼭 기억하고 있어야 하는 일이 있다면, 그런 일들은 C로 구분하면 되는 것이다. 우리 머리(뇌)는 창조하기 위한 것이지 기억하기 위한 것은 아니다. 우리의 뇌가 새로운 것들을 생각하는 창조의 시간에 활용되도록 배려하기 위해서는 상대적으로 자질구레한 것들은 C로 구분하는 것이 더 효과적이지 않을까?

두 번째, 같은 급으로 분류된 일들을 소요시간과 긴급성 등을 고려하여 1부터 순위를 매겨 구분한다. 예컨대, A에 속하는 일들 중에서 그것을 하는 데 들어가는 시간과 긴급성에 따라 순위를 매겨 각각 A1, A2, A3과 같은 방식으로 구분하면 된다. 마찬가지로 B에 속하는 일들도 B1, B2, B3과 같은 방식으로 구분하고, C에 속하는 일들도 C1, C2와 같은 방식으로 분류하면 된다. 물론 개인의 취향에 따라 아라비아 숫자를 사용하는 대신 영어 알파벳 소문자를 활용해도 된다. 그런 경우에 각 일들은 Aa, Ab, Ac, Ba, Bb, Bc, Ca, Cb와 같이 구분될 수 있다.

마지막으로, 우선순위를 정할 때 미처 생각하지 못한 일들이 새롭게 발생하면, 중요성과 긴급성에 따라 새로 생긴 일을 판단한 후에 미리 순위를 정해둔 일들과 함께 비교하면서 순위를 매겨 구분한다. 대개 우순순위를 매기는 시간은 전날 잠자기 전이나 당일 아침에 정하는 것이 적절하다. 그때 해야 하거나 생길 수 있는 모든 일들을 모두 생각해내면 좋겠지만, 막상 당일이 되면 전혀 예상하지 못한 일들이 얼마든지 생길 수 있다. 오히려 갑자기 생긴 그런 일들이 시간을 많이 잡아먹는 것이라면 시간 관리에 어려움이 생길 수밖에 없다.

이럴 경우 중요성과 긴급성의 기준에 따라 새롭게 생긴 일들을 어떤 급으로 분류할 것인지를 먼저 판단한 후에 이미 순위를 매긴 일들을 함께 늘어놓고 순위를 매겨 구분하면 된다. 예컨대, 새롭게 생긴 일이 A2로 구분된 일을 먼저 처리하고 A3로 구분된 일을 처리하기 전에 해야 할 일이라고 판단되면, 새롭게 생긴 일은 A21으로 구분하면 된다. 그렇다면 그날에 처리할 일의 순서는 A1, A2, A21, A3, B1, B2와 같이 된다.

'ABC 우선순위 시스템'을 활용하여 매일 생기는 일의 우선순위를 정할 때 A, B, C에 대한 가치 판단의 근거는 전적으로 개인에게 달려 있다. 이때 주의할 점은 가치 판단의 근거가 항상 같아야 하고, 수시로 변화하는 환경 등을 잘 가늠해서 목록에 있는 일들을 구분해야 한다는 것이다. 또한 우선순위를 정할 때 긴급한 일을 중요한 일과 잘 구분하고 분류하는 것이 중요하다. 긴급한 일이 중요한 일인 경우와 중요한 일이 긴급한 경우는 거의 없다. 긴급한 업무는 즉시 처리해야 할 일일 뿐이다.

'ABC 우선순위'는 시간에 따라 변경될 수도 있다. 예컨대, 오늘의 A가 내일의 B가 될 수 있고, 어제의 B가 오늘의 A가 될 수 있으며, 오늘의 C가 내일의 A가 될 수도 있다. 최선을 다해 자신에게 주어진 시간을 사용한다는 차원에서 'ABC 우선순위'를 계속해서 수정하고 변경할 수 있다. 당연히 일의 우선순위를 매기는 데 있어 영어 알파벳을 사용하지 않고, 개인의 취향에 따라 한글 '가나다'나 다른 문자나 기호를 개발하여 활용해도 좋다.

한편, 자신의 삶 속에서 발견한 우선순위와 동기를 부여하는 에너지를 잘 유지하려면 다음과 같은 방법을 활용하는 것이 좋다. 첫째, 자신이 발견한 자신만의 소중한 존재 의미와 꿈 그리고 목표를 적어두는 것이다. 둘째, 앞서 발견한 것들을 자주 보는 것이다. 셋째, 적절한 간격으로 부족한 것을 찾아 보완하고 수정하는 등 적절한 조치를 취하는 것이다. 넷째, 가끔은 계속 전진하는 것을 멈추고 자신의 주변을 둘러보는 것이다. 마지막으로, 진정으로 자신을 지원하고 격려해주는 코치나 멘토를 찾아가 그들과 교류하는 것도 좋은 방법이다.[15)]

4. 시간 관리의 실제

가. 우선순위 정하기

앞에서 말한 시간 관리 개념과 'ABC 우선순위 시스템'에 대한 이해를 바탕으로 매일 발생하는 일들을 어떻게 구분하고 처리해야 할지를 한 번 결정해 보도록 하자. 〈표 9-2〉는 대학생의 일상생활 중 어느 하루에 흔히 일어날 수 있는 일들을 예로 들어본 것이다. 여기에 제시된 일들을 대상으로 'ABC 우선순위'에 따라 구분하고, 처리할 순서도 함께 정해 보자. 그리고 처리할 순서가 모두 정해졌다면, 그 내용을 '플래너(Planner)'에 옮겨 적어보자.

여기서 잠시 플래너를 소개하고자 한다. 이것은 현재 세계적으로 가장 많이 판매되고 있는 시간 관리 도구로 유명한데, 미국의 벤저민 프랭클린(Benjamin Franklin)이 휴대하고 다녔던 수첩 양식에 착안, 스티븐 코비(Stephen R. Covey)가 사람들의 인생 설계를 돕기 위해 개발한 것이다. 이것은 자신의 인생 목표와 중요하게 생각하는 가치를 연계하여 자신의 사명서를 만들고 그것을 실천할 수 있도록 만든 도구로서, 연간 계획부터 일일 계획까지 적어 놓고 그것을 실천했는지 여부 등을 기록하고 평가할 수 있도록 설계되었다. 여러 가지 독특한 특징을 가지고 있지만, 플래너는 기본적으로 한 사람의 미래에 초점을 두고 설계되었다는 점이 과거의 일들을 기록하는 것에 초점을 둔 일기(Diary)와 크게 다른 점이다.

플래너를 잘 활용하면 한 개인이 스스로 세운 목표를 향해 나아가는 습관을 기르는 데 많은 도움을 받을 수 있고, 일과 삶의 균형을 위해 자신에게 주어진 시간을 어떻게 효율적으로 관리할지를 파악하는 데도 도움을 받을 수 있다. 온/오프라인 매장이나 주요 서점 등에서 구입할 수 있으며 최근에는 한국 사람이 개발한 '스마트 플래너(Smart Panner)'도 시중에서 판매되고 있다(265-267쪽 참조).

〈표 9-2〉 일상생활에서 우선순위 정하기

활동 내역	대분류 (ABC)	중분류 (123)	소분류 (123)
경영학원론 시험 공부하기(150~160쪽)			
학과 교수님과 진로에 대해 상담하기			
〈한국역사의 이해〉(교양) 과제 준비하기			
〈바른 인성〉(교양) 과제하기			
〈진로설계와 코칭리더십〉(전공) 수업 참석하기			
친구 생일 선물 사기			
할머님께 안부 전화 드리기			
어머니 쇼핑 도와드리기(아버지 생신 준비)			
컴퓨터 게임하기			
동아리 친구 만나 저녁 함께 먹기			
인터넷 강의 수강하기(〈TOEIC 마구 따라 하기〉)			
전공 관련 직업 정보 검색하기			
친구와 영화 보기			
아침운동하기(조깅, 30분)			
공모전 관련 정보 검색하기(5개월 후에 개최)			
취업한 학과 선배에게 전화하기			
조성진 교수님께 코칭 받기			
고교 친구와 함께 갈 무전여행 구상하기			
학생생활연구소 집단상담시간 알아보기			
시청 주관 취업박람회 일정 문의하기			

나. 시간 관리의 방해요인

효과적인 시간 관리에 있어 항상 염두에 두어야 할 것은 시간 관리에 지장을 주는 걸림돌은 무엇인지 알아보고, 그것을 제거하려는 노력을 해야 한다는 것이다. 특히, 자신의 일상생활에서 다음과 같은 일들이 벌어지지 않는지 냉정하게 점검해 볼 필요가 있다. 만약 자신에게 다음에 열거하는 사항 중 최소한 열 가지 이상의 방해요인이 있다면,[16] 시간 관리 전문코치나 컨설턴트들의 도움을 받을 필요가 있다.

- 계획을 세우지 않는다.
- 시간계획을 세우는 데 시간을 너무 많이 소비한다.
- 모든 것을 일일이 계획한다.
- 계획표에 모든 활동을 기입하지 않는다.
- 비현실적인 기한을 설정한다.
- 계획표에 기입한 내용을 준수하지 않는다.
- 일이나 활동을 명확하게 규정하지 않는다.
- 처리 유무를 검토하지 않는다.
- 완료하지 못한 일을 다시 계획하지 않는다.
- 우선순위를 무시한다.
- 우선순위를 잘못 설정한다.
- '아니오'라고 거절하지 못한다.
- 앞으로의 계획을 면밀히 검토하지 않고 기한을 약정한다.
- 아무런 자제를 하지 않는다.
- 업무 방해요인이 도처에 도사리고 있다.
- 아무런 이유 없이 시간계획 기법을 부정적으로 생각한다.
- 계획을 성의 없이 실행한다.
- 계획 단계에서 오류를 범해도 아무런 교훈을 얻지 못한다.

다. 시간도둑 없애기

앞서 시간 관리에 있어 시간도둑을 언급하면서 이것들이 자신의 시간 관리에 침범하지 않도록 주의할 것을 당부한 적이 있다. 시간도둑들은 대개 대부분의 사람들에게 습관화되어 있다는 점이 안타까운 현실이다. 따라서 이것들을 효과적으로 제거하는 노력을 기울이지 않으면 그들에게 사로잡혀 결국 시간을 낭비하는 결과를 가져올 것이다. 여기서 그것들에 대해 간단하게 살펴보기로 하자.17)

(1) 방해에 의한 중단

이것은 받고 싶지 않은 전화나 갑자기 찾아오는 방문자, 개인적으로 신경 쓰이는 일 등으로 인해 시간 관리가 제대로 되지 않는 경우를 말한다. 예컨대, 어떤 사람이 사전에 알리지 않고 들른다거나 전화를 걸어올 때 발생하는 불필요한 중단, 필요하지만 부자유스럽거나 적절하지 못한 시간에 벌어져 하던 일을 그치게 만드는 중단, 당신이 어떤 정보를 가진 책임자일 경우 그 즉시 처리해야 하는 일들이 이런 경우에 속한다. 이런 중단은 최대한 빨리 피하거나 끝내야 한다.

특히, 다른 사람의 방해에 의한 중단을 막기 위해서는 상대방의 기분을 상하지 않게 하면서 곧바로 방해의 요점을 묻는 방법이 좋다. 예컨대, "반갑습니다. 오늘은 무슨 일입니까?", "용무는 무엇입니까?", "필요한 것이 무엇이지요?" 이런 질문에 대해 상대방이 어떤 요구나 다른 질문을 하면 그 즉시 순위와 대응해 필요한 시간을 판단하여 적절한 행동을 취하면 된다.

물론 중단이라고 해서 모두 다 나쁜 것은 아니다. 지금 하고 있는 일보다 그 방해가 훨씬 더 중요한 때도 있다. 또 기회라는 것은 아무 예고도 없이 순간에 찾아오는 경우도 있다. 그러므로 방해에 대처하는 방법을 잘 알고 있고, 방해를 긍정적인 관점에서 본다면 방해와 함께 찾아오는 기회를 자신에게 유리하게 활용할 수도 있다.

(2) 뒤로 미루기

이것은 가장 치명적인 시간도둑으로 말 그대로 어떤 일을 뒤로 미루는 것으로서 자신이 스스로 발생시키는 것을 말한다. 예컨대, 정신이 말짱한 상태인데도 자신이 무엇을 하고 있는지 모르는 '의식적 미루기'와 정말 자신이 무엇을 하고 있는지 거의 모르는 '무의식적 미루기'가 있다. 어떤 일을 미룰 때는 여러 가지 이유가 있는데, 지나치거나 무리한 약속, 정보 부족, 불분명한 목표, 실패에 대한 두려움, 시의 적절치 못함, 무관심 그리고 일에 대한 잦은 혼란 등이 이에 속한다. 어떤 경우는 일을 미루면 그 일들이 자신을 통제하도록 방치하는 셈이고, 결국 생산성은 물론 자부심도 떨어진다. 미루기를 극복하는 방법에는 마감시간(dead line) 정하기, 싫은 것부터 먼저 처리하기, 일을 게임하듯 하기, 스스로에게 상 주기 등이 있다.

(3) 우선순위의 변경

이것은 어떤 일을 열심히 하고 있는데, 갑자기 다른 일이 그 일보다 우선순위에 놓이게 되는 것으로서, 주로 직장인들에게 많이 발생하면서 혼란을 주는 시간도둑이다. 새롭게 생긴 일이 의미와 목표를 가지고 있는 것이라면 설사 우선순위가 변경되더라도 엄청난 추진력이 생길 수 있다. 하지만 만일 그 일의 목적이 보이지 않는다면 사람들은 무언가에 휘둘리는 것 같은 느낌을 받게 된다.

여기서 한 가지 생각할 것이 있다. 우선순위의 변경이 직장 내에서 자주 발생한다면 그것은 자신이 거의 통제할 수 없는 상황이다. 이때 그것에 대응할 수 있는 유일한 해결책은 함께 흘러가는 것, 즉 그것에 잘 적응하는 것이다.

(4) 엉성한 계획

이것은 자기 스스로 만들어 내는 시간도둑으로서 말 그대로 어떤 계획을 치밀하게 세우지 않고 대충 세우는 것을 말한다. 자신이 일하고 있는 환경, 또는 계획을 통해 상황을 통제함으로써 발생하는 이익에 대한 이해가 부족한 경우에 주로 발생한다. "계획에 실패하면 실패를 계획하는 것이다"라는 말이 있다. 진정으로 자신의 인생을 통제하고 싶고, 그래서 진정으로 마음의 평화를 얻고 싶은 사람이라면, 우선순위를 정하거나 어떤 일을 치밀하게 계획하는 일에도 더 많은 노력과 시간을 들여야 한다.

(5) 대답 기다리기

이것은 주로 일과 관련하여 상사나 다른 사람의 대답이나 결재를 기다리는 것 등을 말한다. 이것은 자신이 속한 환경 때문에 발생하는 것으로서 스스로 어찌 할 수 없는 시간도둑이다. 따라서 이런 상황을 받아들이고 함께 가기로 결심할 수밖에 없는 경우가 많다.

그런데 어떤 일에 대한 자신의 우선순위가 결정된 경우라면 다음과 같은 방법을 활용하여 이런 상황도 통제할 수 있다.

- 대답을 줄 사람에게 전화를 걸어 상황과 문제를 설명한다. 특별한 도움을 청하거나 아니면 작은 도움이라도 받을 수 있는 사람을 물어본다.
- 단서가 될 만한 것은 모두 검토하되 필요와 긍정적인 결과에 강조점을 두고 검토한다. 상황을 개선하는 데 당신이 할 수 있는 일이 무엇인지 물어본다.
- 당신보다 지위가 높은 사람을 상대해야 할 때는 당신의 상사에게 도움을 청한다. 문제가 해결될 때까지 아니면 막다른 골목에 이를 때까지 파고 들어가 본다.
- 주변의 관련자 모두에게 좋은 대답이나 정보가 있을 때는 즉시 당신에게 연락하도록 해둔다.

그렇다면 대학생들은 시간도둑들로부터 과연 자유로울까? 대학생의 일상생활에서 시간을 빼앗아가는 '시간도둑'에는 어떤 것들이 있을까? 예컨대, 통학 버스 대기 시간, 통학버스 안에서 잠자는 시간, 약속이나 주문한 커피 대기시간, 다음 강의 대기시간, 책상 위와 책꽂이 정리시간, 세탁기가 돌아가는 시간, 중요한 메모를 찾는 시간, 목적 없는 인터넷 검색시간, 아무 생각 없이 멍 하니 보내는 시간 등이 이에 속할 수 있을 것이다. 이런 것들로 인해 자신의 시간을 얼마나 허비하고 있는지 스스로 되돌아볼 필요가 있다.

누구에게나 시간은 둘도 없는 소중한 자산이다. 그래서 누구나 시간을 알뜰하게 사용해야 하고, 제대로 활용해야 한다. 대학생도 결코 예외일 수는 없다. 오히려 대학생 시절은 자신의 미래를 설계해야 하는 시점에 있다는 측면에서 시간 관리를 더 잘해야 하는 시기임에 틀림없다. 그런 차원에서 인생의 황금시기인 대학생활을 효과적으로 보내는 것은 아주 의미 있는 일이다. 당연히 자신이 활용할 수 있는 시간을 효과적으로 관리하는 것이 다른 무엇보다도 중요하다는 것은 아무리 강조해도 지나치지 않다. 일상생활에서 발생하는 시간도둑들로 인해 낭비되는 시간이 없도록 잘 관리하여 자신의 진로를 선택하고 설계하는 데 필요한 활동에 많은 시간을 들이길 권한다. ♣

Memo

생각하고 토의하기

시간 관리에 대한 나의 생각

▣ 효과적인 시간 관리를 통해 진로 목표를 세운다는 것은 당신에게 어떤 의미가 있는 일인지 생각해 보고, 팀원들과 의견을 나누어 보자.

▣ 효과적인 시간 관리를 통해 당신이 꼭 이루고 싶은 세 가지 일은 무엇인지 기록해 보자.

▣ 지금 당신의 시간 관리에 있어 가장 걸림돌이 되는 것은 무엇이고, 그것을 없애기 위해 지금 바로 시작해야 할 두 가지 일은 무엇인지 생각해 본 후 팀원들과 의견을 나누어 보자.

구분		내역(가능한 구체적으로 기입)
진로 목표를 세우는 것의 의미		
효과적인 시간 관리를 통해 꼭 이루고 싶은 일	1	
	2	
	3	
시간 관리상의 걸림돌 제거를 위해 지금 할 일	1	
	2	

절취선

• 수업시간 : 20______년 ______월 ______일 ______요일 ______교시

• 소속 : __________________ • 학번 : __________ • 성명 : __________

Memo

절

취

선

실습하기

플래너(Planner) 작성 실습(1)

월

일 요일

✓	우선 순위	오늘의 계획	AM	예정일정
			6	
			7	
			8	
			9	
			10	
			11	
			12	
			PM 1	
			2	
			3	
			4	
			5	
오늘의 중요 정리			6	
			7	
			8	
			9	
			10	
			11	

• 수업시간 : 20______년 ______월 ______일 ______요일 ______교시

• 소속 : ________________ • 학번 : __________ • 성명 : __________

Memo

절 취 선

실습하기

플래너(Planner) 작성 실습(2)

월
일 요일

✓	우선순위	오늘의 계획	AM	예정일정
			6	
			7	
			8	
			9	
			10	
			11	
			12	
			PM 1	
			2	
			3	
			4	
			5	
오늘의 중요 정리			6	
			7	
			8	
			9	
			10	
			11	

• 수업시간 : 20______년 ______월 ______일 ______요일 ______교시

• 소속 : ________________ • 학번 : ________ • 성명 : ________

Memo

실습하기

플래너(Planner) 작성 실습(3)

월
일 요일

✓	우선 순위	오늘의 계획	AM	예정일정
			6	
			7	
			8	
			9	
			10	
			11	
			12	
			PM 1	
			2	
			3	
			4	
			5	
오늘의 중요 정리			6	
			7	
			8	
			9	
			10	
			11	

절취선

• 수업시간 : 20______년 ______월 ______일 ______요일 ______교시

• 소속 : ________________ • 학번 : __________ • 성명 : __________

Memo

시간이 부족하다고요?

알렉산더 대왕은 아버지 필립포스가 암살되자 뒤를 이어 스무 살에 마케도니아의 왕위에 올랐다. 그리고 서른셋의 나이로 병사할 때까지 그는 모든 것을 정복했고, 모든 것을 다스렸던 군주였다. 그가 페니키아를 정복할 때의 얘기이다.

당시 알렉산더와 그의 군대는 다른 지방은 비교적 쉽게 정복했는 데, 이상하게도 테베시만은 정복하기가 어려웠던 상황이었다. 고민하던 그는 점술가에게 점을 쳐보라고 지시했고, 점술가는 "이 달 안으로 정복할 수 있을 것"이라고 말했다. 그러나 점술가의 말을 들은 주위 사람들은 모두 말도 안 되는 소리라며 비웃었다. 그날이 바로 그 달의 마지막 날인 30일이었고, 시간이 부족했기 때문이었다. 점술가의 말대로라면 당장 정복해야 한다는 얘기이니 사람들이 웃는 것은 당연한 일이었다.

그런데 놀랍게도 알렉산더 대왕은 웃지 않았다. 대신에 그는 다음과 같이 명령을 내렸다.
"오늘 30일을 내 명령에 의해 23일로 고친다. 자, 지금부터 공격이다! 앞으로 진격하라!"
알렉산더는 그 길로 테베시로 진격해 마침내 페니키아 전체를 정복해버렸고, 점술가의 예언은 그대로 실현되었다.

시간이 부족하다는 것은 어쩌면 부정적인 핑계거리에 지나지 않을지도 모른다. 어떤 일이 간절히 원하는 일이고, 어차피 가야 할 길이라면 시간이 부족하다고 탓할 겨를이 없을 것이다. 과연 시간이 부족한가? 정작 부족한 것은 시간이 아니라 의지가 아닌가? 지금 무엇을 하기에 시간이 부족하다면 냉정하게 자신을 돌아보기 바란다.

– 〈곽숙철의 혁신이야기〉 중에서 재인용, 일부 내용을 수정

제 10 장 인간관계와 의사소통

학습 목표

1. 인간관계의 중요성을 이해할 수 있다.
2. 의사소통의 중요성을 이해할 수 있다.
3. 좋은 인관관계 유지를 위한 방법을 익히고, 실천할 수 있다.

학습할 주요내용

1. 사회생활과 인간관계
2. 조해리의 창
3. 의사소통의 종류
4. '나' 전달법
5. 적극적 경청
6. 공감적 이해
7. 인맥관리의 비결

사람은 태어나면서부터 죽을 때까지 사회 속에서 살아가고, 자의든 타의든 다른 누군가와 다양한 관계를 맺으며 살아간다. 이것이 인간관계이다. 사회 속에서 살아갈 수밖에 없는 사람이 자기의 능력과 이상을 펼쳐나가기 위해서는 자신이 맺은 다양한 인간관계를 통해서 그것들을 이루어간다. 따라서 우리의 삶과 성공에 있어 인간관계와 인맥은 아주 중요한 역할을 한다. 사회생활에 있어 상대방과 의사소통을 잘 하기 위해서는 말을 잘 하는 것도 중요하지만 그에 못지않게 상대방의 말을 잘 듣는 것이 중요하다. 대부분의 사람들은 듣는 것보다 말하는 것을 좋아한다. 그래서 대화에서도 말하는 것이 중요한 것처럼 보이지만, 상대방의 생각이나 말을 귀 기울여 잘 듣는 것은 어떤 문제를 해결하거나 좋은 인간관계를 만들어 가는 데 있어 아주 중요한 일이다.

1. 인간관계의 중요성

가. 사회생활과 인간관계[1)]

앞에서 잠시 언급했듯이 사람은 태어나면서부터 죽을 때까지 사회 속에서 살아가고, 자의든 타의든 다른 사람들과 다양한 관계를 맺으며 살아간다. 사회 속에서 살아갈 수밖에 없는 사람이 자기의 능력과 이상을 펼쳐나가기 위해서는 자신이 맺은 다양한 인간관계를 통해서 그것들을 이루어간다. 이처럼 사람은 여러 가지 집단과 조직 속에서 만난 다양한 사람들과의 관계 속에서 살아갈 수밖에 없는데, 이때 다른 사람과 어떤 인간관계를 맺는가에 따라 자신이 원하는 성공과 행복의 수준이 달라진다고 해도 과언이 아니다. 따라서 우리의 삶과 성공에 있어 인간관계와 인맥은 아주 중요한 역할을 한다. 특히, 대학교는 같은 학과 선배와 후배, 동기들과의 관계를 통해 자신과 비슷한 처지에 있으면서 자신을 잘 이해해 주는 조언자와 심리적 동반자를 얻을 수 있는 좋은 기회를 제공할 뿐만 아니라 개인의 인맥을 넓힐 수 있는 다양한 계기를 제공한다.

우리가 졸업 후 취업을 통해 경험하게 될 직장생활에서의 인간관계도 중요하기는 마찬가지다. 직장에서 좋은 인간관계를 맺으려면 자신보다 다른 사람을 먼저 이해하고 배려하며 존경할 줄 하는 마음가짐이 필요하다. 직장동료뿐만 아니라 상사와 후배 직원들과 원활한 인간관계를 맺어야 재미있고 행복한 직장생활을 할 수 있다. 힘들게 직장생활을 하는 대부분의 사람들은 자신이 맡은 일이나 업무가 힘들어서라기보다 다른 사람과의 관계가 좋지 않아 힘들어하는 경우가 많다. 기술과 능력을 골고루 갖춘 탁월한 사람이라 하더라도 다른 사람들과의 관계가 원만하지 않으면 결코 성공적인 직장생활을 할 수 없다.

나. 조해리의 창[2)]

그렇다면 사람들은 어떤 인간관계 유형을 가지고 있을까? 이것을 알아보기 위해서는 인간관계 전반을 재미있게 설명하고 있는 '조해리 창(Johari Window)'에 대해 살펴보는 것이 도움이 된다. 미국의 심리학자인 조셉 루프트(Joseph Luft)와 해리 잉햄(Harry Ingham)의

이름을 합성하여 만든 이 개념은 경영자의 의사소통 유형을 평가하고 분류하는 데도 효과적인 도구로서 폭넓게 사용되고 있다.[3)]

조해리의 창은 인간관계에서 자기노출과 피드백의 중요성을 강조하고 있다. 인간관계를 맺다보면 자연스럽게 자신의 생각이나 감정 또는 경험 등에 대해 다른 사람에게 얘기하게 된다. 그러면서 사람들은 자신을 다른 사람에게 알리기도 하고, 상대방과의 대화를 통해서 자신의 답답한 마음을 호소하기도 한다. 이런 일들로 다른 사람들은 나를 더 잘 이해하게 되고, 그 결과 그 사람과 친밀한 인간관계가 형성될 수 있다. 이처럼 어떤 사람이 자신에 관한 정보를 다른 사람에게 알려 주는 것을 자기노출(self-disclosure, 자기개방 혹은 자기공개라고도 함)이라고 한다. 이런 자기노출은 인간관계를 발달시키고 심화시키는 요인으로 작용하는데, 자기노출 정도는 사람마다 차이가 있다.

또한 인간관계에서는 자기노출 못지않게 다른 사람들이 나를 어떻게 생각하고 느끼는지를 잘 아는 것도 중요하다. 사람들은 다른 사람의 반응을 통해 평소 잘 모르던 나의 모습이나 특징을 알게 되고, 자신의 행동에 대해 조절하는 능력을 키워가는 것이다. 그러므로 자기노출만큼 다른 사람이 나에게 해주는 피드백을 통해 자신의 인간관계를 진단해 볼 수 있다.

조해리의 창은 개인의 자기노출과 다른 사람으로부터의 피드백에 따라 네 개의 영역, 즉 개방영역, 맹점영역, 숨겨진 영역, 그리고 미지영역으로 구분된다. 각 영역에 대해 간단하게 살펴보면 다음과 같다([그림 10-1] 참조).

첫 번째, 개방영역(open area)은 나에 관한 정보를 나도 알고 있고, 다른 사람도 알고 있는 영역이다. 다시 말하면, 나와 다른 사람들이 서로 정보를 주고받을 수 있는 열려진 영역으로서 함께 일하고 경험을 나눌 수 있는 영역이라는 점에서 공통영역이라고도 한다. 이 영역이 넓을수록 현실세계와 더 많은 접촉을 하게 되고, 자유롭게 자기의 능력과 요구를 다른 사람에게 나타낼 수 있다. 이 영역에서는 인간관계가 원만해지고, 잠재력이 발휘될 수 있다. 사람 간의 의사소통이 이 영역에서 일어난다면 가장 이상적이다.

두 번째, 맹점영역(blind area)은 나에 관한 정보를 다른 사람들은 잘 알지만 정작 나 자신은 모르고 있는 부분(blind spot)의 영역이다. 마치 시각장애인이 자신을 보지 못하는 것과 같이 자신의 이상한 행동습관, 자주 쓰는 언어나 비언어적 특징, 특이한 말투, 몸가짐,

독특한 성격 등 자신은 잘 모르고 있지만 다른 사람들은 잘 알고 있는 영역을 말한다. 다른 사람들이 이런 것들을 나에게 알려주지 않는 한 나 자신은 그 영역을 알기 어렵다. 이 영역이 클수록 다른 사람과 대립이나 갈등이 발생하기 쉽다.

		피드백의 정도	
		내가 알고 있는 부분	내가 모르는 부분
자기 노출의 정도	다른 사람이 아는 부분	개방영역 (open area)	맹점영역 (blind area)
	다른 사람이 모르는 부분	숨겨진 영역 (hidden area)	미지의 영역 (unknown area)

[그림 10-1] **조해리의 창**

세 번째, 숨겨진 영역(hidden area)은 나에 관한 정보를 나는 잘 알고 있지만 다른 사람에게는 공개하지 않는 비공개영역이다. 즉, 내가 말하기 두려워하는 나의 약점, 알릴 수 없는 나만의 비밀, 남몰래 지은 죄와 같이 고의적이든 고의적이 아니든 다른 사람에게는 숨기는 부분이다. 일상생활에서 별로 친하지 않은 인간관계이거나 새로운 집단에 들어갔을 때는 이 영역이 매우 넓다. 어떤 한 사람의 측면에서 보면, 이 영역의 정보를 공개했을 경우 다른 사람으로부터 약점을 잡힐 우려가 있거나 공격을 받을 위험이나 이용당할 위험이 있어 의도적으로 감추는 경우도 있다. 따라서 이 영역은 인간관계가 가까워질수록 그 범위가 좁아진다고 볼 수 있고, 서로가 있는 그대로의 자신을 상대방에게 알리려고 노력하는 자세가 필요하다.

마지막으로, 미지의 영역(unknown area)은 어떤 정보가 나 자신은 물론 다른 사람에게도 알려지지 않은 영역이다. 예컨대, 무의식적인 부분이나 잊고 지내는 어린 시절의 경험 또는 심리적 외상 등은 남들이 모르는 것이 당연하지만 나 자신도 모르는 것들이다. 이런 것들은 깊은 무의식 속에 자리 잡고 있어서 심리치료, 충격적 경험, 우발적 사건, 아주 극적인 통찰을 통해 몇 가지를 알아낼 수도 있다.

앞에서 설명한 조해리의 창 중에서 어떤 영역이 가장 넓은가에 따라 인간관계 유형을 구분하기도 한다. 즉, 개방영역이 가장 넓은 사람을 '개방형', 맹점영역이 가장 넓은 사람을 '자기 주장형', 숨겨진 영역이 가장 넓은 사람을 '신중형', 미지의 영역이 가장 넓은 사람을 '고립형'이라고 구분하기도 한다.[4)]

그런데 여기서 한 가지 유념해야 할 것은 인간관계의 개선을 위해서는 나와 다른 사람을 특정 유형으로 구분하여 단정 짓는 데 그치는 것이 아니라 개방영역을 넓히고 맹점영역, 숨겨진 영역 그리고 미지 영역을 줄여 나가는 것이 바람직하다는 점이다. 예컨대, 주위에서 눈치 없는 사람이라 불리는 사람들을 보면 대개 맹점영역이 넓은 자기 주장형인 경우가 많다. 이런 사람들은 다른 사람이 보기에는 개선해야 할 점이 많은데, 정작 자신은 그것을 전혀 깨닫지 못하거나 스스로 잘난 체하며 자기 주장이 강하다. 이들은 자기 자신을 비교적 정확하게 이해하고 있지만 자신을 수용하지 못하는 경우가 많아 다른 사람에게 자신을 있는 그대로 드러내기를 주저하기 때문에 자기를 숨기려는 경향이 많다. 그러다보니 다른 사람과 생산적이고 원만한 인간관계를 맺는 데 지장을 받을 뿐만 아니라 자기를 숨기는 데 지나치게 신경을 쓰게 되고 결국 자신의 역량을 충분히 발휘하지 못하는 경우가 있다. 따라서 이런 사람들은 용기를 가지고 자기를 노출하거나 그와 관련된 훈련을 받는 것이 필요하다.

자기노출과 피드백이 함께 진행되면 숨겨진 영역과 맹점영역이 줄어들고 개방영역이 확장된다. 즉, 인간관계가 좋아지고 신뢰 수준이 높아지면 사람들은 다른 사람에게 자신을 보다 더 개방하고, 다른 사람들은 내가 전에 알지 못했던 나에 대한 정보를 피드백해 줌으로써 개방영역은 더 넓어진다. 따라서 우리는 인간관계 개선을 위해 개방영역을 넓히려고 노력할 필요가 있다. 마음을 비우고 다른 사람의 지적과 충고를 받아들이고 개선하기 위해 노력해야 하며, 독서나 수련 등을 통해 생산적이고 원만한 인간관계를 형성하기 위해 힘써야 할 것이다. 그러나 다른 한편, 무조건적으로 자기를 노출하는 것만이 능사는 아니다. 적절한 때와 장소를 가려서 알맞은 정도로 다른 사람들에게 자기를 노출하는 것이 바람직하다.

2. 의사소통의 중요성

가. 의사소통의 중요성[5)]

사람들은 깨어 있는 시간의 70% 이상을 의사소통(communication)을 하는 데 할애하고 있다고 한다. 조직이론가 민츠버그(H. Minzberg)의 조사에 따르면, 보통의 관리자들은 하루 시간의 69%는 회의에서, 6%는 전화로, 3%는 이동 또는 여행으로, 22%는 사무실 책상에서 보낸다고 한다.[6)] 그렇다면 하루 중 대부분의 시간을 다른 사람을 만나 의사소통을 하는 데 보내는 것이고, 이것을 인생 전체로 연장해 보면 사람들은 다른 사람과 의사소통을 하는 데 상당히 많은 시간을 보낸다고 할 수 있다.

그런데 일반적으로 다른 사람과 원만하게 의사소통을 잘하면 별 문제가 없겠지만, 의외로 적지 않은 사람들이 다른 사람들과 의사소통을 하는 데 있어 어려움과 곤란을 겪을 때가 많다고 호소한다. "아, 난 A하고는 정말 말이 안 통해", "B선배는 왜 자기 말만 하고 내 얘기는 전혀 들어주지 않는 거야", "C대리님과 D과장님 사이의 의사소통에는 문제가 많아" 등의 얘기를 주변에서 많이 들을 수 있다. 그러다 보니 우리는 가끔 상대방의 말과 행동으로 인해 상처를 받기도 하고, 상대방의 의도를 정확히 이해하지 못해 혼선이 생기기도 한다. 또한 불화가 생겨 공부 모임이 깨지거나 공동 프로젝트가 실패로 끝나는 경우도 종종 있다. 반면에 어떤 사람들은 다른 사람과의 대화를 통해 그를 감동시키거나 설득하기도 하고, 원하는 계약을 쉽게 성사시키기도 하며, 빚을 탕감받기도 한다. "말 한마디로 천 냥 빚을 갚는다"는 우리 속담도 결국 의사소통의 중요성을 강조한 것이다.

그렇다면 다른 사람과 원만한 관계를 유지함으로써 함께 하는 일들을 성공적으로 수행하기 위해 필요한 것은 무엇일까? 그것은 바로 효과적으로 말하고 듣는 것이다. 다시 말하면, 원활하고 효과적인 의사소통이 원만한 인간관계 유지와 성공적인 업무 수행의 비결이다.

의사소통은 간단히 말해 정보와 의미를 전달하는 과정이다. 다시 말하면, 의사소통은 말이나 행동을 통해 의미를 전달하는 상호교류의 과정이고, 여러 가지 수단을 가지고 정보를 교환하거나 자기를 표현하는 행동을 모두 포함한다. 즉, 자신의 느낌이나 감정과 생각과 의견을 잘 전달하고, 다른 사람에게 오해의 소지가 없도록 정확하게 듣고 표현하며, 필요할 경우 자신의 의지나 주장을 적절한 방법으로 관철시키는 것을 말한다.

나. 의사소통의 종류7)

(1) 언어적 의사소통

언어적 의사소통은 구두(말)에 의한 의사소통, 문서에 의한 의사소통, 휴대전화, 이-메일(e-mail), 전자결재, 원격 화상회의와 같은 전자(electronic) 의사소통이 있다. 구두에 의한 의사소통은 메시지를 신속하게 전달할 수 있고 상대방이 이해할 수 없을 경우 바로 수정할 수 있다는 장점이 있는 반면, 메시지가 사람들을 통과할 때마다 왜곡될 가능성이 커진다. 문서에 의한 의사소통은 영구 보관이 가능하고 언제라도 꺼내 볼 수가 있으며 입증할 수 있다는 장점이 있는 반면에, 시간이 많이 들고 피드백이 곤란하다는 단점이 있다. 한편, 전자 의사소통은 시간과 공간을 초월하여 메시지를 전달할 수 있다는 장점이 있는 반면에, 어떤 메시지에 대한 각 사람의 느낌을 반영하기 힘들다는 단점이 있다.

(2) 비언어적 의사소통

비언어적 의사소통은 구두(말) 이외의 방법으로 자신의 생각을 표현하거나 의사를 전달하는 것을 말한다. 구체적으로 말하면, 몸의 움직임(몸짓, 얼굴의 윤곽 등), 억양이나 단어에 대한 강조, 얼굴 표정(우아함, 공격성, 공포, 수줍음 등), 그리고 발신자와 수신자와의 물리적 거리 등이 이에 속한다(289쪽 참조).

일상생활이나 대학생활, 그리고 직장생활과 사회생활에 있어 원만한 인간관계를 유지하려면 비언어적 의사소통에 철저하게 대비할 필요가 있다. 상대방의 구두에 의한 메시지에 귀를 기울여야 할 뿐만 아니라 그 속에 숨어 있는 비언어적 단서까지 찾아내는 노력이 필요하다. 예컨대, 전화기를 통해 들리는 여자 친구의 목소리 톤(tone)이 예전과 달리 매우 낮거나 퉁명스럽다면, 약속시간을 어긴 것이 그녀에게 어떤 의미였다는 것을 빨리 파악하고 적절하게 대처해야 한다. 아주 급한 결재 건에 대해 언제나 자유롭게 찾아와서 얘기해도 좋다고 말하는 상사가 시간이 충분히 있다고 말하면서도 손목시계를 자주 쳐다본다면 대화를 빨리 끝내는 것이 좋겠다는 메시지를 전달하고 있는 것이다. 이처럼 일상생활 속에서는 언어적인 의사소통보다 비언어적 의사소통이 훨씬 더 효과적인 의사소통 수단이 되는 경우가 많고, 연구 결과도 이것을 뒷받침해 주고 있다.

다. 의사소통의 장애요인[8)]

효과적인 의사소통을 방해하는 것으로는 여과, 선택적 지각, 정서, 어의 상의 문제 등이 있다.[9)]

첫째, '여과(filtering)'는 정보를 보내는 발신자가 의도적으로 정보를 조작하여 수신자에게 그것이 호의적으로 보이도록 하는 것을 말한다. 어떤 조직에서 권한을 나타내는 계층이 많을수록 여과 현상이 생길 가능성이 더 커진다.

둘째, '선택적 지각(selective perception)'은 정보를 받는 수신자가 자신의 욕구, 경험, 배경, 동기부여 정도 및 개인적인 특성에 따라 어떤 정보를 선택적으로 보고 듣게 되는 것을 말한다. 예컨대, 면접자들은 신입사원 채용 면접에 응시한 여성들이 일반적으로 직장 일보다 가정을 더 중시할 것이라고 생각하고 그 점을 더 주의 깊게 의식하는 경우가 이에 속한다. 실제로 그녀들이 그렇게 생각하고 있지 않음에도 불구하고 면접자들은 그렇게 지각한다는 것이다.

셋째, '정서(emotion)'는 어떤 메지시를 수신하는 시점에서 수신자의 정서상태가 그 메시지의 해석에 영향을 주는 것을 말한다. 같은 정보라 하더라도 그것을 수신하는 사람이 기쁠 때 듣는 것과 화가 났거나 마음이 어지러울 때 듣는 경우 그 해석에 있어 큰 차이가 날 수 있다.

마지막으로, '어의상의 문제'는 언어를 부적절하게 사용함으로써 해석의 오류를 낳고 결국 의사소통을 왜곡시키는 것을 말한다. 나이, 교육 정도, 문화적 배경에 따라서 사용하는 말의 해석에 차이가 날 수 있다.

3. 좋은 인간관계 유지를 위한 대화법

사람들의 의사소통 중에 비언어적 의사소통이 상당히 많은 부분을 차지하고 있다는 것을 인정하지만, 언어적 의사소통, 즉 대화(conversation)도 이에 못지않게 중요하기 때문에 효과적인 대화방법을 알고 익히는 것이 좋은 인간관계 유지와 원만한 사회생활을 위해 아주 중요한 일이다. 그런 차원에서 여기에서는 '나-전달법(I-Message)'을 소개하고, 상대방과의 대화에서 필요한 적극적 경청과 공감적 이해에 대해서도 간단히 설명하고자 한다.

가. '나-전달법'과 '너-전달법'[10)]

다른 사람과 좋은 대화를 위해서는 나의 입장과 생각, 감정 등을 구체적으로 노출시키는 방법이 효과적인 데, 이른바 '나-전달법'이 그것이다. '나-전달법'은 상대방의 행위를 비난하거나 평가하기보다 상대방의 행위가 나에게 어떤 영향을 미쳤는가를 중심으로 대화하는 기법이다. '나-전달법'의 반대가 '너-전달법(You-Message)'인데, 이것은 '너'를 주어로 사용하여 상대방의 행동에 대해 비평하는 대화방법이다. '나-전달법'을 간단하게 소개하면 다음과 같다.[11)]

'나-전달법'은 '나'를 주어로 내 자신의 느낌이나 감정 및 생각을 표현하는 것이다. 따라서 자신의 느낌과 감정을 효과적으로 전달할 뿐 상대방을 평가하거나 해석하는 것이 아니기 때문에 상대방에게 불쾌감을 주거나 상처를 주지 않는다. 예컨대, 과제를 하느라 밤을 꼬박 새우고 책상에 엎드려 잠을 자던 나를 깨우는 친구가 있다고 가정해 보자. 이때 단잠에서 깬 내가 그 친구에게 "너, 나 그만 좀 괴롭힐 수 없니?"라고 말한다면 이것은 '너-전달법'이다. 이 말을 들은 친구는 나의 메시지를 이해하기보다는 아침을 먹고 함께 등교하자는 자신의 뜻을 몰라주었다고 상처를 받을 수 있다. 이때 "내가 밤을 새워 너무 힘들고 피곤해"라는 '나-전달법'으로 말한다면, 나의 의도를 효과적으로 친구에게 전달할 수 있을 것이다. '나-전달법'을 사용하기 위해서는 다음의 3가지 사항을 고려해야 한다.

- 나의 마음을 불쾌하게 하는 상대방의 행동은 무엇인가? (사실)

- 상대방의 행동이 나 자신에게 어떤 영향을 미치고 있는가? (영향, 결과)
- 그런 영향에 대해 나는 어떤 느낌을 갖는가? (영향, 결과에 대한 나의 느낌)

이처럼 어떤 사실, 그것의 영향과 결과, 영향과 결과에 대한 나의 느낌을 함께 고려하면 자신의 생각이나 마음을 보다 효과적으로 상대방에게 전달할 수 있다. '나-전달법'은 상대방의 행동과 상대방의 행동이 나에게 미친 영향, 그리고 그 영향에 대한 나의 감정에 대해 말하는 방법이다. 즉, '나-전달법'은 상대방을 전혀 비난하지 않고 문제가 되는 상대방의 행동과 그 결과를 구체적이고 객관적으로 표현함으로써 그 행동이 나에게 미치는 영향을 상대방에게 구체적으로 전하는 방법이다. 이런 '나-전달법'은 나의 긍정적인 느낌이나 생각을 상대방에게 전달하는 데도 효과적이다.

나. 적극적 경청과 공감적 이해[12)]

상대방과 의사소통을 잘 하기 위해서는 말을 잘 하는 것도 중요하지만 그에 못지않게 상대방의 말을 잘 듣는 것이 중요하다. '사람을 움직이는 가장 강력한 무기는 입이 아니라 귀'라는 말은 경청의 중요성을 잘 표현한 말이다. 대부분의 사람들은 듣는 것보다 말하는 것을 좋아한다. 그래서 대화에서도 말하는 것이 중요한 것처럼 보이지만, 상대방의 생각이나 말을 귀 기울여 잘 듣는 것은 어떤 문제를 해결하거나 좋은 인간관계를 만들어 가는 데 있어 아주 중요한 일이다.

적극적 경청은 상대방의 말이나 표현에 대해 판단하거나 충고하지 않고 그가 표현하는 말뿐 아니라 행동, 표현 속에 숨겨져 있는 감정이나 사고까지 경청하는 것을 말한다. 즉, 적극적 경청은 상대방의 이야기를 비판하거나 판단하지 않고 있는 그대로 수용하며, 그의 감정을 진심으로 이해하려고 노력하며 듣는 것을 말한다. 적극적 경청은 다음과 같은 방법으로 진행한다.

- 상대방의 얘기를 잘 듣고 "…라는 뜻인가요?"라고 질문한다.
- 상대방이 한 말을 자신의 말로 바꾸어 표현함으로써 객관적인 내용을 확인한다.

- 상대방의 가슴속에 있는 감정이나 표현을 잘 파악한다.
- 상대방의 얘기를 핵심적인 두세 문장으로 정리하여 말한다.

상대방과의 대화에서 적극적 경청 외에 또 한 가지 중요한 것은 공감하면서 이해하는 것이다. 인간관계는 서로 다른 생각과 견해를 가진 사람들이 서로 상호작용하는 것이다. 상대방의 생각이 내 생각과 다르고 내 입장에서는 도무지 이해되지 않지만, 상대방의 입장에서도 할 말이 있고 나름대로의 생각이 있는 법이다. 그리고 서로 다른 생각들의 차이점을 발견하고 서로의 의견을 존중하면서 의견을 조율해 가는 것이 인간관계에 있어 아주 중요하다. 이때 필요한 것이 공감이다.

공감이란 상대방이 하는 말과 표현을 그의 관점에서 이해하고, 그의 입장에서 그의 생각과 느낌을 함께 느끼는 것이며, 그것을 적절한 말과 행동으로 전달하는 것이다. 공감이란 나 혼자서 느끼는 감정이 아니라 대화의 양 당사자가 서로 느끼는 것이다. 공감적 이해를 위해서는 다음과 같은 노력이 필요하다.

- 상대방의 말을 내 관점이 아닌 그의 관점에서 이해하려는 태도가 중요하다.
- 상대방의 말 속에 담겨 있는 감정과 생각을 잘 알아차려야 한다.
- 상대방의 말 속에서 느껴진 감정을 나의 말과 행동으로 표현해야 한다.

4. 인맥 관리 비결[13)]

21세기가 '인재전쟁의 시대'라는 것에 동의하지 않는 사람은 아마 없을 것이다. 그것은 개인이든 기업이든 핵심 역량을 갖춘 인재가 경쟁력을 좌우한다는 점에 동의하기 때문일 것이다. 그래서 사람들은 흔히 인맥을 힘이라고 생각하고, 그 인맥 속의 한 사람이 되면 대단한 힘을 가질 것이라고 생각한다. 하지만 그렇다고 해서 인맥의 힘을 바로 사용할 수 있는 권한을 얻기는 어렵다. 인맥의 힘을 제대로 보는 사람은 인맥 속에 흐르는 무형의 정보 흐름을 볼 줄 안다. 그 정보가 움직이면 인맥 또한 다양한 모습으로 변화하고 그것이 가치를 창출하기 때문이다.

그런데 이제는 정보 홍수의 시대가 되었고, 날마다 쏟아져 나오는 정보를 모두 아는 것이 힘들게 되었다. 과거에는 노하우(knowhow)가 중요했지만, 지금은 가치를 창출할 수 있는 핵심정보를 누가 가지고 있느냐, 즉 노웨어(knowwhere)가 중요한 시대가 되었다. 그래서 인맥 사이에 흐르는 정보를 잘 보고 그것을 어떻게 활용하여 가치를 창출하느냐가 성공의 중요한 요소가 되었다. 그런 차원에서 현대를 살아가는 사람에게 인맥관리는 중요한 주제가 아닐 수 없다.

다양한 인맥을 형성하고 있으면 정보수집에 용이하고, 결정적인 순간에 큰 힘이 되며, 힘들 때 버팀목이 되어주는 긍정적인 측면이 있다. 하지만 인맥 구축은 하루아침에 이루어지는 것은 아니고 체계적인 시스템을 바탕으로 끊임없이 노력해야 하는 일이다.

가. 인맥지도를 통한 자기점검

(1) 인맥지도의 필요성과 종류

체계적인 인맥관리의 출발점은 자신의 현재 인맥상태를 점검하고 인맥지도를 그리는 데 있다. 인맥지도(human-network map)를 그려보면 자신의 인맥을 객관적으로 볼 수 있고 미처 살피지 못한 부분이 무엇인지 파악할 수 있다. 즉, 인맥지도를 그려보면 자신의 인맥이 어느 쪽에 쏠려 있고, 또 어느 쪽이 부족한지를 금방 알 수 있다. 나아가 앞으로 도움을 받을 수 있는 인맥은 무엇인지, 만약 그것이 없다면 어떻게 만들어야 할지에 대한 전략을 세우는 데 도움이 되는 장점이 있다(291쪽 참조).

인맥지도는 크게 '관계 인맥지도'와 '분야 인맥지도'로 나눌 수 있다. 전자는 상대방과 어떤 관계에 있는지를 중심으로 인맥을 분류한 것으로서, 가족, 동창, 친척, 동아리, 교수 등과 같은 기준으로 분류하여 인맥지도를 그린 것이다. 후자는 상대방이 어느 분야에 종사하는 사람인지를 중심으로 인맥을 분류한 것으로서, 취미생활, 금융, 마케팅, 문화, 전공 관련 업계 인물, 역할 모델(성공한 창업자 등) 등과 같은 기준으로 분류하여 인맥지도를 그린 것이다.

(2) 인맥지도 작성 순서

① 자신을 중심으로 가지를 그린다

자신의 상황에 맞추어 인맥 기준(관계/분야)을 어떤 것으로 할 것인지를 먼저 정한다. 대개 5~10개 정도의 가지로 나누는 것이 좋은데, 너무 많거나 적으면 한눈에 보기 어렵기 때문이다.

② 가지고 있는 인맥(인적자원)을 분석한다

분류 기준이 정해지면 자신이 가지고 있는 자료(명함, 수첩, 주소록 등)를 펼쳐놓고, 그 사람을 어떤 분류 속에 넣어야 할지를 꼼꼼하게 살피는 것이 좋다. 이때 상대방과의 친밀도, 그 사람의 영향력 정도에 따라 원의 크기와 색깔을 구분하여 표시하는 것도 좋은 방법이다.

③ 가지 내에 분류된 사람들의 이름을 적는다

분류가 끝나면 각 가지 속의 원에 해당하는 사람의 이름을 적는다. 이때 자신이 정한 기준, 즉 친밀도와 영향력의 정도에 따라 순서대로 원 안에 적어 넣으면 된다. 예컨대, 원 안에 '홍길동(1/1)'이라고 적은 것은 친밀도와 영향력에 있어 모두 1순위에 있는 사람이라는 것을 말한다.

나. 인맥 관리 전략

인맥 관리에 대한 자기점검이 끝나면 다음에 할 일은 자신의 스타일과 상황에 따라 적극적으로 인맥을 키워나가는 것이다. 이미 알고 있는 사람들을 통해 다른 사람을 소개받거나 각종 모임이나 세미나 등에 참여함으로써 인맥을 넓힐 수 있다. 때로는 만나고 싶은 사람을 정하고 그에게 연락하거나 직접 만나는 방법을 활용할 수도 있다. 인맥 관리 시에 주의할 점은 다음과 같다.

(1) 이미 알고 있는 사람을 잘 관리하라

무조건 많은 사람을 만나는 것이 인맥 관리에 있어 최선은 아니다. 이미 알고 있는 사람으로부터 인정을 받고 호감을 사는 것이 더 중요하다. 일단 그와 신뢰가 형성되면 그로부터 다른 사람을 소개받을 수 있고, 그것이 훨씬 수월하게 인맥을 쌓을 수 있는 방법이다.

(2) 다양한 모임에 참여하라

자신이 참여할 수 있는 모임부터 나가는 것이 좋다. 동창 모임, 소모임, 동아리, 세미나, 학회, 취미 모임, 지역별 모임, 연령별 모임 등 자신이 참여할 수 있는 모임을 적어보고, 5개 정도의 모임에 꾸준히 참석하는 것이 좋다. 자신이 모임을 적극적으로 만드는 것도 좋은 방법이다. 모임에 처음 나가는 것이 어색하다면 그 모임에 자신을 소개해 준 사람과 함께 참석하는 것도 좋다. 일단 모임에 참석하면 적극적으로 행동하고, 상대방의 이름을 잘 외워주는 것이 좋다.

(3) 디지털 인맥을 꾸준히 만들라

SNS를 활용하여 생각과 이상을 공유하는 사람들과 인맥을 만들어가는 것도 좋은 방법이다. 지연, 학연 등과 관계없이 온라인상에서 어떤 일이나 사건에 대해 생각과 의견을 공유·공감하는 사람들끼리 인맥을 만드는 것이다. 이 방법은 공간적인 제약이 없어 국내외의 다양한 사람들과 만날 수 있다는 점에서 최근 들어 인맥 형성에 많이 활용된다. 그리고 오프라인에서 직접 만나 그들과 교류하거나 함께 학습하는 등의 방법으로 신뢰를 쌓아간다면 많은 도움을 받을 수 있는 인맥으로 활용할 수 있다.

(4) 상대방을 존중하고 그의 입장에서 공감하라

사람은 누구나 상대로부터 존중받길 원한다. 그래서 어떤 사람이 타산적으로 자신에게 접근하면 의심하고 멀리하려는 습성이 있다. 따라서 상대방과 확실한 관계를 구축하고 싶다면 우선 그를 존중해야 한다. 특히, 논리로 상대방을 이기려고 논쟁하기보다 상대방을 감성적으로 대하는 것이 많은 도움을 준다.

(5) 고마운 사람이 아닌 필요한 사람으로 남아라

상대방에게 베풀기만 하고 특별한 필요관계를 만들지 못하면 큰 도움이 되지 못한다. 사람들은 필요한 존재에게 찾아가 그의 지식과 정보를 공유하길 원한다. 따라서 만나는 시간의 길이보다 만남의 깊이에 더 관심을 두고 관리해야 한다. 필요한 사람이 되려면 많은 훈련과 노력이 필요하다. 왜냐하면 상대방에게 도움을 줄 만한 정보, 실력, 재력을 가지고 있어야 되기 때문이다.

(6) 장기적인 관점에서 투자하라

일단 상대방과 인맥이 형성되었다 하더라도 신뢰가 쌓이거나 그 속에서 가시적인 성과나 보상이 나타나기까지는 일정한 시간이 걸린다. 따라서 꾸준하게 상대방과 연락하거나 만나면서 신뢰를 쌓는 데 필요한 시간과 노력을 들여야 인맥의 효과도 커진다.

(7) 인맥 관리 플래너를 작성, 활용하라

사람은 살아가면서 수많은 사람과 만난다. 앞서 소개한 여섯 단계의 활동을 진행하는 동안 도움을 받았거나 도움을 줄 만한 사람을 알게 되었을 것이다. 그 사람들을 분류, 정리하여 인맥 관리 플래너를 만든다면 여러분은 좋은 자산을 가진 것이다. 그리고 적절한 인맥 관리 전략하에 의미 있는 관계를 맺고 유지하는 것이 성공적인 인간관계의 지름길이다. ♣

Memo

절 취 선

조사해 보기

비언어적 의사소통의 종류

■ 우리가 일상생활에서 많이 사용하고 있는 비언어적 의사소통방법에는 어떤 것들이 있는지 팀원들과 함께 조사해 보고, 그 결과를 정리해 보자.

구분		그것은 어떤 뜻과 의미를 가지고 있는가?
얼굴 표정		
몸짓		
손짓		

• 수업시간 : 20______년 ______월 ______일 ______요일 ______교시

• 소속 : ____________________ • 학번 : __________ • 성명 : ____________

Memo

실습하기

자신의 인맥 분류하기

■ 자신의 현재 인맥과 미래 인맥을 다음과 같은 기준으로 구분하고, 정리해 보자.

인맥 구분			성명(소속)
지인	기존	가족/친척	
		동창/선·후배	
		전문가(교수)	
		실무자	
	신규		
모임	기존		
	신규		
SNS	기존		
	신규		

※ 구분 기준 : 기존 - 이미 알고 있는 사람, 신규 - 새롭게 알아보거나 관계를 맺어갈 사람

• 수업시간 : 20______년 ______월 ______일 ______요일 ______교시

• 소속 : __________________ • 학번 : __________ • 성명 : __________

절 취 선

Memo

워터쿨러 효과(water cooler effect)

미국 MIT 펜트랜드(Alex Sandy Pentland) 교수는 은행의 전화 응답서비스를 수행하는 회사를 상대로 실험을 진행했다. 콜센터 직원들은 대체로 능력이나 교육 수준이 비슷한데, 왜 같은 은행의 콜센터에서 근무하는 팀들의 성과가 차이가 나는지 알아보기 위해서 실험을 진행한 것이다.

그는 비슷한 수준의 역량을 갖춘 팀들을 선정한 후, 각 팀원들에게 소형 전자 배지를 부착해 6주 동안 그들이 어떻게 소통하는지를 분석했다. 추적 장치는 그들이 얼마나 자주 어떤 형태의 소통을 하는지에 대한 자료를 제공했다. 분석 결과, '무엇을 소통하느냐?'보다 '어떻게 소통하느냐?'가 성과에 가장 큰 영향을 미치는 요소로 밝혀졌다. 더불어 성과가 좋은 팀의 팀원들은 회의실 밖에서 더 많은 소통을 한다는 사실도 드러났다.

이를 토대로 성과가 저조한 팀의 팀원들에게 매번 같은 휴식시간을 갖도록 하자 놀라운 상황이 벌어졌다. 단 몇 개월 만에 성과가 거의 20%나 향상된 것이다. 공동의 휴식시간에 서로 얼굴울 보면서 좀 더 긴밀하게 소통하거나 다른 팀들과 교류하면서 새로운 아이디어를 나눈 까닭이었다.

이처럼 정수기와 같은 음료를 마실 수 있는 휴식 공간이 있으면 직원들의 소통이 활발해지는 효과를 '워터 쿨러 효과'라고 한다. 휴식시간의 이점은 이런 소통을 업무로 받아들이지 않고, 그런 만큼 다른 사람의 얘기를 편하게 수용할 수 있다는 점이다. 동료나 다른 팀원에게 업무와 관련된 어려운 요청을 할 경우, 이런 자리에서 자연스럽게 전달하는 것이 보다 효과적일 수 있다.

– 〈곽숙철의 혁신이야기〉 중에서 재인용, 일부 내용을 수정

공감의 위력

보험회사에서 일하는 톰은 팀원들과 어떻게 하면 고객들이 좀 더 마음의 평정을 찾을 수 있을지 얘기를 나누다가, 전화 응대 시 첫 인사말을 "저는 웬디입니다. 무엇을 도와 드릴까요?"라는 의문문을 "저는 웬디입니다. 제가 도와드리겠습니다"라는 평서문으로 바꿔보기로 결정했다. 이 작은 차이는 큰 변화를 가져왔다. 사람들은 상담자가 일을 제대로 처리해 줄 것이라는 믿음을 가졌다.

어느 날, 지사의 부사장인 켄이 고객에게 "안녕하세요. 저는 켄입니다. 어디 다친 분은 없습니까?"라는 인사말을 추구하자고 제안했다. 막 사고를 당해 우울한 마음으로 보험회사에 전화를 건 사람에게 사고 규모나 보상 금액 등과 같은 사무적인 일을 물어보기 전에 "다친 분은 없습니까?"라고 걱정스레 묻는다면 서로를 존중하고 상대방과의 대화를 잘 이끌 수 있다는 것이었다.

이렇게 인사말을 바꾸자 얼마 지나지 않아 미처리 청구 건수가 평균 1만 건에서 4,000건으로 줄어들었고, 고객만족도도 올라갔다. 회사를 나가는 직원도 줄었고, 남아 있는 직원들의 충성도는 더욱 높아졌다.

의사소통의 본질은 설득이 아니라 '공감'이다. 공감하지 못하면 설득은 이미 이루어지지 않는다. 공감한다는 것은 같은 꿈을 갖고, 같은 결과를 바라며, 위기의식을 나누고, 기쁨과 두려움을 함께 얘기하는 것이다. 이른바 감정적으로 통하는 것을 의미한다.

– 〈곽숙철의 혁신이야기〉 중에서 재인용, 일부 내용을 수정

Memo

제11장 리더십

학습 목표

1. 리더십의 필요성을 이해할 수 있다.
2. 리더십 이론을 이해하고, 자신의 리더십 유형을 파악할 수 있다.
3. 리더십 계발의 필요성과 신뢰의 중요성을 이해할 수 있다.

학습할 주요 내용

1. 리더십의 정의
2. 영향력의 원천
3. 리더십 이론의 변천과정
4. 나의 리더십 유형
5. 리더십과 신뢰
6. 리더십 계발방법

수많은 전문가들에게 리더가 되는 데 필요한 것이 무엇이냐고 물어보라. 그러면 각양각색의 답이 나올 것이다. 어떤 이는 비전이라고 할 것이고, 어떤 이는 지식이라 할 것이다. 또 의사소통 능력, 문제해결 능력, 사람을 다루는 기술이라고 말하는 이도 있을 것이다. 모두 좋은 대답이다. 그러면 위대한 지도자를 주목하고 그가 가진 자질을 모두 찾아보라. 좋은 자질을 아무리 많이 가지고 있을지라도 인격이 부족하면 리더 자리에 오래 머물 수 없다. 온전한 인격이 갖추어지지 않으면 리더는 따르는 사람들에게 좋은 영향을 끼칠 수 없을 것이고, 잠재 능력을 제대로 발휘하지도 못할 것이며, 사람들로부터 쉽게 잊혀갈 것이다.

1. 리더십의 필요성

가. 현대사회와 리더십

우리는 지금 엄청난 변화와 도전 속에서 살아가고 있다. 그 속에서 사람들은 각자 비전과 목표를 가지고, 그것을 이루기 위해 자신들이 활용할 수 있는 다양한 자원을 기꺼이 동원하며 최선의 노력을 다하고 있다. 또한 사람들은 때때로 자신의 목표를 달성하기 위해 집단이나 조직에 들어가 다른 사람들과 함께 협력하고, 그 속에서 자신의 비전과 목표를 함께 성취하려는 경우도 있다. 어떤 경우든 현대인들은 다른 사람과 함께 일을 하면서 다른 사람들과 상호작용을 해야 한다. 이런 과정에서 앞에서 이끄는 사람이 생기고 뒤따르는 사람도 생기는 것이 일반적인 현상이다. 다시 말하면, 여러 사람이 함께 일하는 집단과 조직 내에서는 효과적인 리더십을 발휘하는 리더(leader)가 반드시 필요하고, 또 그런 사람이 생긴다.

이제 리더십(leadership)은 모든 조직의 중요한 자산이 되었고, 모방할 수 없는 경쟁력의 중요한 요인이 되었다. 그래서 모든 조직에서는 개별 구성원이 유능한 리더가 될 수 있도록 훈련시키고 있고, 탁월한 리더십을 갖춘 사람은 모든 조직의 스카우트 대상이 되었다. 그 결과, 오늘날 리더 자체가 고도의 가치를 지닌 상품이 되었고, 리더십은 더 이상 선택이 아니라 필수인 시대가 되었다.

리더에 대한 관심은 리더십에 대한 연구로 이어졌고, 리더십에 대한 수많은 주장이 제기되었다. 많은 이론들이 타당성(validity)과 유용성(usefulness)을 갖춘 좋은 이론으로 평가받고 있고, 지금도 새로운 리더십 이론이 속출하고 있다. 그 결과, 리더십과 관련된 수많은 책들이 서점의 서가에서 우리의 선택을 기다리고 있고, 일상생활에서도 리더십은 이제 자연스러운 단어가 되었다.

여기에서 다양한 리더십 관련 이론들을 구체적으로 소개하는 것이 주된 목적은 아니다. 우리의 목적은 앞으로 우리가 살아가야 할 세상의 흐름과 변화를 파악하고, 그 속에서 21세기의 주역이 될 사람들이 어떤 리더십을 갖출 것인가에 대해 생각해 보는 것이다. 또한 어떻게 셀프 리더십(self leadership)을 갖출 것인가에 대해 각자의 생각을 정리해 보는 것이다.

나. 리더는 태어나는가, 훈련되는가

우리가 리더십에 대해 본격적으로 살펴보기 전에 한 가지 생각해 볼 것이 있다. "리더는 태어나는가? 아니면 만들어지는 것인가?"에 대한 논쟁이 그것인데,[1] 이에 대한 논의는 리더십 훈련의 필요성에 대한 중요한 기준을 제공하기 때문에 여기서 한 번 짚고 넘어가야 할 필요가 있다.

(1) 리더는 태어난다

리더는 태어나며 만들어지는 것이 아니라는 견해는 새로운 이론이 아니다. 그들의 주장은 다음과 같다. 세계적인 역사학자 토마스 칼라일(Thomas Carlyle)의 "역사란 단지 몇몇 훌륭한 남성들의 자서전에 불구하다"란 말에서 보듯이 대단한 지도자들은 팀을, 회사를, 심지어는 나라들을 위대하게 만든다. 그래서 한 평론가는 "리더들은 보통 사람들과는 다르다"고 말하면서 리더는 꼭 지녀야 할 자질이 있고, 이것들은 보통 사람들이 갖추지 못하거나 아주 적게 가진 것들이고 주장한다.

쌍둥이들을 상대로 한 연구에서는 리더십 역할에서 그들의 우월성이 서로 높은 상관성이 있다고 말한다. 연구 대상인 쌍둥이들은 아주 다른 환경에서 양육되었다. 어떤 아이들은 부잣집에서, 어떤 아이들은 가난한 가정에서, 어떤 아이들은 부모의 교육 수준이 높은 가정에서, 어떤 아이들은 작은 마을에서 양육되었다. 하지만 각 쌍의 쌍둥이들은 다른 환경에서 자랐음에도 불구하고 훌륭한 리더가 되었다는 공통점이 있었다는 것이 발견되었다면서 이 견해에 무게를 실어주었다. 즉, 리더십의 핵심 부분은 유전자라서 그런 것을 타고난 사람들은 운명적으로 유능한 리더가 될 수밖에 없다는 것이다.

(2) 리더는 만들어지는 것이다

물론 개인적 자질과 성격은 리더십에 있어 중요한 문제이다. 왜냐하면 이런 것들이 다른 행동에 가장 큰 영향을 미치기 때문이다. 하지만 더 중요한 이슈는 각자가 가진 자질로 무엇을 하느냐이다.

첫째, 만일 위대한 리더십이 몇 개의 주요 특성들, 예컨대 지성이나 성격을 소유하는 것으로 가능한 것이라면, 시험을 치러 가장 지성적이고, 외향적이면서 양심적인 사람을 리더로 세우면 될 것이다. 그렇다면 이것은 재앙을 불러올 것이다. 리더십은 너무 복잡해서 특성을 이용한 간단한 공식으로 요약될 수 없다. 스티브 잡스만큼 똑똑하거나 더 똑똑한 사람들과 더욱 외향적인 사람들이 이 세상에는 수천 명이 있다. 그러나 이것이 스티브 잡스나 정치 리더들을 대단하게 만드는 근본 요인은 아니다. 이것은 여러 가지 요인이 복합적으로 작용한 결과이다. 자라온 배경, 초기의 사업 경험, 실패로부터 얻는 교훈과 성공을 향한 추진력 등에 기인한다.

둘째, 위대한 리더들은 그들이 리더로서 성공할 요인을 태어나면서부터 가진 것이 아니라 살면서 배운 교훈이라고 말한다. 워렌 버핏(Warren Buffett)의 경우를 보자. 그는 위대한 투자업적뿐만 아니라 리더 및 상사로서 존경받는다. 버핏에 따르면 위대한 리더가 된다는 것은 올바른 습관을 습득하느냐가 관건이다. 그는 성격이나 습관들, 지성, 신뢰성, 청렴성 등과 같은 것들이 리더십에서 가장 중요하며 최소한 후자의 두 가지는 개발될 수 있다고 주장한다. 그는 "여러분이 성공하기 위해서는 청렴성, 지성, 에너지가 필요합니다. 청렴성은 절대적으로 자신의 선택입니다. 이것은 습관의 형성이기도 합니다"라고 말했다.

본 저자는 위 두 가지 견해 중에서 후자의 견해에 더 무게를 두고 싶다. 즉, 리더십은 선천적으로 타고난 사람들의 전유물이 아니라는 점이다. 리더십을 갖추고자 하는 열망만 있으면 얼마든지 후천적으로 습득할 수 있다고 생각한다. 리더십은 여러분 안에서 계발되는 것이고, 이를 통해 여러분은 다른 사람들에게 영향력을 끼칠 수 있는 힘을 얻게 될 것이다. 그래서 우리는 자신 속에 내재하고 있는 리더십의 가능성을 발견하고, 그것을 꾸준히 계발할 필요가 있다.

2. 리더십의 정의와 원천

가. 리더십의 정의

리더십도 사랑이나 평화와 마찬가지로 그것이 존재한다는 것은 누구나 알고 있지만, 그것이 정확하게 무엇인지에 대해 명확하게 정의하고 있지 못하다. 그러다 보니 리더십을 정의하려고 시도한 학자들의 수만큼 리더십의 정의가 있다고 해도 과언은 아니다. 학자들이나 전문가들은 리더십을 어떻게 정의하고 있는지 몇 가지만 소개하고자 한다.

- "리더십은 자신의 추종자를 모으는 능력이다" - 제임스 조지
- "리더십은 사람들이 의무적으로 하지 않아도 될 일을 당신을 위해 하도록 만드는 역량이다" - 프레드 스미스
- "리더십은 당신이 누군가에게 원하는 것을 하도록 만드는 기술이다" - 드와이트 아이젠하워
- "리더십은 오랜 시간에 걸쳐 형성된 인간관계의 집합체이다" - 마샬 스미스
- "성공적인 리더십의 열쇠는 권위가 아니라 영향력이다" - 캔 블랜차드
- "리더십이란 바람직한 목표를 성취시키기 위하여 다른 사람들을 동기부여하고 지휘하며 영향력을 행사하는 능력이다" - 존 코터
- "리더십은 어떤 목표의 달성을 위해 의사소통과정을 통해서 개인 간에 영향력을 행사하려는 의도이다" - 에드윈 플레시먼
- "리더십은 특정 개인(리더)이 집단구성원들에게 집단 또는 조직의 목표를 달성하기 위하여 영향을 미치는 과정이다" - 게리 유클
- "리더십은 목표를 달성하는 방향으로 영향력을 행사하는 과정이다" - 송계충

위에서 소개한 리더십의 정의 속에서 하나의 공통점을 발견할 수 있다. 그것은 리더십은 결국 영향력(the power of influence)이라는 점이다. 리더십은 공동의 목적을 가지고 있는 집단 속에서 구성원들에게 영향을 미치는 과정이다. 다시 말하면, 리더십은 일정한 상

황 속에서 목표 달성을 위하여 개인이나 집단의 행동에 영향력을 미치는 과정이라고 할 수 있다. 영향력을 가진다는 것은 리더십의 필수조건이다. 영향을 미치지 않는다면 리더십은 존재하지 않는다.

나. 리더의 영향력의 원천

리더가 조직의 구성원들에게 행사할 수 있는 영향력은 어디에서 나오는 것일까? 앞서 말했듯이 리더십의 핵심은 영향력 행사의 과정이라고 할 수 있고, 리더가 영향력을 발휘하는 것은 그가 가지고 있는 권한 때문이다. 그 권한이 공식적인 경우도 있고, 비공식적일 수도 있다. 리더가 발휘하는 영향력의 원천은 다음 몇 가지로 요약할 수 있다.[2)]

(1) 보상적 권력

보상적 권력(compensatory power)은 리더가 부하들이 가치 있다고 생각하는 보상을 제공할 수 있는 능력을 말한다. 리더의 권력은 그가 보상을 소유하고 통제할 수 있는 정도에 달려 있다. 보상적 권력은 두 가지로 구분할 수 있다. 즉, 칭찬, 인정 그리고 관심과 같이 리더 개인이 가지고 있는 개인적 권력과 급여, 승진, 기타 특전과 같이 리더가 직위를 가짐으로써 부여받은 직위적 권력이 그것이다.

(2) 강압적 권력

강압적 권력(coercive power)은 리더가 부하들을 강압하거나 처벌할 수 있는 능력을 말한다. 강압적 권력도 개인적인 부분과 직위적인 부분으로 나눌 수 있다. 예컨대, 부하들은 리더가 자신에게 행하는 비판이나 자신을 기대보다 낮게 인정하는 것을 불쾌하게 생각하거나 벌을 받고 있다고 느낄 수 있다. 이럴 때 리더는 개인적으로 강압적 권력을 가지는 것이다. 또한 부하들은 조직 내에서 강등, 감봉, 해고 등과 같은 처벌을 리더에게 받는 경우가 있다. 이럴 때 리더는 공식적으로 강압적 권력을 갖는 것이다.

(3) 합법적 권력

합법적 권력(legitimate power)은 리더가 조직 내에서 특정한 지위나 역할을 차지함으로써 소유하게 된다. 모든 조직에서 리더가 부하에게 행사하는 어떤 유형의 지시나 요구도 합법적이고 정당하다고 간주된다. 따라서 부하들은 모든 조직구성원들이 합법적으로 받아들이고 있는 규범, 절차 및 정책 때문에 그런 요구에 순응할 의무가 부과된다. 합법적 권력은 조직 내에서 리더의 직위 때문에 생긴 것이지 리더가 가지고 있는 개인적 특성과는 별개의 것이다.

(4) 전문적 권력

전문적 권력(expert power)은 부하가 수행하게 될 과업에 대한 리더의 지식과 전문성 때문에 생긴다. 즉, 부하들이 생각할 때, 자신의 리더가 업무를 효과적으로 수행할 수 있는 능력을 가지고 있고, 관련 지식과 정보를 가지고 있다고 생각할 때 리더는 전문적 권력을 가지게 된다. 리더가 전문적 권력을 갖는 것은 리더의 개인적 특성에 의한 것이지 리더가 조직에서 차지한 공식적인 직위 때문에 그런 것은 아니다. 다시 말해, 전문적 권력은 리더가 어떤 직위를 가지고 있다고 해서 갖는 것이 아니라 해당 업무나 과업에 대해 리더가 관련 지식, 노하우 및 정보를 가지고 있기 때문에 갖는 것이다.

(5) 준거적 권력

준거적 권력(referent power)은 부하들이 자신을 리더와 동일시하고 존경하며 모방하기를 원하는 정도에 따라 발생한다. 부하들이 리더를 존경하고 동일시하는 정도가 크면 클수록 부하에 대한 리더의 준거권력은 커진다. 준거적 권력은 전문적 권력과 같이 완전히 리더의 개인적인 특성에 달려 있고, 리더가 가지고 있는 공식적인 직위와는 직접적인 관계가 없다.

3. 리더십 이론의 변천과정

앞에서 잠시 말했듯이 리더십만큼 관심이 높고 많이 연구된 주제도 없을 것이다. 리더십에 대한 학자들의 연구 주제는 정말 다양하지만, 큰 흐름을 소개하는 것이 리더십에 대한 독자의 이해 폭을 넓히는 데 도움이 되기 때문에 간단히 정리해 보고자 한다(〈표 11-1〉 참조).

첫 번째, 리더십 특성이론이 있다. 이것은 효과적인 리더와 그렇지 못한 리더는 다른 특성을 지니고 있다는 가정하에 성공적인 리더가 공통적으로 갖추고 있는 성격 특성을 규명하는 데 초점을 맞춘 것이다.

두 번째, 리더십 행위이론이 있다. 이것은 가장 효과적인 리더의 행동 유형이 있다는 가정하에 리더의 행동이 부하에게 어떤 영향을 미치는가를 연구하는 데 초점을 맞춘 것이다.

세 번째, 리더십 상황이론이 있다. 이것은 모든 상황에 적합한 최상의 리더십은 존재하지 않는다는 가정하에 리더의 행동과 부하의 반응, 그리고 상황의 차이에 따른 리더십의 효과를 연구하는 것이다.

마지막으로, 최근에는 다양한 발상에 근거하여 과거의 여러 가지 리더십 이론을 수정, 보완하여 종전과는 다른 차원의 이론으로 발전하고 있다.

리더십 이론들을 좀 더 구체적으로 살펴보면 다음과 같다.[3)]

〈표 11-1〉 **리더십 이론의 변천과정**

기간	접근방법	주요 내용
~1950년 이전	특성이론	리더십은 개인의 천부적인 특성에 달려 있음
1950~1970년	행위이론	리더십의 효과는 리더의 행위에 따라 달라짐
1970~1980년	상황이론	리더십의 효과는 상황에 따라 달라짐
1980년~현재		구성원의 자발적인 리더십을 개발, 활용하는 것이 중요함

가. 특성이론

초기의 리더십 연구자들은 훌륭한 리더는 태어나는 것이지 만들어지는 것이 아니라고 생각했다. 그래서 그들은 역사상 위대한 인물들이 어떤 자질과 특성을 가지고 있었느냐에 초점을 맞추어 연구를 진행했다. 즉, 그들은 리더의 개인적 자질과 특성이 리더십의 역량과 기능에 영향을 준다고 보고, 그 특성을 해명하려고 노력했다. 따라서 리더십은 한 개인이 가지고 있는 자질 또는 특성에 달려 있다는 가정에서 출발한다.

연구 결과에 따르면, 성공적인 리더들이 일반적으로 가지고 있는 특성들로는 적응력, 친화력, 자신감, 지능, 지식, 판단력, 협조심, 관리능력, 대인관계기술(사교성) 등이 있다(〈표 11-2〉 참조). 그러나 특성이론은 몇 가지 한계 또는 문제점을 지니고 있다. 첫째, 리더의 특성을 연구할수록 리더의 특성이 무한정으로 증가되고 있다는 점이다. 현재 연구되고 있는 리더의 특성만도 100여 개 정도니 말이다. 둘째, 리더의 특성과 리더십의 효율성 간의 관계에 대한 연구 결과들이 서로 상반되는 경우가 나타난다는 점이다. 마지막으로, 개인의 특성에만 초점을 맞춤으로써 리더가 처하는 어떤 특정 상황에서 실제로 어떻게 하는가를 설명해주지 못한다는 점이다.

〈표 11-2〉 리더가 가지고 있는 특성에 관한 연구

학자	리더십 특성
Stogdill (1948)	지능, 민감성, 통찰력, 책임감, 진취성, 지속성, 자신감, 사교성
Mann (1959)	지능, 남성적 기질, 적응성, 지배성, 외향성, 보수적 기질
Stogdill (1974)	성취욕, 지속성, 통찰력, 진취성, 자신감, 책임감, 협동성, 참을성, 영향력, 사교성
Lord et al. (1986)	지능, 남성적 기질, 지배성
Kirkpatrick & Locke(1991)	추진력, 동기 유발, 성실성, 자신감, 인지적 능력, 사업 지식

출처 : 김남현(2001). **리더십**(제3판). 학현사. 27쪽.

나. 행위이론

이것은 리더들이 나타내는 실제 행위에 초점을 두어 효과적인 리더와 그렇지 못한 리더의 행위를 비교하는 것이다. 즉, 리더가 집단 내에서 어떻게 행동하느냐에 따라 리더십의 효율성이 달라진다는 가정하에 리더의 실제 행위를 연구하는 것이 행위이론이다. 예컨대, 민주적인 행위를 하는 리더와 독재적인 행위를 하는 리더 중 어느 리더가 더 효과적인가를 연구하는 것이다. 그 결과, 효과적인 리더의 행위가 밝혀진다면 훈련을 통해 효과적인 리더를 만들 수 있다는 점과 리더와 부하의 교환관계를 파악할 수 있다는 점에 착안한 이론들이다.

(1) 오하이오 주립대학의 연구

이 연구는 리더십의 행동 유형에 따라 집단 성과와 구성원의 만족도가 어떻게 달라지는가를 분석한 것이다. 이 연구에서는 먼저 리더의 행위를 고려(배려, consideration)와 구조주도(initiating structure)라는 두 개의 범주로 나누고, 리더를 구조 주도형 리더와 고려(배려)형 리더로 분류한다.

고려(배려)형 리더십은 부하와의 관계를 중요시하고, 상호 신뢰, 부하의 아이디어 존중, 온정, 친밀감, 부하의 감정에 대한 배려, 상호 협조를 조성하는 데 주력하는 리더의 행위를 말한다. 이런 리더십을 발휘하는 리더는 부하의 복지와 신분, 만족 등에 많은 관심을 보인다. 그러므로 부하의 개인적 문제해결에도 도움을 주고, 친절하고 접근하기 쉬우며, 모든 부하들을 공평하게 대한다. 이에 비해, 구조 주도형 리더십은 부하가 성과를 낼 수 있도록 환경을 조성하는 데 주력하는 리더의 행위를 말한다. 부하들을 특정 과업에 배치 할당하고, 부하들에게 일정한 업적목표를 달성하도록 독려하며, 부하의 성과도 구체적이고 정확하게 평가하는 행동 스타일을 말한다.

연구 결과, 높은 구조 주도형 리더십과 높은 고려(배려)형 리더십을 보이는 리더의 행위가 일반적으로 높은 성과와 만족감을 가져오는 것으로 나타났다. 하지만 높은 구조 주도형 리더십을 발휘하는 리더 밑에서 일하는 집단에서는 오히려 결근율, 이직률 및 고충발생률이 높았고, 부하들의 만족도도 낮은 결과를 보였다.

오하이오 주립대학 연구는 리더의 행위를 정의하고 체계화화는 데 기여했다는 점은 인정되지만, 조직이 처해 있는 상황적인 요소들을 고려하지 않았다는 점에서 한계가 있다.

(2) 미시건 대학의 연구

이 연구는 어떤 유형의 리더십이 집단의 성과를 높이는가를 밝혀내기 위해 진행되었다. 리더와 부하를 면접하고 그 결과를 바탕으로 리더의 행위를 종업원 지향적인(employee-oriented) 행위와 생산 지향적인(production-oriented) 행위로 나누고, 이것이 모두 종업원의 생산성에 긍정적인 영향을 미친다는 것을 밝혔다.

종업원 지향적인 행위를 하는 리더는 개인 간의 관계를 강조하는 리더로서 부하들의 욕구에 대해 개인적으로 관심을 나타내고, 부하들의 개인차를 인정한다. 이에 비해 생산 지향적인 행위를 하는 리더는 직무의 기술적 측면과 과업적 측면을 강조하여 집단에게 주어진 과업을 완성하는 것이 리더의 주된 관심사라고 생각한다.

연구 결과에 따르면, 생산 지향적인 리더십과 종업원 지향적인 리더십 모두 종업원의 생산성에 긍정적인 영향을 미치는 것으로 밝혀졌다. 하지만 종업원의 만족 수준은 생산 지향적인 리더가 감독을 하는 집단보다는 종업원 지향적인 리더가 감독을 하는 집단에서 더 높게 나타났다.

(3) 매니지리얼 그리드(managerial grid)

이것은 블레이크(Robert R. Blake)와 무튼(Jane S. Mouton)에 의해 진행되었다. 여기서는 리더의 행위를 사람에 대한 관심(concern for people)과 생산에 대한 관심(concern for production)이라는 두 가지 차원으로 나누었다. 두 가지 리더십 차원의 높고 낮음에 따라 다섯 가지 리더십 스타일, 즉 무관심형, 컨트리클럽형(인기형), 과업형, 중간형(타협형), 이상형(팀형)으로 나누어 설명하는 리더십 틀을 개발했다.

이 이론을 실무에 적용할 때는 표준화된 설문지를 통해 어떤 리더의 리더십 유형을 매니지리얼 그리드상의 위치를 파악하고, 그 파악된 위치에서 여러 가지 훈련기법을 통해 이상적인 리더로 접근하도록 훈련하는 데 초점을 맞춘다.

다. 리더십 상황이론

모든 상황에 적용되는 보편적인 리더의 특성과 리더의 행위를 찾으려는 시도와 노력이 성공하지 못하자 연구자들은 리더십이 일어나는 상황에 관심을 갖게 되었고, 효과적인 리더십 행위는 상황에 따라 다르다는 인식을 폭넓게 받아들이게 되었다. 즉, 리더는 그의 리더십을 어떤 상황에 적절하게 맞도록 해야 한다는 점에 착안한 것이다.

리더십 상황이론에 따르면 리더십의 효과성 여부는 상황에 적합한 리더십에 의해 결정된다고 보고, 과업의 유형, 부하의 속성, 리더십이 발휘되는 상황 간의 상호작용을 고려하여 그에 걸맞는 리더십 유형을 찾으려고 노력하였다. 이런 상황적 접근은 리더의 특성이나 행위의 중요성을 부정하지는 않지만, 리더의 특성과 행위는 리더십이 발휘되는 상황적 맥락에서 고려되어야 한다는 점을 더 강조한다.

(1) 피들러의 리더십 상황이론

피들러(F. Fiedler)는 상황변수가 리더십의 유효성을 결정한다는 전제하에 상황변수를 파악하여 그것이 리더십의 유효성에 미치는 영향을 처음으로 연구했다. 그는 서로 다른 상황(특히, 군대 조직)에서 일하는 서로 다른 리더들의 행동 유형을 측정하고, 또한 일하는 상황(리더-부하관계, 과업구조, 직위권력)을 측정한 후, 리더와 상황이 서로 적합한지를 조사함으로써 결국 어떤 리더가 효과적인 리더인지를 검증하였다.

그 결과, 과업 지향적인 리더는 아주 호의적이거나 전혀 호의적이지 않은 상황에서 효과적이며, 상황의 호의성이 중간 정도인 상황에서는 관계 지향적인 리더가 효과적이라는 것이 밝혀졌다. 예컨대, 군대에서는 과업 지향적인 리더가 보다 효과적이고, 대학이나 연구기관에서는 관계 지향적인 리더가 보다 효과적이라고 보았다.

피들러는 리더의 특성은 타고난다고 보고, 리더와 상황이 서로 적합하도록 하기 위해서는 상황에 맞는 리더를 임명하든지 아니면 상황을 알맞게 변화시키는 것이 좋다고 주장했다. 또한 그는 상황을 리더에 부합하도록 변화시키는 데 이용할 기법을 가르치는 훈련 프로그램인 리더 매치 프로그램(Leader Match Program)을 개발하여 그 성과를 인정받았다.

(2) 하우스의 경로-목표이론

이것은 기대이론을 리더십에 접목시킨 것으로서 리더의 역할은 부하들에게 기대를 높여 주는 것이라고 보았다. 하우스(R. House)는 리더가 제시하는 경로를 따라 잘 따라오면 목표를 이룰 수 있다는 생각에서 출발한다. 간단히 말하면, 경로-목표이론(Path-Goal Theory)은 리더가 부하들의 요구와 작업 상황에 가장 적합한 어떤 리더 행위를 선택함으로써 그들이 목표 달성의 경로를 따라 잘 가도록 어떻게 하면 도울 수 있을 것인가를 설명하기 위해 설계된 이론이다.[4] 그래서 리더가 부하들에게 목표 달성에 대한 개인적 보상의 종류와 수량을 명확히 하고, 보상경로를 명확히 함으로써 쉽게 경로를 따르도록 동기를 유발하며, 그 과정에서 생길 수 있는 장애와 함정을 제거함으로써 부하로 하여금 목표 달성과정에서 만족할 수 있는 기회를 증진시키는 것이 중요하다고 주장했다.

그는 리더가 자신의 리더십 스타일을 상황에 맞도록 변화시킬 수 있고 또한 변화시켜야 한다고 주장하고 있다. 그는 부하들에게 리더 자신이 통제권을 쥐고 있는 결과에 대한 바람을 높여주는 리더, 성과가 좋으면 그에 따른 보상은 확실히 주어진다는 것을 확신시켜 주는 리더, 그리고 부하를 성공적인 성과의 길로 이끄는 리더가 효과적인 리더라고 주장했다.

(3) 브룸과 제이고의 리더-참여 모형(leader-participation model)

브룸(V. H. Vroom)과 제이고(A. G. Jago)는 의사결정방식에 따라 다섯 가지 리더십 유형, 즉 리더 단독결정 유형, 개별자문 유형, 팀 자문 유형, 촉진 유형, 위임 유형을 제시했다. 그리고 일곱 7가지 상황요인(의사결정 중요성, 팀원 몰입 중요성, 리더 전문역량, 팀원 몰입 가능성, 팀 지원, 팀 전문 역량, 팀 운영 역량)하에서 어떤 리더십 유형이 적합한가를 검증했다. 간단히 말하면, 이 모형은 리더가 의사결정과정에 부하들을 어떻게 참여시키는지에 따라 리더십의 효과가 달라지는지에 초점을 두었다.

이 모형에서는 리더의 의사결정행위를 평가하는 4가지 기준, 즉 의사결정의 질, 팀원의 수용도, 시간, 인적자원개발 간의 상쇄 효과를 고려하고 있다. 예컨대, 팀원들이 의사결정에 참여할 경우 그들의 시간과 노력을 배분해야 하는 부정적인 측면도 있지만, 의사결정과정에 참여한 경험을 통해 조직몰입도가 향상되고 리더십이 향상되는 인적자원개발 목표를 이루는 긍정적인 측면도 있다.

라. 최근의 새로운 리더십 이론

(1) 리더-성원 교환 모형(leader-member exchange model)

이것은 리더와 부하들이 좋은 교환관계를 가질 때, 더 만족하고 더 많은 과업을 이루게 되어 조직이 더욱 발전한다는 관점에서 출발한다. 어떤 조직에서 리더와 부하관계는 모든 부하에게 있어서 동일하지 않기 때문에 리더십 현상을 제대로 파악하려면 리더와 부하의 1 : 1 관계를 모두 파악해야 한다고 주장한다. 그래서 어떤 조직에서 원하는 성과를 달성하려면 부하들과 작업상의 좋은 관계를 창출할 수 있는 리더를 얼마나 많이 보유하고 있는지를 보아야 한다고 주장한다.

이 이론에 따르면, 리더-부하 간의 교환관계가 좋으면, 낮은 이직률, 높은 업적 평가, 승진 빈도 향상, 높은 조직헌신성, 보다 더 바람직한 작업배정, 더 좋은 직무 태도 등과 같은 바람직한 현상이 생긴다는 것이다.

(2) 카리스마적 리더십(charismatic leadership)

하우스(House, 1976)에 따르면, 카리스마적 리더는 조직이 매우 어려운 시기에 처해 있을 때 부하들에게 카리스마적 영향을 미치는 독특한 방법으로 행동한다고 주장하였다.[5)]즉, 카리스마적 리더는 자신감, 비전, 비범한 행동, 변화담당자로서의 역할 인식, 환경적 감수성이라는 특징을 가지고 부하들의 신념, 가치관, 행동에 큰 변화를 만들어 내는 데 성공한다는 것이 이 이론의 핵심이다.

이 이론에 따르면, 카리스마적 리더가 영향을 미칠 때 부하들은 리더가 가진 이념에 대해 신뢰를 갖게 되고, 부하의 신념과 리더의 신념이 서로 비슷해지며, 리더를 전폭적으로 받아들이고 리더를 향한 호감을 표현한다. 또한 부하가 리더에게 복종하고, 리더와 일체감을 갖게 되며, 리더가 추구하는 목표에 동참하게 된다. 또한 카리스마적 리더는 부하로

하여금 높은 목표를 세우게 하고, 목표를 성취하는 과정에서 부하에게 자신감을 갖도록 한다.[6)]

얼핏 보면 카리스마적 리더십은 리더십 특성이론과 유사한 것처럼 보이지만, 리더가 가지고 있는 특성보다는 리더가 구성원들이 자신의 리더십에 대해 어떻게 반응하는지에 더 많은 관심을 두고 있다는 점에서 차이가 있다. 즉, 리더는 스스로 카리스마를 가진 리더라고 강조하는 것이 아니라 그의 리더십에 대해 구성원들이 영향을 받음으로써 카리스마적이 된다는 점에서 특성이론과 다르다.[7)]

(3) 변혁적 리더십(transformation leadership)

변혁적 리더십은 조직을 다시 활성화시키고 변혁시키는 일을 성공적으로 해내는 리더의 특성에 초점을 맞추고 있다. 즉, 변혁적 리더는 이상적 영향력(idealized influence), 지적 자극(intellectual stimulation), 영감을 불어넣는 동기 부여(inspirational motivation), 개인적 고려(individualized consideration)와 같은 특성을 가지고 있다. 그래서 변혁적 리더는 이상적인 목표와 가치의 중요성에 대한 부하들의 의식 수준을 끌어올리고, 부하들이 자신들의 조직과 그들이 소속된 팀을 위해 자신들의 이익을 초월하도록 만든다. 또한 부하들이 보다 높은 수준의 욕구에 관심을 기울이도록 유도하는 역할을 한다.[8)]

변혁적 리더는 후견인으로서 구성원들을 가르침으로써 그들이 변화되도록 돕는다. 이에 비해 카리스마적 리더는 구성원들을 약한 채로 두고, 리더에 고도로 의존하도록 만든다는 점에서 변혁적 리더와 다르다. 가수, 배우, 운동선수들 같은 유명한 사람들은 높은 카리스마적 특성을 가지고 있지만 그들의 추종자들에게 반드시 변혁적인 영향력을 가지고 있지는 않다. 그런 점에서 카리스마는 변혁적 리더십의 한 부분이라고 할 수 있다.[9)]

(4) 윤리적 리더십(ethical leadership)

윤리적 리더십이란 리더가 자신의 행동과 다른 사람의 관계를 통해 규범적으로 적절한 행동양식을 일관성 있게 드러내고, 의사소통, 보상 그리고 의사결정을 통해 부하들이 그런 행동을 하도록 촉진시키는 것을 말한다. 윤리적 리더십은 다른 사람을 존중, 다른 사람

을 섬김, 공정성, 정직성, 공동체 구축과 같은 원칙을 중시한다.[10]

최근 기업 경영에 있어 윤리경영의 중요성이 부각되면서 윤리적 리더십이 함께 주목을 받고 있다. 이처럼 윤리가 리더십의 중심에 자리 잡게 되는 이유는 종업원들을 고용하여 공동 목표를 달성하도록 해야 할 필요성이 있고, 조직의 가치를 확립하는 데 리더가 미치는 영향력이 크기 때문이다.[11]

(5) 셀프리더십(self-leadership)[12]

셀프리더십이란 개인이 자신의 행동을 통제하는 일련의 과정을 말한다. 다시 말하면, 각자가 자기 자신을 리드(lead)하는 것이다. 사람이 자기 자신을 리드하는 것이 정말 가능한 것인지 궁금하겠지만, 많은 연구들을 통해 그것이 가능하다는 것이 증명되었다. 특히, 최근에 팀(team) 제도의 인기가 높아지면서 셀프리더십의 중요성도 함께 증가하고 있다. 따라서 직장생활을 앞두고 있는 대학생들이 이런 흐름을 파악하고 적절한 준비를 하는 것은 바람직한 일이다.

최근에 직장에서 많이 시행되고 있는 팀 제도의 핵심은 권한을 부여받은(empowered) 자기관리팀(self-managed team) 내에서 자발적인 행동을 하는 개인이 많이 있느냐는 점이다. 그러다 보니 상사 중심의 리더십에 익숙한 개인들이 새롭게 생기는 자기관리팀에 쉽게 적응하도록 하려면 이들에게 셀프리더십 훈련을 시키거나 이미 셀프리더십을 갖춘 사람을 채용하면 된다고 생각하는 것이다. 즉, 어떤 리더가 조직 내 구성원들을 셀프리더로 만들거나 이미 셀프리더십을 갖춘 신입직원을 뽑는 것이 팀 성공의 핵심이기 때문에 셀프리더십에 대한 관심이 점점 증가하고 있는 것이다.

셀프리더십의 기본 가정은 구성원들은 책임감이 있고 능력이 있는 사람들로서, 상사, 규칙 또는 규정과 같은 외부적인 통제가 없어도 스스로 솔선수범한다는 것이다. 다시 말하면, 구성원들에 적절하게 지원만 해주면 개인은 자신의 행동을 스스로 감시하고 통제하는 셀프리더십을 발휘한다는 것이다. 셀프리더십이 효과를 발휘하기 위해서는 첫째, 조직을 수직적인 관점보다 수평적인 관점으로 바라보고, 둘째, 동료와의 직무를 수행하는 데 있어 통제가 아닌 영향력을 발휘하는 데 초점을 두며, 셋째, 성공하기 위해서 동료나 상사 및 부하를 기다리기보다는 스스로 기회를 창조해야 한다는 점이 갖추어져야 한다.[13]

(6) 서번트 리더십(servant leadership)

이것은 종(servant)과 리더(leader)가 합쳐진 개념으로서 종의 신분으로 부하를 섬긴다는 섬김의 리더십이고 자기희생적인 리더십이다. 이것은 타인을 위한 봉사에 초점을 두고, 종업원, 고객 및 공동체(community)를 우선적으로 여기며, 그들의 욕구를 만족시키기 위해 헌신하는 리더십으로 정의할 수 있다. 즉, 부하를 존중하고 그들에게 창의성을 발휘할 기회를 제공하며, 성장을 돕고, 진정한 공동체를 이루도록 이끌어가는 리더십이다.[14)]

서번트 리더십의 주요 하위 행동 특성으로는 경청, 공감, 치유, 설득, 인지, 통찰, 비전 제시, 보호자, 구성원의 성장, 공동체 형성 등이 제시된다. 서번트 리더는 조직의 목적을 달성하는 데 있어서 가장 중요한 자원이 부하들이라고 생각한다. 과업을 추진하는 사람들은 부하들이지만 이들의 성공적인 과업 추진과 성장은 바로 자신의 책임이라는 인식이 강하다. 따라서 조직의 지속적인 변화와 구성원들의 크고 작은 섬김과 희생과 같은 자발적이고 자기희생적인 역량이 끊임없이 요구된다.[15)]

(7) 코칭리더십(coaching leadership)[16)]

요즘에는 기업과 조직마다 고유한 리더상(像)을 가지고 있고, 적절한 특성을 갖춘 훌륭한 리더들이 탄생하고 있다. 이에 발맞추어 최근 들어 초일류 기업들을 중심으로 코칭이 급격하게 확산되면서 '코칭을 하는 리더', '코치인 리더'를 강조하는 분위기가 확산되고 있다.

조직 내에서 활용되는 코칭은 구성원들의 비전을 자극하고, 동기를 부여하며, 구성원들을 앞으로 나아가게 하는 효과적인 형태의 리더십이다. 다시 말하면, 코칭은 구성원들의 행동에 의미 있는 변화가 생기도록 격려함으로써 목표를 달성하게 할 뿐만 아니라 그 과정에서 부하들이 자신을 관리하는 데 더 능숙해지도록 만들며 결국 리더가 되도록 지원한다. 이런 차원에서 볼 때, 코칭리더십은 구성원들을 격려하고 도전하여 자신과 조직의 목표를 추구하고 잠재력을 실현하도록 돕는 또 하나의 리더십 유형이라고 볼 수 있다.

4. 나의 리더십 계발

가. 나는 어떤 특성을 가진 리더인가

앞에서 말한 "리더는 태어나는 것인가? 아니면 훈련되는 것인가?"에 대한 논쟁을 여기서 다시 소개하고 싶은 생각은 없다. 다만, 일상생활에서 사람들이 자주 하는 말들, 예컨대, "그는 천부적으로 리더십 재능을 가지고 태어났다" 또는 "그녀는 타고난 리더이다"라는 것들에 주목하고 싶을 뿐이다. 리더가 가지고 있는 특성에 초점을 맞추어 리더십을 연구하는 사람들은 이런 말에 쉽게 동의할 것이다. 그들의 견해에 따르면, 어떤 사람들은 리더가 될 수 있는 특별한 천부적인 특성이나 자질을 가지고 태어난다는 것이다. 그래서 어떤 사람이 리더가 될 수 있는지 여부를 확인하기 위해 몇 가지 개인적 특성을 내세우기도 한다.

그러나 앞에서도 잠시 말했지만, 지금 우리가 보기에 리더가 가지고 있는 특성 중에는 동의할 만한 특성들도 있고 쉽게 동의하기 어려운 것들도 있다. 더 중요한 것은 그들이 어떤 특성을 가지고 있느냐는 것이 아니라 리더가 되길 원하는 사람이 어떤 특성을 가졌고, 어떤 특성을 더욱 계발할 것인가에 대한 영감을 얻는 것이다. 그런 차원에서 리더십을 제대로 발휘하려면 자신이 가지고 있는 특성을 올바르게 파악하는 것이 상당히 중요한 일이다.

그래서 어떤 사람들의 전기나 자서전, 리더십에 관한 수많은 책들, 자료와 영상 등 다양한 방법을 통해 훌륭한 리더들이 가지고 있는 덕목이나 특성을 찾아보는 것은 우리에게도 의미 있는 일이라 생각한다. 그리고 자신이 발견한 리더의 특성들에 대해 서로 토론해 보는 것은 리더십에 대한 우리의 이해 폭을 더욱 넓힐 것이다. 왜냐하면 리더십 이론에 대해서 잘 아는 것도 중요하지만 그것을 모두 이해한다고 해서 우리의 리더십이 직접적으로 향상되는 것은 아니기 때문이다.

나. 나의 리더십 유형 진단하기

그렇다면 이제 우리의 관심은 나는 과연 어떤 형태의 리더십 유형을 가지는 것이 바람직한가로 좁혀진다. 한 사람의 타고난 성격과 습관, 그리고 어떤 반응에 대한 행동 유형에 따라 그가 문제를 해결하는 방법은 다를 것이다. 어떤 상황이 주어졌을 때 리더마다 대응하는 방식 또한 다를 것이다. 따라서 자신이 어떤 스타일의 리더십을 가지고 있는지 알아보는 것은 상당히 유익하고 의미 있는 일이다.

여기서는 여러 가지 리더십 진단 중에서 비교적 간단하게 진행할 수 있는 것을 소개하고자 한다. 아래에서 소개하는 순서대로 자신의 리더십 유형을 진단해 보자(321쪽 참조). 그리고 그 결과를 아래 빈 칸에 적어보자.

- 각 문항을 읽고, 해당하는 점수를 테이블의 빈칸에 적는다.
  - 전혀 아니다 : 1점, 아니다 : 2점, 보통이다 : 3점, 대체로 그렇다 : 4점, 매우 그렇다 : 5점
  - 예컨대, 1번 항목에 대한 자신의 점수가 '보통이다'(3점)에 해당되면, B란에 3을 쓰면 되고, 1번 항목에 대한 자신의 점수가 '대체로 그렇다'(4점)에 해당되면, B란에 4를 쓰면 된다.
- 각 문항의 점수를 각각의 해당되는 빈칸에 모두 적는다.
- 각 문항별 점수를 세로로(A, B, C, D, E 영역별로 모두 5개) 더하여 합계란에 기입한다.
- 각 문항별 합산 점수가 가장 높은 것이 자신의 리더십 유형이다.
  - A : 펀(fun) 리더, B : 경제형 리더, C : 시인형 리더, D : 예언가형 리더, E : 오뚜기형 리더

❑ 나의 리더십 유형은 ________________________________ 이다.

다. 리더십과 신뢰[17)]

한 개인의 리더십은 그에 대한 다른 사람의 신뢰와 뗄 수 없는 관계에 있다. 여기서 신뢰

(trust)는 다른 사람들이 의도나 행동을 긍정적으로 기대함으로써 기꺼이 그들을 믿고자 하는 태도를 의미한다.[18] 즉, 신뢰는 우리가 의존하고 있는 사람들이 그들에 대한 우리의 기대를 저버리지 않을 것이라는 믿음을 의미한다. 길을 가다 마주친 아는 사람에게 격려하는 말을 했다고 해서 믿음이 생기지 않는다. 사람들은 서로를 진실하게 알기 전에는 믿지 않고, 믿지 않는 사람은 따르지 않는다. 신뢰는 강요할 수 있는 것이 아니어서 한 사람을 오랜 기간 동안 지켜보고 환경이 변해도 여전히 믿을 만할 때, 다른 사람들이 내가 동기와 능력을 가지고 있다는 믿음을 갖고 진실한 관심을 가져줄 때 형성된다.

그런데 어떤 조직 내에서는 리더십을 통해 신뢰를 쌓을 수도 있다. 리더들의 행동이 언제나 일치하고 성실할 때 그에 대한 신뢰는 쌓인다. 또한 리더들이 수익성이나 목표 달성에만 관심을 보이는 것이 아니라 구성원의 행복과 자아실현에 진정한 관심을 가질 때 신뢰를 쌓을 수 있다. 예컨대, 대학교에서 교수가 학생들이 지닌 본래의 능력이나 가능성을 최대한 발휘할 수 있도록 지원해 준다면 교수와 학생 간에 신뢰가 쌓인다. 선배와 후배의 관계에서도 마찬가지이다. 윗사람의 기대대로 움직여주면 신뢰하고 그렇지 않으면 신뢰하지 않는다는 것은 조건적인 신뢰이지 진정한 신뢰라고 볼 수 없다. 교수와 대학생, 선배와 후배, 상사와 부하직원이 서로 믿을 만한 사람이라는 것이 명확하게 드러나면 당연히 성과는 좋게 나타날 것이다.

신뢰는 다음과 같은 특성을 가지고 있다. 첫째, 위험을 수반한다. 위험을 감수하지 않는다면 신뢰를 키울 수 없고, 신뢰를 키우면 위험도 함께 따라온다. 둘째, 신뢰는 쌓기는 어렵지만 무너뜨리는 것은 매우 쉽다. 마지막으로, 어떤 조직 내에서 선배와 후배 간, 상사와 부하 간, 동료 간, 부서 간의 신뢰는 조직의 경쟁력을 결정하는 중요한 요소이다.

라. 대학생활과 리더십 계발[19]

(1) 대학생활과 리더십 계발

이제 막 대학생활을 시작한 새내기나 저학년 학생들은 하고 싶은 일이 너무 많을 것이다. 하지만 해야 할 일을 제대로 하는 것도 그에 못지않게 중요하다. 특히, 대학생활을 통해 자신 속에 내재하고 있는 장점을 발견하고, 사회가 요구하고 있는 역량을 계발하는 것은 의미 있는 일이다. 뿐만 아니라 21세기 미래의 주인공이 될 사람이라면 사회의 한 구성원으로서 갖추어야 할 리더십을 갖추는 것에도 관심을 두어야 한다.

그렇다면 리더에게 필요한 것은 무엇일까? 리더가 되고자 하는 사람에게 우선 필요한 것은 인격을 갖추는 것이다. 리더십의 대가 존 맥스웰(John C. Maxwell)은 다음과 같이 얘기하고 있다.

> 수많은 전문가들에게 리더가 되는 데 필요한 것이 무엇이냐고 물어보라. 그러면 각양각색의 답이 나올 것이다. 어떤 이는 비전이라고 할 것이고, 어떤 이는 지식이라 할 것이다. 또 의사소통 능력, 문제해결 능력, 사람을 다루는 기술이라고 말하는 이도 있을 것이다. 모두 좋은 대답이다. 그러면 위대한 지도자를 주목하고 그가 가진 자질을 모두 찾아보라. 좋은 자질을 아무리 많이 가지고 있을지라도 인격이 부족하면 리더 자리에 오래 머물 수 없다. 온전한 인격이 갖추어지지 않으면 리더는 따르는 사람들에게 좋은 영향을 끼칠 수 없을 것이고, 잠재 능력을 제대로 발휘하지도 못할 것이며, 사람들로부터 쉽게 잊혀갈 것이다.

위 글을 읽은 현명한 사람이라면 굳이 자세하게 설명하지 않아도 리더가 되길 원하는 사람에게 있어 인격이 왜 중요한지 쉽게 깨달을 수 있을 것이다. 다른 사람들에게 의미 있는 영향력을 끼치기 위해서는 먼저 자신의 인격을 되돌아봐야 한다. 그런 차원에서 인성과 리더십은 일맥상통하는 것이다. 드와이트 아이젠하워(Dwight D. Eisenhower)는 이에 대해 좀 더 구체적으로 말하고 있다.

> 리더에게 인격이 없으면 철로 보수 현장에서든 축구 경기장에서든 군대에서든 사무실에서든 진정한 성공을 이룰 수 없다. 어떤 사람이든 동료들로부터 정직하지 않은 인격을 갖추었다고 평가받는다면 그는 실패한 것이다. 리더의 말과 행동은 일치해야 한다. 그러므로 리더에게 가장 중요한 것은 온전한 인격과 숭고한 목표이다.

그래서 대학생은 미래에 리더가 될 사람으로서 대학생활을 하는 동안 자신의 리더십을 점검해 볼 필요가 있다. 또한 자신 안에 있는 엄청난 리더십의 원천을 발견하고, 그것을 효과적으로 계발해야 한다. 리더십을 계발하기 위해서는 먼저 자신이 속해 있는 집단이나 단체, 조직 등의 공동체 활동에 적극적으로 참여할 것을 권장한다. 학회, 동아리, 아르바이트, 봉사단체 등 자신이 속한 공동체 속에서 리더십과 팔로워십(followership)을 고루 갖춘 구성원으로서 공동체의 필요에 따라 때로는 리더로서, 때로는 팔로워(follower)로서의 역할을 다하는 자세가 필요하다. 취업 관련 기관에서는 대학생의 리더십을 키우는 구체적인 방법으로 다음과 같은 방법들을 소개하고 있다.

- MT, 농촌 체험 활동, 캠프, 학교 행사, 배낭여행 등 각종 행사에 적극 참여한다.
- 학생회, 동아리 등 각종 단체의 임원을 맡는다.
- 동호회를 직접 만드는 것도 좋다.
- 성공한 CEO의 강연이나 책 등을 통해 리더십을 간접적으로 체험할 기회를 갖는다.
- 평소에 설득력 있고 호감 있는 말하기 연습을 한다.
- 매사에 적극적이고 능동적으로 생각하는 연습을 한다.
- 다양한 봉사 활동을 한다.
- 자신의 능력과 성공 경험을 직·간접적으로 알린다.
- 성공한 자신의 모습을 그려보면서 자신감을 갖고 긍정적인 마인드를 가진다.

(2) 리더십 계발을 위한 훈련 프로그램

자신만의 멋진 미래를 계획하고 그것을 성취함으로써 훌륭한 리더가 되고 싶은 사람이라면, 실제로 자신의 리더십을 계발하기 위해 닮고 싶은 리더들을 찾아보거나 잘 기획된 리더십 훈련 프로그램에 직접 참가해 보는 것도 바람직한 방법이다. 그와 관련된 한두 가지 방법을 소개하고자 한다.

우선, 자신이 미래에 일하고 싶은 분야에서 사회적으로 좋은 영향력을 미치고 있는 사람들을 찾아보고 그들의 삶과 리더십을 배우는 방법을 권하고 싶다. 그러기 위해 일단 도서관이나 서점, 그리고 신문기사 등을 통해 리더십에 관한 좋은 책들이나 기사를 찾아보는 일을 먼저 해야 한다. 그런 다음 당사자와 연락하거나 직접 만나서 도움을 요청하는 것이 바람직하다.

다음으로, 국내에서 진행되고 있는 리더십 훈련 프로그램을 찾아보고, 실제로 프로그램에 참가하는 것도 좋은 방법이다. 예컨대, 데일 카네기의 '카네기 리더십 프로그램', 스티븐 코비의 '7H(성공하는 사람들의 7가지 습관)' 프로그램, 브라이언 트레이시의 '피닉스 리더십 프로그램', 크리스토퍼 리더십 프로그램 등이 국내에서 활발하게 진행되는 리더십 훈련 프로그램이다.

그런데 리더십 훈련을 받기 위해 어떤 프로그램을 선택할 때는 사전에 리더십 전문가의 도움을 받거나 해당 프로그램에 참가한 경험이 있는 사람들의 의견을 들은 다음에 결정하는 것이 좋다. 프로그램의 효과가 검증되지 않았거나 신뢰성이 낮은 프로그램이 많기 때문이다.

(3) 성공하는 리더가 가야 할 길

누구나 성공을 꿈꾸고 리더가 되길 원하는 사람들도 많다. 그러나 정작 성공이 무엇이고 성공하는 리더의 모습이 어떤 것인지에 대해 구체적으로 생각하는 사람은 그리 많지 않다. 실제로 성공하는 리더가 되기 위해 구체적으로 준비하는 사람은 더욱 드물다. 많은 이들이 그저 막연하게 성공한 리더가 되길 바랄 뿐 그것에 필요한 일들을 실천하는 사람은 많지 않다.

지금까지 우리는 리더십에 관한 여러 가지 자료와 방법들을 살펴보았다. 한정된 시간 내에 리더십의 모든 것을 다 섭렵하기란 현실적으로 불가능하다. 다만, 이제 여러분은 21세기 주인공이자 리더가 될 사람으로서 자신이 가져야 할 리더십에 대한 최소한의 생각과 의견들을 정리할 수 있을 정도는 되었을 것이다.

그렇다면 이제 리더십에 대한 자신의 생각을 정리하여 별도의 종이에 적어 보자. 그리고 어떤 리더십을 갖춘 리더가 될 것인지 그 모습에 대해서도 상상해 보자. 그리고 그런 리더가 되기 위해 필요한 일을 지금 바로 시작하자.

(4) 나의 리더십 선포하기

앞선 과정을 통해 정리된 생각을 바탕으로 자신만의 리더십 선언문을 작성해 보자. 리더로서 자신의 모습과 역할, 그리고 비전과 목표 등에 대해 솔직하게 써보고, 미래의 주역으로서 어떤 덕목을 갖추고 있으며, 앞으로 어떤 부분을 더 갖추기 위해 노력할 것인지 등에 대해 적어보자(323쪽 참조).

그리고 해야 할 일이 한 가지 더 있다. '리더십 일지'를 쓰는 것이다. 앞서 리더는 태어나는 것이 아니라 훈련되는 것이라는 말을 한 적이 있다. 훌륭한 리더가 되기 위해 날마다 노력하면 가까운 미래에 자신이 원하는 모습을 갖춘 리더가 된 자신을 발견할 것이다. 그때까지 쉬지 않고 연습하고 훈련하는 것이 중요하다. 그리고 그 과정을 기록하는 것은 또한 사람의 리더가 어떤 과정을 통해 성장해 왔는지를 다른 사람들에게 알리는 좋은 방법이다. 당장 오늘부터 '리더십 일지'를 매일 기록해 보자(325-327쪽 참조). ♣

진단하기

나의 리더십 유형 진단

No.	문항	A	B	C	D	E
1	의견 충돌이 있으면 감정적 언어보다는 합의점을 찾는다.					
2	대화할 때 상대방의 말을 적극적으로 듣는다.					
3	상대방에게 충고할 때 우선순위를 두어 중요한 것부터 말한다.					
4	상대방이 개선될 수 있도록 관심을 가지고 자극한다.					
5	함께 진행했던 프로젝트가 나쁜 결과를 냈을 때 내가 책임진다.					
6	상대방이 어떤 계획을 세웠을 때 그것이 잘 실행되고 있는지 관심을 가지고 물어본다.					
7	이슈나 관심사에 대해서 상대방과 자주 토론하는 시간을 갖는다.					
8	어떤 문제가 발생했을 때 상대방의 입장에서 생각한다.					
9	현실적이고 구체적인 계획을 세운다.					
10	상대방이 어떤 계획을 실천하려고 할 때 도움을 준다.					
11	다른 사람들에게 자주 용기를 주는 행동을 한다.					
12	계획을 세우면 실행방법(무엇을, 언제, 어디서 등)에 대해서 명확히 한다.					
13	하루에 세 번 이상 칭찬한다.					
14	상대방에게 질문을 많이 한다.					
15	상대방이 변명을 하거나 고집을 부리는 경우 화를 내지 않고 개선책을 토의한다.					
16	상대방의 잘못된 점을 발견했을 때 한 번에 한 가지만 얘기한다.					
17	어떤 계획을 세우고 나면 실천 의지를 주변에 알린다.					
18	계획된 일을 실행할 때 장애물이 생기면 포기하기보다 극복방법을 먼저 생각한다.					
19	나의 행동이 미래에 어떤 결과를 가져올지 생각하면서 신중하게 행동한다.					
20	주변에서 일어나는 일에 관심이 많다.					
21	해결책을 제시하기보다는 스스로 해결할 수 있도록 돕는다.					
22	계획을 행동에 옮기면 어떤 결과가 올 것인지 먼저 상상한다.					
23	선입견과 편견이 별로 없다.					
24	상대방을 설득하거나 나의 의견을 강요하지 않는다.					
25	상대방에게 위기의식을 느끼게 하며 안 좋은 행동을 바꾸게도 한다.					
합계						

절취선

• 수업시간 : 20______년 ______월 ______일 ______요일 ______교시

• 소속 : ________________ • 학번 : ____________ • 성명 : ____________

Memo

생각하기

리더십 선언문

학과 :

학번 :

성명 :

나는

....

....

....

....

....

....

....

....

....

....

리더(Leader)이다.

20년 월 일

리더 : 서명

절취선

Memo

생각하고 작성하기

나의 리더십 일지(1)

리더 성명	
일시	20 년 ○○월 ○○일 ○○(요일) 날씨 :
리더십을 발휘한 상황과 내역	
오늘 일어난 주요 사건의 개요와 나의 반응	
그 일을 통해 새롭게 알게 된 사실	
나에 대한 칭찬과 반성	
나의 결심	

• 수업시간 : 20______년 ______월 ______일 ______요일 ______교시

• 소속 : ______________________ • 학번 : __________ • 성명 : ____________

절취선

Memo

생각하고 작성하기

나의 리더십 일지(2)

리더 성명	
일시	20 년 ○○월 ○○일 ○○(요일) 날씨 :
리더십을 발휘한 상황과 내역	
오늘 일어난 주요 사건의 개요와 나의 반응	
그 일을 통해 새롭게 알게 된 사실	
나에 대한 칭찬과 반성	
나의 결심	

절취선

• 수업시간 : 20______년 ______월 ______일 ______요일 ______교시

• 소속 : ________________ • 학번 : __________ • 성명 : __________

Memo

Memo

제 12 장 직업윤리와 직장 예절

학습 목표

1. 직업의 정의와 직업윤리를 이해할 수 있다.
2. 기본적인 직장 예절을 이해하고, 익힐 수 있다.
3. 다양한 상황에 따라 필요한 직장 예절을 익힐 수 있다.

학습할 주요 내용

1. 직업의 정의
2. 직업윤리
3. 직업윤리 덕목과 기본원칙
4. 직장인으로서의 기본자세
5. 인사 예절
6. 악수 예절
7. 명함 교환 예절
8. 출·퇴근 예절
9. 전화 예절
10. 식사 예절

예절이란 일상생활이나 직장생활에서 서로 마찰을 없애고 불편을 덜기 위한 마음가짐이고, 나를 낮추고 상대방을 존중하는 마음 자세이자 행동 규범이다. 특히, 직장 예절은 서로 상대방에게 갖추어야 할 말투나 몸가짐, 행동을 말하는 예의와 일상생활의 모든 일의 순서나 절차이다. 그런 차원에서 직장 예절은 함께 일하는 동료의 인격을 존중하는 마음으로 그에 맞는 형식을 갖추어 표현하는 행위라고 할 수 있다. 직장 내에서 예절이 바로 지켜질 때 서로에 대한 신뢰가 쌓이고, 대외적으로 해당 조직의 경쟁력이 향상된다.

1. 직업의 정의와 직업관

가. 직업의 정의

직업(職業)의 사전적 의미는 생계를 유지하기 위하여 자신의 적성과 능력에 따라 일정한 기간 동안 계속하여 종사하는 일을 갖는 것이다. 현대를 살아가기 위해서는 필수적으로 직업을 가져야 하고, 어떤 형태로든 자신의 노동을 제공하고 그에 따른 경제적 보상을 받아야 생계를 유지할 수 있다. 게다가 직업을 가진다는 것은 생존을 위한 것일 뿐만 아니라 자아실현과 사회참여의 의미도 함께 가진다. 다시 말하면, 직업은 생계유지와 사람에게 꼭 필요한 물질적 자원을 정당하게 취득할 수 있게 하는 수단이고, 바람직한 사회적 역할을 수행하는 수단이며, 자신의 개성을 발휘하고 자아를 실현하는 수단이다. 이처럼 직업은 한 개인에게 있어 다양한 의미를 가지고 있다. 따라서 직업을 선택한다는 것은 한 개인의 삶의 질과 직접적으로 연결되기 때문에 신중하게 선택해야 한다.

그렇다면 현실적으로 어떤 직업이 가장 좋은 직업일까? 어떤 직업이 유망한 직업일까? 일반적으로 유망한 직업이라 함은 다음과 같은 특징을 가지고 있다.[1)]

첫째, 유망 직업은 일자리가 많고 급여가 높은 직업이다. 일자리가 계속 생기거나 증가하여 다른 직업보다 취업하기가 쉽고 급여 수준이 높은 직업을 말한다. 둘째, 유망 직업은 고용안정성이 높은 직업이다. 안정적으로 계속해서 일할 수 있는 직업이다. 셋째, 유망 직업은 삶의 질을 높여줄 수 있는 직업이다. 육체적 · 정신적인 스트레스가 적고 쾌적한 근무 환경 속에서 일할 수 있으며 자유롭게 여가를 선용할 수 있는 직업을 말한다. 마지막으로, 유망 직업은 전문성과 기술력이 필요한 직업이다. 앞으로는 이직과 전직이 지금보다 더 자유로워질 것이기 때문에 해당 분야의 전문성과 기술력을 갖춘 사람을 찾는 기업이 늘어날 것이고, 그런 전문성을 갖춘 사람은 유망 직업을 가질 확률이 높아질 것이다.

나. 직업관의 변화

시대 흐름이 바뀜에 따라 직업도 다양하게 바뀌고 있다. 다시 말하면, 직업은 경제발전과 시대의 흐름에 따라 생성, 통합, 분화, 쇠퇴 및 소멸하는 과정을 반복하면서 계속 바뀌고 있다. 어떤 직업은 없어지고, 새로운 직업이 생기며, 많은 사람들에게 주목을 받는 직업이 있는가 하면 사람들의 관심 밖으로 점점 멀어지는 직업도 있다. 예컨대, 물장수, 얼음장수, 굴뚝청소원, 버스안내원, 전화교환수 등은 이미 사라진 직업이고, 최근 들어 음악치료사, 운동처방사, 호스피스 전문 간호사, 파티 플래너, 조향사(調香士), 인터넷쇼핑몰운영자, 웹디자이너, 라이프코치 등은 많은 사람들에게 주목을 받는 새롭게 생긴 직업이다.

이렇게 직업이 빠르게 바뀌는 것은 급격한 기술 발전, 인터넷을 중심으로 한 대중매체의 발달, 정보통신기술의 발달에 따른 소통방식의 다양화, 핵심적인 산업구조의 변화 등에서 기인한 것이다. 이런 다양한 사회적・경제적 변화는 사람들의 인지, 정서 및 가치관 등에 영향을 미치고, 이런 변화는 다시 연쇄적으로 생활양식, 가족제도, 대인관계 방식 및 직업관의 변화를 가져왔다.[2)]

봉건사회에서 직업은 생계수단이고, 신분과 사회적 지위를 구분하는 기준이 되었다. 따라서 모든 사람은 태어나면서 직업에 따라 신분이 정해진다고 생각했다. 중세에서는 종교개혁으로 인해 소명으로서의 직업관이 생겼다. 즉, 직업에는 귀천(貴賤)이 없는 것이고, 어떤 일이든지 하나님의 부르심으로 여김으로써 자신에게 주어진 직업에 최선을 다하는 것이 바림직하다고 생각했다. 그러나 산업화를 거쳐 현대사회로 오면서 직업은 운명적으로 주어지는 것이 아니라 선택할 수 있는 것이고, 직업을 성취와 보람, 자아실현을 위한 수단으로 생각하기에 이르렀다.

최근에는 젊은 세대일수록 자신이 하고 싶은 일이나 만족감이 극대화될 수 있는 일을 찾고, 그 일을 통해 자아실현에 도달하는 것이 직업을 갖는 목적이라고 생각하는 경향이 있다. 다시 말해, 직업을 자아실현의 도구로 인식하는 경향이 강해졌다. 그러나 지금 우리의 현실을 보면 취업대란 현상이 갈수록 심화되면서 자아실현보다는 생업으로서의 직업관이 우선시되고 있기도 한다. 그럼에도 불구하고 올바른 직업관에 대한 자신만의 생각과 의견을 정리하는 것은 매우 의미 있는 일이다. 따라서 직업을 갖기 전에 자신에게 있어 직업이 어떤 의미를 가지고 있는 것인지 생각해 볼 필요가 있다.

2. 직업윤리

가. 직업윤리의 개념

기본적으로 윤리란 사람이 지켜야 할 도리 또는 개인적·사회적 행위의 규범을 가리키며 올바른 행위를 의미한다. 예컨대, 정직, 성실 등이 윤리의 기본적인 예이다. 이것을 직업에 적용하면 직업윤리가 되는 것이다. 직업윤리란 직업인으로서 지켜야 할 도리, 개인적·사회적 행위의 규범, 바람직한 행위규범을 의미한다. 직업윤리는 크게 직업일반의 윤리와 직업별 윤리로 나눌 수 있다. 전자인 직업일반의 윤리는 어떤 직업에서 공통적으로 요구되는 행동규범을 말하고, 후자인 직업별 윤리는 특정한 직종의 입장에서 지켜야 할 할 행동규범을 말한다.[3)]

이런 직업윤리의 개념은 사회의 문화적 전통과 특성을 반영한다. 서양의 직업윤리 개념은 기독교적 직업윤리가 중요한 영향을 미쳤고, 우리나라를 비롯한 동양의 직업윤리 개념은 유교적 가치가 직업윤리 형성에 큰 영향을 미쳤다.[4)]

(1) 서양의 직업윤리사상

서양의 직업윤리 개념에는 기독교적 직업윤리가 중요한 영향을 미쳤고, 대체로 합리적이고 자주적인 직업관, 금욕적 직업윤리를 강조했다.

① 루터의 직업윤리사상

루터에 따르면, 인간은 본질적으로 죄악에 빠져 있으며 인간의 행위에 의해 죄가 구제될 수 없고 죄로부터의 구원은 신의 은총과 사랑, 복음에 의해서만 가능하다고 주장했다. 이런 생각을 바탕으로 "이마에 땀을 흘리며 생활에 헌신하면서 구원을 묵묵히 기다린다"는 근대적 의미의 소명적 직업관이 발생했다.

② 베버의 직업윤리사상

베버는 금욕적 정신의 함양을 위한 세속적 활동을 직업노동으로 규정하고 있으며, 합리적인 노동관으로부터 재화의 축적이 정당화될 수 있고 재화에 대한 윤리적 의무감이 생길 수 있다고 설명했다. 그는 청교도적 작업윤리의 기본적 행동양식으로서 근면, 성실성, 신뢰성, 정확성, 절약성 등을 제시했고, 정당한 책임을 강조하며, 결과를 겸허히 수용하는 태도를 중요시했다.

(2) 동양의 직업윤리사상

동양의 유교적 직업윤리는 사회적 계층 또는 구조에 있어서의 질서를 강조하며 체면 또는 품위를 지키고자 하는 강한 욕구를 강조했다.

① 공자의 직업윤리사상

공자는 의롭지 못한 부귀는 아무런 가치도 없을 뿐만 아니라 오히려 부끄러운 것이라 말했다. 그에게 있어 부의 가치는 엄격한 도덕 표준과 일치할 때만 가치로 평가되었고, 부귀(富貴)를 어떻게 획득하느냐의 방법이 더욱 중시되었다.

② 순자의 직업윤리사상

순자는 사람이 태어나면서부터 이익을 추구하기 마련이라고 보고, 본래부터 가지고 있는 욕구를 없앨 수도 없애려고 할 수도 없다고 했다. 사람의 욕망은 끝이 없어서 다 채울 수가 없으며, 사람이 본래부터 가지고 있는 욕망을 그대로 따르면 개인적으로 불행하고, 사회적으로도 무질서한 상태가 된다고 주장했다. 따라서 욕망의 본질과 도리를 합리적으로 추구하게 되면 바람직한 상태가 된다고 했다.

③ 맹자의 직업윤리사상

맹자는 백성이 일정한 생활 근거가 없으면 그로 인해 마음이 없게 되므로 생계유지의 수단으로서 생업이 우선적으로 보장되어야 하고 우선적 보장이 안 되면 윤리를 기대할 수 없다고 주장했다. 맹자는 노동에는 여러 종류가 있고, 같은 노동이라고 할지라도 질의 차이에 따라 구분되며, 이에 상응하여 보상에도 차이가 있어야 한다고 주장했다.

(3) 한국의 윤리사상

근면, 성실, 정직, 검약과 인(仁)을 강조하고 평등과 능력이 함께 존재하면서 개인 지향적인 공동체의식을 가지고 있다는 점에서 동양의 유교, 불교권의 직업관과 차이가 있다. 우리나라에서는 근면과 정직을 강조하면서도 그것은 어디까지나 자기보다는 다른 사람의 몫이라는 생각이 강하다. 일본의 경우에는 청부(淸富)를 인정하는 반면에 우리나라는 최대 덕목인 청빈사상(淸貧思想)이 해방 이후 미국식 자본주의의 도입과정에서 자본의 논리와 충돌하였다. 그래서 부를 인정하면서도 부의 축적과정에 대해 긍정적 인식보다는 부정적 인식을 형성하게 되었다.[5)]

나. 직업윤리 덕목

직장생활을 하는 사람이라면 누구나 직업윤리에 대한 기본적인 인식이 있어야 하고, 자신이 상대하는 사람과 처한 상황에 따라 어떤 덕목이 필요한지 생각해 보아야 한다. 다시 말해, 직업윤리는 어느 직장에 다니느냐에 관계없이 모든 직업인이 갖추어야 할 공통적인 윤리규범이지만, 각 직업의 성격에 따라 그 내용에는 차이가 있다. 그런 차원에서 직업인으로서 기본적으로 지켜야 할 덕목과 기본 원칙에 대해 간단하게 살펴보는 것은 의미 있는 일이다.

(1) 직업윤리 덕목[6)]

① 일의 덕목

무슨 일을 하든지 자신이 하는 일에 자부심과 긍지를 가지고 생활할 수 있다면 그것이 성공할 수 있는 출발점이 된다. 일반적으로 일에 관한 직업윤리의 덕목으로는 직분의식, 장인정신, 명예정신, 책임의식이 거론된다.

② 직장 내에서의 덕목

직장 내에서의 기본윤리는 기본적으로 조직구성원 간의 참여와 협동의 윤리라고 할 수 있다. 전체 조직을 위해 필수적인 기능은 개인의 직무가 작은 것이라 할지라도 수행해야 한다. 잘 참여하고 협동하는 것이 직업윤리의 기본이자 조직구성원 모두를 위해 바람직하다.

③ 고객에 대한 덕목

모든 직업 활동은 직접적·간접적으로 고객을 대상으로 이루어지며 현대의 직업인들은 자신이 생산하는 상품이나 서비스를 직접 또는 간접적으로 구매하고 이용하는 고객들에 대한 직업윤리를 가져야 한다.

④ 직업 조직 간의 덕목

기업들은 시장에서의 가격경쟁이나 판매경쟁에서 정해진 법과 규칙을 지켜야 함은 물론 법으로 정해지지 않은 부분에서도 공정한 경쟁이라는 윤리와 규범을 지켜야 한다.

⑤ 공동체에 대한 덕목

모든 직업 활동은 공익에 기여하는 사회적 활동으로 성숙한 사회를 위해서는 자신의 이익만을 위한 것이 아닌 공공의 이익과 사회 발전에 기여하도록 직업윤리를 가지고 임해야 한다.

(2) 직업윤리 기본 원칙[7)]

① 공적인 자원을 사적인 용도로 사용하지 않는다

- 업무 수행과 무관하게 개인적인 목적으로 회사 재산을 사용하지 않는다(349쪽 참조).
- 회사의 공금을 개인적인 용도로 사용하거나 횡령해서는 안 된다.
- 회사 재산을 자신의 것처럼 잘 관리하고, 업무 관련 비밀을 지킨다.

② 업무를 투명하고 공정하게, 규정된 절차와 기준에 의해 진행한다

- 특정 이해 관계자에게 이익 또는 불이익을 줄 목적으로 업무를 추진하지 않는다.
- 모든 업무는 정해진 절차와 규정에 따라 투명하고 공정하게 진행하도록 한다.

③ 고객의 요구를 우선적으로 생각하고 헤아려서 고객 만족을 추구한다

- 최고 수준의 서비스를 제공하여 고객에게 감동을 주도록 노력한다(351쪽 참조).
- 고객에 대한 정보가 유출되지 않도록 고객의 개인 정보를 보호하기 위해 노력한다.

④ 프로의식을 가지고 전문가로서 책임 있게 업무를 수행한다

- 자신의 분야에 최선을 다해 성실하게 임한다.
- 업무를 보다 잘 수행하기 위해서 필요한 지식과 기술, 자기계발을 위해 지속적으로 노력한다.
- 자신에게 맡겨진 업무나 역할에 대해 최고의 노력을 다하고 그 결과에 대해 책임을 진다.

⑤ 법규를 준수하여 공정하게 행동한다

- 모든 거래는 규정된 절차에 의해 공개적으로 처리한다.
- 실제 거래 행위는 공개된 내용과 일치하도록 한다.

⑥ 모든 업무 활동을 숨김없이 정직하게 수행하고 신뢰를 지켜나가도록 한다

- 부정적인 행동에 타협하지 않는다.
- 잘못된 관행은 그대로 따르지 않고 개선하기 위해 노력한다.
- 자신의 입장과 처지를 보호하기 위해서 거짓말을 하지 않는다(353쪽 참조).

3. 기본적인 직장 예절

가. 직장 예절의 의미와 중요성

예절이란 일상생활이나 직장생활에서 서로 마찰을 없애고 불편을 덜기 위한 마음가짐으로 나를 낮추고 상대방을 존중하는 마음 자세이자 행동 규범이다. 특히, 직장 예절은 서로 상대방에게 갖추어야 할 말투나 몸가짐, 행동을 말하는 예의와 일상생활의 모든 일의 순서나 절차이다. 그런 차원에서 직장 예절은 함께 일하는 동료의 인격을 존중하는 마음으로 그에 맞는 형식을 갖추어 표현하는 행위라고 할 수 있다. 직장 내에서 예절이 바로 지켜질 때 서로에 대한 신뢰가 쌓이고, 대외적으로 해당 조직의 경쟁력이 향상된다.

나. 기본적인 직장 예절

(1) 상사와 동료에 대한 인식 및 예절

직장은 성격이나 가치관과 살아온 환경 등이 서로 다른 사람이 만나 공동의 목표 아래 함께 일을 하면서 그 목표를 실현하는 곳이다. 따라서 개인보다는 조직의 역량이 보다 강조되는 곳이다. 당연히 혼자서는 직장생활을 해나가기 어렵고, 다른 사람의 도움과 협력이 있어야 한다. 이런 상황에서는 나보다는 타인을, 나아가 '내'가 아닌 '우리'를 먼저 생각해야 한다.

상사에게는 항상 존중하는 마음을 가질 필요가 있다. 아무리 능력이 없어 보이는 상사라 하더라도 그 위치에 오르기까지는 나름의 경험과 노하우가 있다. 내가 진행하는 업무에 조언을 해주고, 결정적인 순간에 힘이 되어 주는 사람은 연륜이 많은 상사일 경우가 많다. 한편, 직장 동료는 함께 일하는 동반자이고, 나에게 실질적인 도움을 주는 믿음직한 파트너이다. 업무뿐만 아니라 개인적인 일로도 수시로 부담 없이 만날 수 있고, 관심사를 공유하며 공감해 줄 수 있는 사람이 동료이다.

(2) 직장인으로서의 기본 자세[8)]

여기에서는 직장인이라면 누구나 기본적으로 갖추어야 할 몇 가지 사항에 대해 간단하게 살펴보고자 한다. 물론 앞으로 소개할 기본적인 사항을 잘 지키지 않는다 하더라도 직장생활을 할 수는 있다. 그러나 이런 것들을 소홀히 한다면 인간관계는 서서히 힘들어지고 불편해질 것이며, 심할 경우 직장생활은 오래 가지 못할 것이다. 따라서 앞으로 소개할 직장인으로서의 기본적인 사항을 염두에 두고 그런 직장인이 될 수 있도록 노력할 필요가 있다.

① 밝은 표정

밝은 표정은 다른 사람에게 좋은 이미지를 줄 수 있고, 몸을 건강하게 변화시켜 줄 수도 있다. 밝은 표정은 좋은 인상을 갖게 하며, 긍정적으로 인식되게 하는 후광 효과(後光效果, halo effect)를 가지고 오기도 한다. 남녀노소 누구나 어떤 사람을 처음 만나는 순간부터 왠지 호감이 가면서 편안한 사람이 있는가 하면 불편하면서 자꾸 삐걱거리는 사람도 있다. 여러 가지 이유가 있겠지만 첫 인상이 그런 생각에 많은 영향을 준다. 일반적으로 밝은 표정으로 웃음을 짓는 사람에게 호감을 갖는 경우가 많다고 한다.

② 단정한 용모와 복장

깔끔하고 단정한 용모와 품위가 묻어나는 복장은 타인에게 신뢰감을 가져다준다. 옷의 분위기나 색상 등 전체적인 디자인이나 느낌이 일에 대한 의욕을 좌우하는 경우가 있다. 용모와 복장은 청결하고 단정하게 하되, 업무에 적합하고 효율적인 것이 좋으며, 회사의 이미지와 자신의 인격을 고려하는 것이 바람직하다. 필요하다면 직장인에게 어울리는 용모와 복장에 대해 전문가의 도움을 받아보는 것도 좋다.

③ 품위 있는 태도

직장인의 태도는 자신의 인격과 함께 회사의 이미지를 결정한다. 따라서 직장에서 바른 자세를 생활화하며 다른 사람에게 불편한 자세와 태도를 보이지 않도록 주의할 필요가 있다. 특히, 다음과 같은 태도나 행위는 타인에게 불편을 줄 뿐만 아니라 자신의 인격에도 별다른 도움이 되지 않기 때문에 삼가는 것이 바람직하다.

- 상대방을 힐끔거리며 위아래로 훑어보는 행위
- 대화할 때 상대방을 너무 집중적으로 보거나 시선이 산만한 행위
- 대화할 때 반응이 전혀 없는 것
- 대화 시 팔짱을 끼거나 머리를 긁는 행위
- 다리를 꼬고 앉아 떨거나 흔드는 습관
- 다리를 벌리고 앉는 습관

• 걸을 때 팔짱을 끼는 습관
• 신발 끄는 소리를 많이 내는 습관

4. 상황별 직장 예절

가. 인사 예절[9)]

인사는 사람이 서로 만나거나 헤어질 때 행하는 예의로서 허리를 굽혀 절하거나 안부를 묻는 것이다. 인사는 만나는 상대방에게 공경이나 정중한 마음을 느끼게 하고 자신의 마음을 전하는 첫 단계이다. 따라서 인사를 제대로 잘 하면 일상생활이나 사회생활에서 즐겁고 원만한 인간관계를 맺는 데 큰 도움을 얻을 수 있다.

인사를 할 때, 얼굴에는 미소를 머금고, 머리, 목, 등, 허리와 다리를 위에서 당긴다는 느낌으로 반듯하게 한다. 인사요령은 다음과 같다.

• 인사는 항상 명랑하고 활기차게 먼저 한다.
• 곧은 자세를 취하고, 인사 전후에 상대방의 눈을 보며 미소를 짓는다.
• 목례는 15도, 보통례는 30도, 정중례는 45도 정도로 상체를 숙인다.
• 목과 허리는 곧게 한 상태에서 상반신 전체를 동시에 숙인다.
• 인사를 한 후에는 숙일 때보다 조금 빠른 속도로 상체를 일으킨다.
• 다리는 가지런히 하고 무릎 사이는 붙인다.
• "안녕하십니까?", "반갑습니다" 등의 인사말을 주고받는다.

나. 악수 예절[10)]

직장인들이 인사를 할 때 가장 많이 하는 것이 악수이다. 악수를 할 때 무턱대고 하게 되면 상대방으로 하여금 불쾌감을 줄 수 있으므로 다음 사항에 유의해야 한다.

- 악수는 윗사람이 먼저 청하는 것으로, 지위가 낮은 사람이나 나이가 적은 사람이 손을 먼저 내밀면 실례가 된다.
- 남녀 간의 악수도 상하의 구별이 있을 때는 상급자가 먼저 청해야 한다.
- 동등한 입장에서는 여자가 남자에게 악수를 청하는 것이 예의이다.
- 악수를 할 때는 밝고 부드러운 표정으로 상대방의 눈을 보고 한다.
- 악수를 할 때 껴안거나 과장된 행동은 삼간다.
- 손을 너무 세게 쥐거나 못마땅한 느낌으로 잡아서는 안 되며, 손끝만 내밀어서도 안 된다.
- 행사나 예식용 장갑은 벗지 않아도 되며, 방한용 장갑은 벗고 악수를 해야 한다.
- 계속 손을 잡고 얘기를 해서는 안 되고 인사가 끝나면 손을 놓는다.
- 악수를 하면서 왼손으로 상대의 손등을 덮어 쥐면 실례이다. 그러나 상급자가 아랫사람에게 그렇게 하는 것은 깊은 정의 표시로 양해된다.

다. 명함 교환 예절[11)]

명함은 직장생활에 있어 자신의 위치와 역할을 알리는 수단이다. 명함만 잘 관리해도 좋은 인간관계를 유지할 수 있고, 자신이 하는 업무와 관련된 성과 향상에도 도움이 된다. 명함은 항상 준비하고 다니되, 별도의 명함집에 넣어 충분한 양만큼 가지고 다니는 것이 좋다. 명함을 교환할 때도 다음과 같은 예절을 지켜야 한다.

- 명함을 주고받을 때는 반드시 일어서서 한다.
- 명함은 손아랫사람이 손윗사람에게 먼저 건네는 것이 예의이다.
- 명함은 소개받은 사람이 먼저 건넨다. 방문한 곳에서는 방문자가 먼저 상대방에게 명함을 건넨다.
- 명함을 내밀 때는 정중하게 인사를 하고 또박또박 "○○회사 ○○○입니다"라고 얘기하며 두 손으로 건넨다.
- 명함은 상대방 쪽에서 자신의 성명이 바르게 보이도록 건넨다.
- 명함을 받은 사람은 두 손으로 명함의 아래쪽을 잡아서 받는다.

- 상사와 함께 명함을 건넬 때는 상사가 먼저 건넨 다음에 건넨다.
- 한 손으로 자기 명함을 주면서 다른 손으로 상대방의 명함을 받는 동시 교환은 실례가 된다.
- 명함을 받은 뒤 바로 셔츠의 윗 주머니에 넣거나 지갑에 넣으면 안 된다.
- 상대방에게 받은 명함은 공손히 받쳐 들고 명함 내용을 상세히 살핀 다음 손으로 만지작거리지 말고 명함집에 넣어 보관한다.
- 한자로 된 명함을 받고 글자를 모르는 경우는 물어봐도 결례가 되지 않는다.
- 상대방으로부터 받은 명함을 접거나 구겨가며 대화를 나누거나 상대방이 보는 앞에서 명함에 낙서나 메모를 하면 안 된다.
- 명함 교환이 끝나면 자리를 권하여 앉게 한다.

라. 출 · 퇴근 시 예절[12)]

직장생활에서 출근과 퇴근을 하거나 근무할 때와 잠시 자리를 비울 때도 지켜야 할 예절이 있다. 이런 것들이 제대로 지켜지지 않을 경우, 직장인으로서 살아남기 힘들 뿐만 아니라 인간관계에도 문제가 생길 수 있다. 따라서 가장 기본적인 예절이니만큼 다음과 같은 사항을 꼭 기억해 두는 것이 바람직하다.

(1) 출근 시 예절

- 출근시간 10분 전까지 도착하여 간단한 청소, 정리 정돈 및 하루의 일과계획을 점검한다.
- 사무실에 들어서면 망설이지 말고 상사와 동료를 향해 "안녕하십니까?"라고 먼저 인사한다.
- 아침에는 활기찬 표정과 태도로서 명랑하게 인사를 나눈다.
- 윗사람이 들어서면 일어서서 인사를 한다.
- 부득이한 사정으로 결근 또는 지각을 했을 경우에는 상사에게 솔직하게 사유를 보고한다.

(2) 근무 중 예절

- 회사의 규정을 준수하며 단정하고 예의 바른 업무 태도를 갖는다.
- 개인적인 전화나 잡담을 삼간다.
- 사적 방문객으로 인해 회사의 업무에 지장을 가져와서는 안 된다.
- 근무시간 중에는 업무와 관련이 없는 책을 읽는다든지 개인적인 일을 하지 않는다.
- 점심시간은 정해진 시간 이상으로 보내지 않는다.
- 매일 업무에 관련된 모든 문서의 정리, 분류, 보관이 밀리지 않도록 한다.

(3) 퇴근 시 예절

- 책상 위는 항상 깨끗이 정돈하고 의자는 책상 밑으로 집어넣는다.
- 퇴근 준비는 근무시간이 끝난 다음에 하고, 퇴근시간이 채 되기 전에 슬그머니 정리하지 않도록 하며, 가능하면 하던 일을 끝내는 성의가 있어야 한다.
- 퇴근시간이 되면 업무를 마무리하고 내일 할 일을 간단하게 기록해 둔다.
- 상사나 남아 있는 직원들에게 "먼저 퇴근하겠습니다" 또는 "먼저 나가겠습니다" 등 간단한 인사를 한다.
- 전화 약속을 여러 곳에 해 둔 채로 퇴근하는 일이 없도록 한다.

(4) 자리 비울 시 예절

- 공적이든 사적이든 외출할 때는 가능하면 상사에게 말씀을 드린다.
- 30분 이상 자리를 비울 때는 책상을 정리하고 떠나도록 하고, 옆 동료에게 외출 목적과 행선지, 귀사 예정시간을 분명히 알려주고 나가야 한다.

(5) 사내 통행 시 예절

- 복도 통행 시에는 조용하고, 부딪히지 않으며, 큰 소리로 잡담 또는 오래 선 채로 얘기하지 않는다.
- 복도에서 상사와 방문객을 만났을 때 비켜서거나 급할 때에는 "실례합니다"라고 말한다.

- 엘리베이터를 탈 때에는 통행에 방해가 되지 않도록 한쪽에 비켜서서 기다리거나 상사나 내방객이 먼저 내리게 한다.
- 다른 부서, 회의실 등을 출입할 때는 노크하고, 고객과 상사가 함께 출입할 때는 고객과 상사를 먼저 출입하도록 한다.

마. 전화 예절[13)]

전화는 보이지 않는 회사의 얼굴이고, 상대방이 보이지 않는 접점의 창구 역할을 한다. 전화 받는 태도에 따라 회사와 본인에 대한 느낌이나 이미지 형성에 큰 영향을 미친다. 친절한 응대로 상대방의 마음을 사로잡을 수 있지만, 불친절한 응대는 회사 전체의 이미지와 서비스 수준을 망칠 수도 있다. 따라서 전화는 상대방과 직접 대면하지 않고 짧은 시간 동안 의사소통을 해야 하므로 전화 예절을 익히고 실천하는 일은 매우 중요하다. 다음과 같은 사항에 유의해서 좀 더 친절하고, 좀 더 명랑하게, 상대방을 존중하는 마음을 가지고 전화를 받는다면 즐거운 직장생활이 될 것이다.

(1) 전화 받기

- 전화벨이 두 번째 울릴 때 받는 것이 좋다. 첫 번째 울릴 때 받으면 너무 성급하고, 세 번 이상 울린 다음에 받으면 너무 늦게 받는 느낌을 준다.
- 만일 세 번 이상 전화벨이 울린 후에 받을 때는 "늦어서 죄송합니다"하고 전화를 받는 것이 상대방에 대한 예의이다.
- 전화를 받을 때는 먼저 분명하고 정확하게 자신을 밝혀야 한다.
- 상대방을 확인하고 용건을 묻는다.
- 전화 통화는 항상 존댓말을 사용한다.
- 메모를 위해 펜과 종이를 준비한다.
- 전화를 받을 사람이 자리에 없을 경우, 용건을 물어 요점을 메모한다.
- 전화를 끊을 때는 작별 인사를 잊지 말아야 한다.
- 대화가 끝나면 마무리 인사를 나누고 전화를 끊는다. 이때 상대방이 전화를 끊는 것

을 확인하고 끊는다. 용건이 끝났는지 여부를 모르기 때문이다.

- 다른 직원에게 바꾸어 주어야 할 때, "잠시만 기다려 주십시오. ○○○ 님을 바꾸어 드리겠습니다"라고 말한 후에 전화를 돌려준다.
- 잘못 걸려온 전화도 친절하게 맞아 안내한다. "여기는 ○○회사 ○○○과입니다. 전화를 잘못 거신 것 같습니다. 다시 한 번 확인해 주십시오"

(2) 전화 걸기

- 전화를 걸기 전에 통화할 내용을 간단히 메모한 후 통화한다.
- 상대방이 나오면 자신을 밝힌 후, "죄송하지만 ○○부의 ○○○씨 부탁합니다"라고 통화할 사람을 부탁한다.
- 통화할 상대방이 자리에 없을 때는 언제쯤 통화가 가능한지를 정중하게 확인하고, 다시 전화를 하겠다든지 또는 메모를 부탁한다.
- 용건을 간단히 얘기하고, 끝나면 중요한 요점을 정리해서 반드시 확인해야 한다.
- 얘기의 내용에 맞게 어울리는 인사를 하고, 끊을 때는 원칙적으로 전화를 건 쪽에서 먼저 끊는다. 다만, 상대방이 윗사람일 경우는 나중에 조용히 끊는다.

바. 식사 예절

혼자서 식사를 할 경우에는 그렇게 신경을 쓰지 않아도 되지만, 다른 사람과 함께 식사를 할 경우에는 상황에 맞는 적절한 예의를 갖추어야 한다. 동서고금을 막론하고 식사를 할 때 예의를 지키지 않는 사람은 다른 사람들에게 좋은 평가를 받지 못하는 경우가 많다. 따라서 직장생활을 하는 동안 다른 사람과 함께 식사를 할 때 지켜야 할 최소한의 도리와 예의를 잘 알아두는 것이 좋다.

- 어른이 먼저 수저를 든 다음 먹기 시작하며, 어른과 식사 속도를 맞춘다.
- 숟가락, 젓가락을 한 가지만 들고 사용한다. 숟가락은 밥이나 국을 먹을 때 사용하고, 반찬을 먹을 때는 젓가락을 사용한다.

- 밥그릇이나 국그릇을 손으로 들고 먹지 않는다.
- 식탁이나 상에 팔을 붙이고 먹지 않는다. 그릇을 기울이거나 가벼운 그릇을 지지하는 것이 아니라면 손은 가급적 상이나 식탁 위로 올리지 않는다.
- 음식 씹는 소리, 그릇 부딪히는 소리 등이 나지 않도록 한다.
- 반찬을 뒤적거리거나 골라가며 먹지 않고, 양념을 털면서 먹지 않는다.
- 뼈나 생선 가시 등은 개인 그릇에 놓거나 옆 사람에게 보이지 않도록 휴지에 싸서 버린다.
- 식사 도중에 기침이나 재채기가 나면 사람이 없는 방향으로 얼굴을 돌리고 휴지 등으로 입을 가린다.
- 가벼운 대화를 나누되, 입 안에 음식이 있을 때는 말하지 않는다.
- 일반적으로 식사 중에는 정치, 종교, 성(性)과 관련된 얘기는 가급적 하지 않는다.
- 식사 중 다른 사람이 함께 있는 자리에서 담배를 피우지 않는다.
- 회사 동료 중 한 사람이 식사를 사주는 경우에는 당연히 챙겨 받아야 하는 것이 아니라는 점을 명심하고 적절한 감사의 표현을 하는 것이 좋다. ♣

Memo

생각하고 토의하기

직업윤리의 갈등 상황에서 해결방안 찾기(1)

▣ 다음과 같은 상황이 벌어졌을 때, 어떻게 하는 것이 가장 바람직한지 팀원들과 토의해 보고, 그 결과를 정리해 보자.

〈상황〉

영업부에서 일하는 고상해 씨는 이번 달에 새로 입사한 신입사원이다. 영업부에 근무하려다 보니 운전을 해야 될 일이 많아져서 운전면허를 취득하려고 계획 중이다. 그런데 오늘 회사에 와 보니 회사 차량이 운행하지 않고 주차되어 있다. 운전면허 학원에 갈 시간도 없고, 연습할 차량도 마땅치 않아 고상해 씨는 점심시간을 이용하여 회사 차량을 슬쩍 몰고 나왔다. '어차피 회사 영업 때문에 면허를 취득하려고 한 건데, 하루에 한 시간 정도쯤이야 이용해도 괜찮겠지?'

상황 분석	
나라면 어떻게 할 것인가?	
이 직업에서 요구되는 가장 중요한 직업윤리는 무엇인가?	

• 수업시간 : 20_____년 _____월 _____일 _____요일 _____교시

• 소속 : ____________ • 학번 : ________ • 성명 : ________

절취선

Memo

생각하고 토의하기

직업윤리의 갈등 상황에서 해결방안 찾기(2)

▣ 다음과 같은 상황이 벌어졌을 때, 어떻게 하는 것이 가장 바람직한지 팀원들과 토의해 보고, 그 결과를 정리해 보자.

〈상황 1〉

전자회사 콜 센터에서 근무하다 보면 고객들의 항의 전화가 많이 온다. 오늘 김바른 씨는 새로 구입한 TV 화면이 미세하게 흔들린다는 고객의 항의를 받았다. 전화를 건 고객은 다짜고짜 폭언을 일삼으며 화부터 내기 시작한다. 반말에 고함과 함께 짜증을 낸다. 그런데 가만히 듣다 보니 그건 우리 회사 제품의 오류가 아니라 고객이 TV를 다른 자리에 옮기는 과정에서 잘못 건드려 망가뜨린 것이었다. 그렇게 설명했지만 고객은 "당연히 기업에서 이런 건 물어내야 하는 거야, 이 사람아, 도대체 뭘 배운 거야." 등 막무가내로 더 화를 내면서 욕까지 하고 있다.

상황 분석	
나라면 어떻게 할 것인가?	
이 직업에서 요구되는 가장 중요한 직업윤리는 무엇인가?	

절취선

• 수업시간 : 20______년 ______월 ______일 ______요일 ______교시

• 소속 : ________________ • 학번 : __________ • 성명 : __________

Memo

절
취
선

조사해 보고 토의하기

직업윤리를 망각한 사례에 대해 토의하기

■ 직업윤리를 망각해 물의를 일으킨 사례들을 조사한 후에 무엇이 문제였는지에 대해 토의해 보고, 여러분이 최고경영자라면 그런 일이 반복되지 않도록 어떤 조치를 취할 것인지 토의해 보자.

사례	문제점	재발 방지 대책

• 수업시간 : 20______년 ______월 ______일 ______요일 ______교시

• 소속 : ____________________ • 학번 : __________ • 성명 : ____________

Memo

미주(참고문헌)

< 제1장 >

1) 조벽(2016). **인성이 실력이다**. 해냄출판사. 22-23쪽.
2) 2014년 12월 29일 국회를 통과하여 2015년 1월 20일 공포된 후, 6개월 뒤인 7월 21일부터 시행되고 있다. 이 법에 따르면 전국의 초·중·고교는 매년 초 인성교육 계획을 교육감에게 보고하고 인성에 바탕을 둔 교육과정을 운영해야 한다. 아울러 교사는 인성교육 연수를 의무적으로 받아야 하고, 사범대·교대 등 교원 양성기관은 인성교육 역량을 강화하기 위한 필수 과목을 개설해야 한다.
3) 조성진·지희진(2016). **인성함양과 자기계발**. 양성원. 73-74쪽.
4) 이철주(2014). 실천지향의 인성 개념 탐구. **윤리교육연구**, 34권. 317-337쪽.
5) 한국교육학회(1998). **인성교육**. 문음사.
6) 남궁달화(1999). **인성교육론**. 문음사.
7) 우종옥(2001). **21세기 교육의 큰 두 개의 축 : 창의력교육과 인성교육**. 교육과학사.
8) 이철주(2014). 앞의 논문. 321쪽.
9) 김국현(2002). 인성교육에서의 인성 개념. **도덕윤리교육연구**, 1권. 41-62쪽.
10) Colombia Encyclopedia: personality.
11) Bumham, J. C.(1968), "Historical Background for the Study of Personality" In E. F. Bogatta & W. W. Lambert(Eds.), *Handbook of Personality Theory and Research*, Chicago: Rand McLally; 김주엽·송계충·정범구·박상언 공저(2012). **조직행위론(제3판)**. 경문사. 117쪽.
12) 강진령(2014). 인성교육을 위한 협력적 집단상담기법. **상담과 지도**, 49권. 한국카운슬러협회. 354쪽.
13) 김은영·김대곤·김미영·김이영·박정연·심정묘·이행기·임용숙·정다운·최병태 공저(2015). **인성과 리더십**. 양서원. 18-19쪽.
14) S. P. Robbins & T. A. Judge(2016). *Organizational Behavior*(International Edition, 16th Edition). Pearson. pp. 154-156.
15) D. Hellriegel & J. W. Slocum(2011). *Principles of Organizational Behavior*(International Edition, 13th Edition). South-Western, a part of Cengage Learning; 서재현·설현도·송상호·이호선 공역(2012). **조직행동론**. 한경사. 117-122쪽.
16) 김주엽 외 공저(2012). 앞의 책. 117-118쪽; 조성진·지희진(2016). 앞의 책. 15-16쪽.
17) 조벽(2016). 앞의 책. 42-44쪽.

< 제2장 >

1) 최근덕(2007). 효와 미래사회. **효학연구**, 4권. 한국효학회. 85-92쪽.
2) 이성원(2011). 현대적 효 개념에서의 돌봄의 의미와 특성 연구. **효학연구**, 14권. 한국효학회. 19-46쪽.
3) 최근덕(2007). 효와 미래사회. 앞의 논문. 91쪽.

4) Samuel Smiles(정준희 역, 2005). **인격론**. 21세기북스. 292-296쪽.
5) Samuel Smiles(정준희 역, 2005). 위의 책. 297-298쪽.
6) 조성진 · 지희진(2016). **인성함양과 자기계발**. 양성원. 84-88쪽.
7) 조성진 · 지희진(2016). 위의 책. 88-90쪽.
8) 조성진 · 지희진(2016). 앞의 책. 230-231쪽.
9) 김주엽 · 송계충 · 정범구 · 박상언 공저(2013). **조직행위론**(제3판). 경문사. 301-302쪽.
10) 이응백 · 김원경 · 김선풍(1998). **국어국문학자료사전**. 한국사전연구사; 한국학중앙연구원(2017). **한국민족문화대백과사전**. https://encykorea.aks.ac.kr/
11) 조성진 · 지희진(2016). 앞의 책. 95-101쪽.
12) 박종호 · 김보름(2015). 대학생들의 언어 사용 실태와 그 원인에 따른 개선방안 : 충북지역 대학생들의 비속어 사용을 중심으로. **교양교육연구**, 9(4). 401-435쪽.
13) 김은영 · 김대곤 · 김미영 · 김이영 · 박정연 · 심정묘 · 이행기 · 임용숙 · 정다운 · 최병태(2015). **인성과 리더십**. 양서원. 212쪽.
14) KBS아나운서실 한국어연구회(1998). **바른 말 고운말**. 대교출판.
15) 다사카 히로시(신정원 역, 2017). **말의 격 : 다보스포럼을 통해 본 글로벌 톱 리더들의 말하기**. 문학동네 아템포. 28-149쪽; 곽숙철의 혁신이야기(http://ksc12545.blog.me).

< 제3장 >

1) 지금 우리가 살아가고 있는 현실 속에서 과연 정의가 무엇인지, 정의로운 사회가 어떤 것인지에 대해 조금 더 알아보길 원하는 독자는 다음에 소개하는 두 책을 꼼꼼하게 읽어보길 권한다. ① 마이클 샌델(이창신 역, 2010). **정의란 무엇인가**. 김영사, ② 이택광 · 장정일 · 이현우 · 이양수 · 김도균 · 최원 · 박홍규 · 노정태 · 서동진 · 박가분 · 이권우(2011). **무엇이 정의인가? – 한국사회, 〈정의란 무엇인가〉에 답하다**. 도서출판 마티.
2) 이택광 외 공저(2011). 위의 책. 31쪽.
3) 댄 애리얼리(이경식 역, 2012). **거짓말하는 착한 사람들**. 청림출판. 91-205쪽.
4) 댄 애리얼리(이경식 역, 2012). 위의 책. 266-317쪽.
5) 김주엽 · 송계충 · 정범구 · 박상언(2013). **조직행위론**(제3판). 경문사. 199-208쪽.
6) 신유근 · 이춘우(2014). **조직행위론**. 한경사. 52쪽.
7) R. C. Mayer, J. H. Davis & F. D. Schoorman(1995). An Integrative Model of Organization Trust. Academy of *Management Review*, 20. pp.703-04, 김주엽 외 공저(2012). 앞의 책. 439쪽에서 재인용.
8) 김주엽 외 공저(2012). 앞의 책. 440쪽에서 재인용.
9) 신유근 · 이춘우(2014). 앞의 책. 53쪽.
10) 신유근 · 이춘우(2014). 앞의 책. 54-55쪽.
11) 조직유효성(organizational effectiveness)이란 조직목표의 달성 정도를 나타내는 용어로서, 어떤 조직이 존재하는 이유와 미래에 바람직한 상태에 도달하기 위해서 필요로 하는 조직의 모습을 얼마나 가깝게 갖추고 있는지를 평가할 때 사용한다. 여러 가지 기준들이 있지만, 대개 직무성과, 직무만족, 조직

몰입, 철수행위, 조직시민행동, 창의성 등이 이에 속한다. 김주엽 외 공저(2012). 앞의 책. 6-12쪽

12) 김주엽 외 공저(2012). 앞의 책. 440-442쪽.

13) 김주엽 외 공저(2012). 앞의 책. 442-443쪽.

< 제4장 >

1) 이나현(2008). **배려윤리의 내러티브 교육과정을 위한 탐색**. 한국학술정보(주). 36-37쪽.
2) 지동직(2006). **배려의 기술**. 북스토리. 24-34쪽.
3) 지동직(2006). 위의 책. 16-18쪽.
4) 홍자성(박정수 엮음, 2006). **청소년 채근담**. 도서출판 매월당. 30-31쪽.
5) 김명근(2003). **희노애락의 심리학**. 개마고원. 13-14쪽.
6) 김명근(2003). 위의 책. 20-21쪽.
7) 우리말 '살림'에는 살게 만드는 것, 활기 있게 만드는 것, 쓸모 있게 만드는 것이라는 의미가 포함되어 있다. 이 문장의 '살림'은 살게 하는 것을 의미하는 것으로서, 영어에서 살림을 뜻하는 'housekeeping'과 다른 의미로 사용된다.
8) 한성열 · 한민 · 이누미야 요시유키 · 심경섭(2015). **문화심리학**. 학지사. 24-26쪽.
9) 김명근(2003). 앞의 책. 개마고원. 16-17쪽.
10) 숙명여자대학교 역량개발센터(2012). **희망이 되는 인재**. 시그마프레스. 20-22쪽; 조성진 · 지희진(2016). **인성함양과 자기계발**. 양성원. 191-194쪽.
11) 리우웨이리(김인지 역, 2009). **직장논어 공자, 회사를 바꾸다**. 청년정신. 162쪽.
12) (사)한국기업교육학회(2010). **HRD용어사전**. (주)중앙경제.
13) 조성진 · 지희진(2016). 앞의 책. 253-255쪽.

< 제5장 >

1) 조성진 · 지희진(2016). **인성함양과 자기계발**. 양성원. 219쪽.
2) 정승진(2012). 익산(益山) 금마(金馬) 두레와 근대 공동체론. **대동문화연구**, 제80집. 532-538쪽.
3) 조성진 · 지희진(2016). 앞의 책. 220-224쪽.
4) 이희원(2007). 두레정신에 기초한 유아교육프로그램 개발. 한국교원대학교 박사학위논문. 7-28쪽.
5) Robert N. Lussier & Christopher F. Achua(2010). *Leadership: Theory, Application, & Skill Development*, 4th ed.. South-western, a part of Cengage Learning. Canada; 차동옥 · 심원술 · 서재현 · 이호선 공역(2011). **리더십**. 한경사. 318쪽.
6) 조성진 · 지희진(2016). 앞의 책. 225쪽.
7) 차동옥 외 공저(2011). 앞의 책. 319쪽.
8) Robert N. Lussier & Christopher F. Achua(2010). ibid; 차동옥 외 공저(2011). 앞의 책. 320-322쪽.
9) 조성진(2015). **진로설계와 코칭리더십**. 정민사. 357-359쪽.

< 제6장 >

1) 조성진 · 지희진(2016). 인성함양과 자기계발. 양성원. 9쪽.
2) 조성진(2015). 진로설계와 코칭리더십. 정민사. 231쪽
3) 조성진(2015). 위의 책. 232쪽.
4) 조성진 · 지희진(2016). 앞의 책. 11쪽.
5) 조성진(2015). 앞의 책. 232-233쪽.
6) 조성진(2015). 앞의 책. 233-235쪽.
7) Colombia Encyclopedia: personality.
8) Bumham, J. C.(1968). "Historical Background for the Study of Personality" In E. F. Bogatta & W. W. Lambert(Eds.). *Handbook of Personality Theory and Research*. Chicago: Rand McLally; 김주엽 · 송계충 · 정범구 · 박상언(2012). 조직행위론(제3판). 경문사. 117쪽.
9) 김주엽 외 공저(2012). 위의 책. 117-118쪽.
10) 조성진 · 지희진(2016). 앞의 책. 14-20쪽; 조성진(2015). 앞의 책. 237-242쪽.
11) 김주엽 외 공저(2012). 앞의 책. 124-27쪽.
12) McShane, S. L., & Von Glinow, M. A.(2005). *Organizational Behavior*, 3rd ed.. NY: The MaGrow Hill Company; 김주엽 외 공저(2012). 앞의 책. 127쪽에서 재인용.
13) 김주엽 외 공저(2012). 앞의 책. 127-130쪽.
14) 조성진(2015). 앞의 책. 243-247쪽.
15) Kreitner, R. K. & Kinicki, A.(2001). *Organizational Behavior*, 5th ed.. NY: The MaGrow Hill Company ; 김주엽 외 공저(2012). 앞의 책. 141쪽.
16) Gottfredson, L. J.(1997). Mainstream Science on Intelligence(editorial). *Intelligence*, 24. p.13; 김주엽 외 공저(2012). 앞의 책. 142-143쪽.
17) 김주엽 외 공저(2012). 앞의 책. 107-110쪽.
18) 이형국 · 권오관 · 강기원(2013). 진로탐색과 미래설계. 한올출판사. 96쪽.
19) 이형국 외 공저(2013). 위의 책. 80쪽.
20) 김인기(2011). 진로탐색과 경력관리. 양서원. 31-33쪽.
21) Rokeach, M.(1973). *The Nature of Human*, New York: Free Press; 김주엽 외 공저(2012). 앞의 책. 68쪽.
22) 김주엽 외 공저(2012). 앞의 책. 69쪽.

< 제7장 >

1) 마커스 버킹엄 · 도널드 클리프턴(박정숙 역, 2002). 위대한 나의 발견 강점 혁명. 청림출판. 11쪽.
2) 마틴 셀리그만(김인자 역, 2009). 마틴 셀리그만의 긍정심리학. 도서출판 물푸레. 9쪽.
3) 마틴 셀리그만(김인자 역, 2009). 앞의 책. 10-13쪽.
4) 마커스 버킹엄 · 도널드 클리프턴(박정숙 역, 2002). 앞의 책. 11쪽.
5) 마틴 셀리그만(김인자 역, 2009). 앞의 책. 196쪽.
6) 마틴 셀리그만(김인자 역, 2009). 앞의 책. 197-204쪽.

7) 조성진(2015). 진로설계와 코칭리더십. 정민사. 356-357쪽.
8) 마커스 버킹엄 · 도널드 클리프턴(박정숙 역, 2002). 앞의 책. 40쪽.
9) 권석만(2008). 긍정심리학. 학지사. 166쪽.
10) 마커스 버킹엄 · 도널드 클리프턴(박정숙 역, 2002). 앞의 책. 209-210쪽; 조성진(2015). 앞의 책. 263-264쪽.
11) 마틴 셀리그만(김인자 역, 2009). 앞의 책. 205-208쪽.
12) 조성진(2015). 앞의 책. 264쪽.
13) 마커스 버킹엄 · 도널드 클리프턴(박정숙 역, 2002). 앞의 책. 48-49쪽.
14) 마커스 버킹엄 · 도널드 클리프턴(박정숙 역, 2002). 앞의 책. 333-345쪽.
15) 마틴 셀리그만(김인자 역, 2009). 앞의 책. 213-243쪽.
16) 조성진(2015). 앞의 책. 264쪽.
17) 마커스 버킹엄 · 도널드 클리프턴(박정숙 역, 2002). 앞의 책. 41-48쪽.
18) 마커스 버킹엄 · 도널드 클리프턴(박정숙 역, 2002). 앞의 책. 17-20쪽.
19) 마커스 버킹엄 · 도널드 클리프턴(박정숙 역, 2002). 앞의 책. 241-246쪽.
20) 마틴 셀리그만(김인자 역, 2009). 앞의 책. 249-256쪽.
21) 조성진(2015). 앞의 책. 265-267쪽.
22) Slocum, J. W. & Helliegel, D.(2007). *Fundamentals of Organizational Behavior*, Inter Student Edition. China: Thomson South-Western., p. 4; 김주엽 · 송계충 · 정범구 · 박상언(2012), 조직행위론(제3판). 경문사. 141쪽.
23) 김주엽 외 공저(2012). 위의 책. 145쪽.
24) 김은영 · 김대곤 · 김미영 · 김이영 · 박정연 · 심정묘 · 이행기 · 임용숙 · 정다운 · 최병태(2015). 인성과 리더십. 양서원. 62-65쪽.

< 제8장 >

1) 조성진 · 지희진(2016). 인성함양과 자기계발. 양성원. 111-115쪽.
2) 브라이언 트레이시(홍성화 역, 2003). 성취심리. 씨앗을 뿌리는 사람들. 79-82쪽.
3) 조성진 · 지희진(2016). 앞의 책. 114쪽.
4) 조성진 · 지희진(2016). 앞의 책. 115-117쪽.
5) 앤서니 라빈스(이우성 역, 2002). 네 안에 잠든 거인을 깨워라. 씨앗을 뿌리는 사람들. 374쪽.
6) 스티븐 코비(김경섭 역, 1994). 성공하는 사람들의 7가지 습관. 김영사. 71쪽.
7) 조성진(2015). 진로설계와 코칭리더십. 정민사. 316-320쪽.
8) 이민규(2003). 1%만 바꿔도 인생이 달라진다. 더난출판. 39쪽.
9) 조성진 · 지희진(2016). 앞의 책. 117-118쪽.
10) 로타르 자이베르트(이은주 역, 2005). 자이베르트 시간관리. 한스미디어. 55-58쪽.
11) 브라이언 트레이시(홍성화 역, 2003). 앞의 책. 181-183쪽.
12) 조성진 · 지희진(2016). 앞의 책. 120-121쪽.

13) 브라이언 트레이시(홍성화 역, 2003). 앞의 책. 177-181쪽.
14) 조성진(2015). 앞의 책. 320-323쪽.
15) 조성진 · 지희진(2016). 앞의 책. 123-125쪽.
16) 조성진 · 지희진(2016). 앞의 책. 126-130쪽.
17) 브라이언 트레이시(홍성화 역, 2003). 앞의 책. 183-186쪽.
18) 조성진 · 지희진(2016). 앞의 책. 78쪽.
19) 하이럼 스미스(김경섭 · 이경재 역, 1998). **성공하는 시간관리와 인생관리를 위한 10가지 자연법칙**. 김영사. 132쪽.
20) 브라이언 트레이시(홍성화 역, 2003). 앞의 책. 187-206쪽.

< 제9장 >

1) 로타르 자이베르트(이은주 역, 2005). **자이베르트 시간관리**. 한스미디어. 14-15쪽.
2) 하이럼 스미스(김경섭 · 이경재 역, 1998). **성공하는 시간 관리와 인생 관리를 위한 10가지 자연법칙**. 김영사. 46-47쪽.
3) 로타르 자이베르트(이은주 역, 2005). 앞의 책. 17쪽.
4) 조성진(2015). **진로설계와 코칭리더십**. 정민사. 326쪽.
5) 로타르 자이베르트(이은주 역, 2005). 앞의 책. 14쪽.
6) 조성진(2015). 코칭이 대학생의 자기효능감, 시간관리행동 및 진로준비행동에 미치는 영향. **코칭능력개발지**, 17(1). 한국코칭능력개발원. 69쪽.
7) 로타르 자이베르트(이은주 역, 2005). 앞의 책. 14쪽.
8) 로타르 자이베르트(이은주 역, 2005). 앞의 책. 22쪽; 조성진(2015). 앞의 책. 327-329쪽.
9) 로타르 자이베르트(이은주 역, 2005). 앞의 책. 22쪽; 조성진(2015). 앞의 책. 327-329쪽.
10) 하이럼 스미스(김경섭 · 이경재 역, 1998). 앞의 책. 49쪽.
11) 하이럼 스미스(김경섭 · 이경재 역, 1998). 앞의 책. 49-52쪽.
12) 조성진(2015). 앞의 책. 329-335쪽.
13) 이명원(2011). **스마트 플래너 잘 쓰는 법**. 이코북. 36쪽
14) 스티븐 코비(김경섭 · 김원석 역, 1994). **성공하는 사람들의 7가지 습관**. 김영사. 197-247쪽.
15) 이명원(2011). 앞의 책. 59-61쪽.
16) 로타르 자이베르트(이은주 역, 2005). 앞의 책. 353쪽.
17) 하이럼 스미스(김경섭 · 이경재 역, 1998). 앞의 책. 52-61쪽.

< 제10장 >

1) 조성진 · 지희진(2016). **인성함양과 자기계발**. 양성원. 227-228쪽.
2) 이해선 · 김은미(2011). **인성과 자기계발**(개정판). 정민사. 53-58쪽; 조성진 · 지희진(2016). 앞의 책. 228-231쪽.
3) 김주엽 · 송계충 · 정범구 · 박상언(2012). **조직행위론**(제3판). 경문사. 311-312쪽.

4) 각 유형에 대한 자세한 내용은 이해선 · 김은미(2011). 앞의 책. 56-57쪽 참조.
5) 조성진 · 지희진(2016). 앞의 책. 231-232쪽.
6) 김주엽 외 공저(2012). 앞의 책. 298쪽.
7) 조성진 · 지희진(2016). 앞의 책. 232-233쪽.
8) 조성진 · 지희진(2016). 앞의 책. 233-234쪽.
9) 김주엽 외 공저(2012). 앞의 책. 308-310쪽.
10) 조성진 · 지희진(2016). 앞의 책. 234-235쪽.
11) 이해선 · 김은미(2011). 앞의 책. 69-72쪽
12) 조성진 · 지희진(2016). 앞의 책. 236-237쪽.
13) 조성진 · 김진영 · 은종성 · 조영빈 · 강재열 · 황윤성(2017). **대학생들이 쉽게 할 수 있는 창업실무**. 양성원. 254-259쪽.

< 제11장 >

1) Stephen P. Robbins & Timothy A. Judge(이덕로 · 김태열 · 박기찬 · 박원우 역, 2011). **조직행동론**(제14판). (주)피어슨에듀케이션코리아. 451쪽.
2) 김주엽 · 송계충 · 정범구 · 박상언(2012). **조직행위론**(제3판). 경문사. 400-402쪽에서 재인용; French, JRP & Raven(1960). *The Bases of social power*, in D. Cartwright & A. F. Zander(eds.). Group Dynamics. Evanston, IL: Row. Peterson and Company. pp. 607-633.
3) 김주엽 외 공저(2012). 앞의 책. 403-432쪽; 신철우(2002). **조직행동론**. 문영사. 376-405쪽; 이학종 · 박헌준(2004). **조직행동론**. 법문사. 345-381쪽.
4) Peter G. Northouse(김남현 역, 2001). **리더십**(제3판). 경문사. 167쪽.
5) R. J. House(1976). *A 1976 theory of charismatic leadership*, In J. C. Hunt, & L. L. Larson(Eds.). *Leadership: The cutting edge*(pp. 189-207). Carbondale: Southern Illinois University Press.
6) Peter G. Northouse(김남현 역, 2001). 앞의 책. 233쪽.
7) 김주엽 외 공저(2012). 앞의 책. 425쪽.
8) Peter G. Northouse(김남현 역, 2001). 앞의 책. 234-235쪽.
9) 김주엽 외 공저(2012). 앞의 책. 425-426쪽.
10) 김주엽 외 공저(2012). 앞의 책. 426-427쪽.
11) Peter G. Northouse(김남현 역, 2001). 앞의 책. 402-408쪽.
12) 조성진 · 지희진(201J6). **인성함양과 자기계발**. 양성원. 177쪽.
13) 김주엽 외 공저(2012). 앞의 책. 429쪽.
14) Robert K. Greenleaf(1970). *The servant as leader*. Newton Centre, MA: The Robert K. Greenleaf Center ; 김주엽 외 공저(2012). 앞의 책. 429-430쪽에서 재인용.
15) 김주엽 외 공저(2012). 앞의 책. 430쪽
16) 조성진(2015). **진로설계와 코칭리더십**. 정민사. 83-87쪽.

17) 조성진 · 지희진(2016). 앞의 책. 179-180쪽.

18) R. C. Mayer, J. H. Davis & F. D. Schoorman(1995). An Integrative Model of Organization Trust. *Academy of Management Review*, 20. pp.703-704; 김주엽 외 공저(2012). 앞의 책. 439쪽에서 재인용.

19) 조성진 · 지희진(2016). 앞의 책. 180-184쪽.

< 제12장 >

1) 조성진(2015). **진로설계와 코칭리더십**. 정민사. 276-277쪽.

2) 김은영 · 김대곤 · 김미영 · 김이영 · 박정연 · 심정묘 · 이행기 · 임용숙 · 정다운 · 최병태(2015). **인성과 리더십**. 양서원. 201쪽.

3) 장홍근 · 오영훈 · 최지희 · 이동임 · 정윤경 · 서우석 · 이기홍(2007). **한국인의 직업의식과 직업윤리**. 한국직업능력개발원. 160-161쪽.

4) 장홍근 외 공저(2007). 앞의 책. 161-162쪽; 김은영 외 공저(2015). 앞의 책. 205-206쪽.

5) 장홍근 외 공저(2007). 앞의 책. 162쪽.

6) 김은영 외 공저(2015). 앞의 책. 206-207쪽.

7) 박동열 · 정향진 · 임경범 · 김기용 · 민상기 · 문세연(2011). **성공적인 직업생활(Ⅰ) : 성공적인 직장생활**. 한국직업능력개발원. 68쪽.

8) 김은영 외 공저(2015). 앞의 책. 214-218쪽.

9) 김은영 외 공저(2015). 위의 책. 218-219쪽.

10) 박동열 외 공저(2011). 앞의 책. 227쪽.

11) 김은영 외 공저(2015). 앞의 책. 227쪽; 박동열 외 공저(2011). 앞의 책. 227쪽.

12) 김은영 외 공저(2015). 앞의 책. 224-226쪽; 박동열 외 공저(2011). 앞의 책. 228-229쪽.

13) 김은영 외 공저(2015). 앞의 책. 220-224쪽; 박동열 외 공저(2011). 앞의 책. 233-234쪽.

찾아보기

저자 약력

조성진
충남대학교 대학원 졸업(경영학박사)

현, 중부대학교 교양학과 교수
한국수퍼바이저코치(KSC), 국제인증코치(ACC)
(사)한국인적자원개발학회 감사/부회장, (재)대전정보문화산업진흥원 이사
대전광역시 인사위원회/지방보조금심의위원회 위원
(사)한국코칭능력개발원 부원장 겸 충남코칭능력개발센터 회장

전, 충남대학교 겸임교수, 대전광역시 인재개발원 교수 역임
여성가족부 위촉코치, (사)한국코치협회 코치인증심사위원/대전충청지부장 역임
LG전자, 코칭·컨설팅그룹 씨앤씨글로벌 대표 역임

- 저서: 〈대학생들이 쉽게 할 수 있는 창업실무〉(2017), 〈진로설계와 코칭리더십〉(2015), 〈코칭ABC〉(2008) 〈바른 인성과 자기계발〉(2014) 등
- 논문: "코칭이 자기효능감, 성과 및 가족관계에 미치는 영향과 이에 대한 감성지능의 조절효과"(2009, 박사학위논문) 등 코칭, 리더십 관련 논문 외 다수

인성함양과 자기 계발 이해와 실천

1판 1쇄 발행 — 2017년 7월 20일
1판 5쇄 발행 — 2022년 3월 10일

저　　자 – 조성진
발 행 인 – 강철원
발 행 처 – 양성원
주　　소 – 경기도 파주시 검산로 173번길 29-20
전　　화 – 031-946-3861(代)
팩　　스 – 031-946-3864
이 메 일 – tnwpub@naver.com
홈페이지 – tnwpub.co.kr
출판등록 – 2015년 8월 31일 제2015-000211호

ISBN 979-11-6126-047-1

정가 19,000원